转型时期沿海农村城市化模式及整合机制研究
——以山东为例

Study on the Model and Conformity Mechanism of Rural Urbanization in Shandong Coast during the Transformation Period

邵峰 著

中国城市出版社

图书在版编目（CIP）数据

转型时期沿海农村城市化模式及整合机制研究：以山东为例＝Study on the Model and Conformity Mechanism of Rural Urbanization in Shandong Coast during the Transformation Period/ 邵峰著．—北京：中国城市出版社，2020.8

ISBN 978-7-5074-3289-3

Ⅰ．①转… Ⅱ．①邵… Ⅲ．①沿海－农村－城市化－研究－山东 Ⅳ．① F299.275.2

中国版本图书馆 CIP 数据核字（2020）第 126303 号

农村城市化是生产力发展的内在要求，正确引导我国农村城市化进程、实现城乡协调发展，是落实科学发展观、构建和谐社会的重要内容。本书旨在回顾中外农村城市化理论和实践的演变轨迹，以山东为例，研究沿海农村城市化发展的主要模式，分析转型时期沿海农村城市化发展的新特点、新问题，并探讨新形势下沿海农村城市化的整合机制。

全书可供广大城乡规划师、城乡规划管理者、高等院校城乡规划专业师生等学习参考。

责任编辑：吴宇江　陈夕涛
责任校对：王　烨

转型时期沿海农村城市化模式及整合机制研究
——以山东为例
Study on the Model and Conformity Mechanism of Rural Urbanization in Shandong Coast during the Transformation Period
邵峰　著

*

中国城市出版社出版、发行（北京海淀三里河路9号）
各地新华书店、建筑书店经销
北京建筑工业印刷厂制版
北京建筑工业印刷厂印刷

*

开本：787毫米×1092毫米　1/16　印张：$13\frac{1}{4}$　字数：278千字
2021年2月第一版　　2021年2月第一次印刷
定价：**58.00元**
ISBN 978-7-5074-3289-3
　　　（904276）

版权所有　翻印必究
如有印装质量问题，可寄本社图书出版中心退换
（邮政编码 100037）

目　录

第一章　绪论 ··· 001

　1.1　选题背景 ·· 001
　　1.1.1　中国特色的社会转型 ··· 001
　　1.1.2　选择山东沿海地区 ··· 003
　1.2　基本概念 ·· 004
　　1.2.1　农村城市化 ··· 004
　　1.2.2　发展模式 ·· 006
　　1.2.3　转型社区 ·· 006
　　1.2.4　整合机制 ·· 007
　1.3　国内外相关研究动态 ··· 008
　　1.3.1　国外对城市化的研究 ··· 008
　　1.3.2　国内对农村城市化的研究 ·· 010
　　1.3.3　国内农村社区的城市化研究 ·· 012
　1.4　研究意义 ·· 015
　1.5　研究方法与内容框架 ··· 017
　　1.5.1　研究方法 ·· 017
　　1.5.2　研究内容框架 ··· 017

第二章　国外农村城市化模式的相关理论综述 ··· 019

　2.1　国外城市化的相关理论 ··· 019
　　2.1.1　国外城市化的基本理论 ··· 019
　　2.1.2　国外城市化模式基本理论 ·· 024
　2.2　国外农村城市化模式研究的进展与比较 ·· 026
　　2.2.1　国外农村城市化模式研究的进展 ··· 026
　　2.2.2　Desakota 与 Ruralopolises 模式 ·· 029
　2.3　小结 ··· 035

第三章　山东沿海农村城市化模式现状分析 ·· 036

　3.1　我国农村城市化模式基本理论分析 ··· 036

  3.1.1 我国城市化模式理论 ·· 036
  3.1.2 城市化模式的动力因素 ·· 040
 3.2 沿海地区农村城市化模式的分类 ·· 041
  3.2.1 改革开放以来我国沿海农村城市化的基本特征 ············ 042
  3.2.2 内生型、外生型农村城市化模式的划分 ······················ 044
 3.3 当前山东沿海地区农村城市化模式的实践分析 ···················· 045
  3.3.1 内生型 ·· 046
  3.3.2 外生型 ·· 052
 3.4 小结 ·· 060

第四章 转型时期山东沿海农村城市化的新特点、新问题 ············ 061
 4.1 转型时期沿海农村城市化的主要特点 ···································· 061
  4.1.1 和谐与冲突 ··· 061
  4.1.2 博弈与失衡 ··· 063
  4.1.3 整合与分化 ··· 065
  4.1.4 消除与存续 ··· 067
 4.2 转型时期制约沿海农村城市化的主要问题 ···························· 069
  4.2.1 思想观念因素 ·· 069
  4.2.2 生态环境因素 ·· 071
  4.2.3 利益分配因素 ·· 072
  4.2.4 政策因素 ·· 074
 4.3 小结 ·· 076

第五章 沿海农村城市化与城市发展协调互动的路径取向 ············ 077
 5.1 沿海农村城市化过程中农村与城市的经济互动协调 ············ 077
  5.1.1 非正规经济的规范化建构 ·· 077
  5.1.2 类正规经济的规模化建构 ·· 079
 5.2 沿海农村城市化过程中农村与城市的社会互动协调 ············ 081
  5.2.1 失地农民市民意识的培养 ·· 081
  5.2.2 农村社区面临向城市社区转型 ···································· 082
  5.2.3 由农村亚文化到新型社区文化的转型 ························ 083
 5.3 沿海农村城市化过程中农村与城市的区域空间互动协调 ···· 084
  5.3.1 农村与城市空间改造的和谐 ·· 084
  5.3.2 农村的开放空间改造 ·· 085
  5.3.3 循环式设计方法 ·· 087

5.4 沿海农村城市化过程中农村与城市的生态互动协调 089
    5.4.1 生态建设方式 089
    5.4.2 生态建设的可操作性 090
5.5 小结 091

第六章 沿海农村城市化的力冲场域——"转型社区" 092

6.1 "转型社区"概念界定 092
    6.1.1 "转型社区"定义 092
    6.1.2 "转型社区"的特征 094
6.2 "转型社区"的经济状况 094
    6.2.1 社区资源与社区经济 095
    6.2.2 "转型社区"经济规模与产业分布 096
    6.2.3 "转型社区"经济的特征 097
6.3 "转型社区"的地域特征 098
    6.3.1 "转型社区"的全方位扩张 098
    6.3.2 "转型社区"中心作用的凸现 098
    6.3.3 二元格局的弱化 099
6.4 "转型社区"居民的生活方式 099
    6.4.1 "转型社区"居民生活方式变革的影响因素 099
    6.4.2 "转型社区"失地家庭生活方式的多元实态剖析 100
    6.4.3 "转型社区"居民生活方式的特征 105
6.5 小结 105

第七章 构建沿海"转型社区"的整合机制 107

7.1 建立沿海"转型社区"资源整合机制 107
    7.1.1 资源整合的内容及原则 107
    7.1.2 青岛市城阳区"转型社区"资源配置情况现状分析 109
    7.1.3 沿海"转型社区"资源整合存在的问题 115
    7.1.4 沿海"转型社区"资源整合的对策思考 117
7.2 健全沿海"转型社区"服务机制 120
    7.2.1 "转型社区"服务的内涵 120
    7.2.2 "转型社区"服务现状——以H社区为例 122
    7.2.3 沿海"转型社区"服务中存在的问题 126
    7.2.4 健全沿海"转型社区"服务发展的保障机制 128
7.3 创新沿海"转型社区"制度规范机制 131

####### 7.3.1 制度规范机制创新的原则 ·· 131
####### 7.3.2 "转型社区"制度规范机制创新的主要内容 ······················ 132
####### 7.3.3 "转型社区"制度规范的特色——村规民约的作用分析 ········ 135
####### 7.3.4 村规民约在沿海"转型社区"中的实践——以青岛市 J 社区为例 ··· 138
7.4 完善沿海"转型社区"自治参与机制 ·· 142
####### 7.4.1 "转型社区"居民自治的内容 ·· 142
####### 7.4.2 "转型社区"自治参与机制的价值意义 ·································· 143
####### 7.4.3 青岛市城阳区 D 社区"转型社区"自治参与现状 ·················· 145
####### 7.4.4 完善"转型社区"居民自治参与的方向和途径 ······················· 149
7.5 完善沿海"转型社区"文化创建机制 ·· 152
####### 7.5.1 文化对沿海"转型社区"发展的影响 ····································· 152
####### 7.5.2 当前沿海"转型社区"文化现状分析 ····································· 156
####### 7.5.3 "转型社区"文化建设中存在的问题及原因 ··························· 159
####### 7.5.4 沿海"转型社区"文化机制整合策略分析 ······························ 160
7.6 建构沿海"转型社区"心理调节机制 ·· 162
####### 7.6.1 心理调节机制整合的终极目标——社区归属感、认同感的建构 ···· 162
####### 7.6.2 社会转型期培育"转型社区"归属感、认同感的意义 ············· 164
####### 7.6.3 "转型社区"归属感、认同感的现状及突出问题——以 Q 社区为例 ··· 166
####### 7.6.4 增强"转型社区"居民社区归属感、认同感的政策建议 ········· 174
7.7 小结 ·· 176

结论 ··· 178

附录A：图表来源 ·· 180

附录B：沿海转型社区整合建设基本情况调查问卷 ······························· 183

参考文献 ··· 191

致谢 ··· 203

第一章 绪 论

1.1 选题背景

1.1.1 中国特色的社会转型

"社会转型是指社会结构的整体性、根本性变迁,通常指社会从传统型社会向现代型社会的过渡,尤其是特指当代中国从传统社会向现代社会、从农业社会向工业社会、从封闭性社会向开放性社会、从计划经济体制社会向市场经济体制社会的变迁和发展。"① 工业革命开辟了人类历史新的发展阶段,推动着人类社会逐步实现由农业文明向工业文明、由农村社会向城市社会的转变,即农村人口转变为城市人口,农户家庭转变为城市家庭,这一过程其实就是一个国家或地区逐步非农化和城市化的过程。根据国际经验判断,我国已进入"工业化中期阶段"② 和"城市化加速发展阶段"③,因此,中国特色的社会转型就意味着中国正处在工农关系调整和从乡村型农业社会向城市型工业社会的转型时期,中国要考虑知识经济和城市化的双重经济中轴作用。

1. 社会转型的主要内容

西方社会学者以西方社会为蓝本,将社会转型的主要内容概括为六大方面:经

---

① 钟亭华. 社会转型时期城市社区整合机制问题研究 [J]. 江汉论坛, 2004 (03): 118-122.
② 发展经济学家按工农关系和城乡关系的发展状况将工业化过程划分为三个阶段:第一阶段是农村、农业支援城市、工业发展的阶段,大致相当于工业化初期阶段;第二阶段是农业、农村与工业、城市平等发展的阶段,大致相当于工业化中期阶段;第三阶段是工业、城市支援农业、农村发展的阶段,大致相当于工业化后期阶段。改革开放以来,我国工业化进程加快,自2000年以来城镇化率已超过35%。根据国际经验判断,我国已经进入工业化中期阶段,正处在工农关系调整的转折时期。资料来源:李澂. 农业剩余与工业化资本积累 [M]. 昆明:云南人民出版社,1993.
③ 美国地理学家诺瑟姆认为,城市化进程可分为三个阶段。第一阶段为城市化初期阶段,城市化率为30%以下,其特点是城市数量少、规模小、城市化水平发展缓慢、城市人口增长缓慢。当城市人口超过10%以后,城市化进程逐渐加快,当超过30%时进入第二阶段。第二阶段是城市化中期阶段,又称加速发展阶段,城市化率为30%~70%,其特点是人口、资本等生产要素向城市集聚,城市数量迅速增加,城市规模不断扩大,城市化进程出现加快趋势。当城市化率在50%前后的一段时期发展最快,这种加快趋势一直要持续到城市人口超过70%以后才会逐渐趋缓,此为第三阶段。第三阶段是城市化后期阶段,城市化率为70%以上,其特点是城乡差别近乎消失,人口城市化趋缓,郊区城市化开始出现,城乡一体化趋势明显,城市化进程停滞或略有下降。目前,我国已进入工业化中期阶段,城市化水平已达到40%以上,根据国际经验判断,我国已经进入城市化加速发展的时期。资料来源:Ray M.Northam, Urban Geography [M]. New York: John Wiley & Sons, 1979.

济转型即工业化、社会转型（狭义）即城市化、政治转型即民主化、文化转型即世俗化、组织转型即科层化、观念转型即理性化。中国社会学者从当前中国社会实际出发，对社会转型的主要标志和主要内容进行了分析和探讨，可概括为两个方面：一是认为当前中国社会正处在全面转型期，其主要标志是中国社会正在从自给自足的产品经济社会向社会主义市场经济社会转化，正在从封闭半封闭社会向开放社会转化，正在从同质单一性社会向异质多样性社会转化，正在从伦理社会向法理社会转化；二是认为中国要考虑知识经济和城市化的双重经济中轴作用。因此，当前中国社会转型主要表现为相互联系的三个层面：其一是结构转化，即当前中国的社会整体结构、社会资源结构、社会区域结构、社会组织结构和社会身份结构等均在发生变化；其二是机制转换，即当前中国社会的利益分配机制、社会控制机制、社会沟通机制、社会流动机制和社会保障机制等也都在发生转换；其三是观念转变，即随着当前中国社会结构的转化和机制的转换，人们的价值观念也在发生转变。

2. 工业化：社会转型的标志

1978年12月召开的中国共产党十一届三中全会是一次划时代的会议，全会做出了实行改革开放的新决策，开始了中国从"以阶级斗争为纲"到"以经济建设为中心"、从僵化半僵化到全面改革、从封闭半封闭到对外开放的历史性转变。从此，中国社会转型进入了快车道，其中工业化是社会转型的标志[1]，下面以1978年、1988年、1998年和2006年四个年份为代表来考察改革开放以来中国工业化的进程和速度（表1-1）。

国内生产总值及构成[2]　单位：亿元　　　　表1-1

年份	国内生产总值		第一产业		第二产业		第三产业	
	总值	构成(%)	总值	构成(%)	总值	构成(%)	总值	构成(%)
1978	3645.2	100	1027.5	28.2	1745.2	47.9	872.5	23.9
1988	15042.9	100	3865.4	25.7	6587.2	43.8	4590.3	30.5
1998	84402.3	100	14817.6	17.6	39004.2	46.2	30580.5	36.2
2006	210871.0	100	24737.0	11.7	103162.0	48.9	82972.0	39.4

由表1-1可以看出，改革开放以来，中国的经济发展速度较快，经济增长幅度较大，国内生产总值获得较大幅度增长，第一产业的比重下降，第二产业的比重上升，第三产业的比重经过20多年的上升达到39.4%。工业化或非农化必然导致城市化。改革开放以来，中国的城市化速度也是前所未有的，城市化水平已从1978年

---

[1] 李培林. 处在社会转型时期的中国[J]. 国际社会科学杂志，1993（03）.
[2] 数据来源：国家统计局. 中国统计年鉴（2007）[M]. 北京：中国统计出版社，2007：表3-1，表3-2.

的 17.92% 提高到 2006 年的 43.9%[①]。

3. 城市化：中国农村社会转型的关键点

转型时期，随着乡镇企业的发展和小城镇建设的加快，打破了城市现代工业、农村传统农业并存的"二元经济结构"和城市市民、农村农民的"二元社会结构"。农村城市化建设成为我国实现农村工业化、城市化和解决"三农"问题的有效途径。因势利导地推进城市化进程，将大大有助于解决我国农村乃至全国在实现 20 多年快速发展后出现的经济增长源泉问题。因此，应把农村的城市化确定为带动我国农村社会经济发展的大战略和先行工程。根据目前中国社会发展的状况，改变农民最直接、最有效的方式就是实施农村城市化，让广大农民转为市民，促进农民的思想价值观念、思维方式、生活方式等逐步向现代文明转变。这将会引发农村经济和社会生活的一系列深刻变化和历史性飞跃，有着重大而深远的意义。

1.1.2 选择山东沿海地区

据统计，目前，因各种原因全国每年减少耕地 500 万亩，而农村每年新增低素质人口 1000 万人，并且农村劳动力上升趋势将一直持续到 2025 年[②]，人地矛盾呈加剧态势。这一矛盾在人口密度较大的沿海地区更为突出。在我国沿海地区[③]，人多地少的现状致使大部分农村劳动力处于隐性失业状态，这是对劳动力资源的极大浪费，造成农户家庭收入低下，城乡差距扩大，沿海地区急需一种符合自身实际的城市化模式。另外，我国的地区经济发展很不平衡，总体来看，沿海地区（东部地区）和内陆地区（中部和西部地区）呈梯度式发展格局，沿海地区在全国经济发展和城市化进程中遥遥领先，内陆地区与其差距日益扩大。据统计，沿海地区土地面积占全国 12.4%，2006 年沿海地区人口占全国的 42.5%，沿海地区生产总值占全国的 67.4%[④]。与经济的快速发展相适应，沿海地区的城市化进程也走在全国前列。2006 年全国城市化率为 43.9%，沿海地区除了广西和河北外，都高于这一水平，全国城市化水平居前五位的省市都在沿海地区（城市化水平在 58% 以上），前十位的省市中有八个位于沿海地区[⑤]。因此，加快沿海地区的城市化进程不仅对于沿海城乡统筹发展具有重要推动作用，而且对于促进全国的经济发展具有重要意义。

山东沿海地区利用其地理优势，积极开展招商引资，引进国内外资金、项目，发展外向型经济。以青岛市城阳区为例，2007 年 1～12 月份全区新批准利用外资项

---

① 数据来源：国家统计局. 中国统计年鉴（2007）[M]. 北京：中国统计出版社，2007：表 4-1.
② 宋斌文. 当代中国农民失业成因的分析[J]. 江汉大学学报（人文科学版），2004（01）：78-81.
③ 我国沿海地区包括辽宁、北京、天津、河北、山东、江苏、上海、浙江、福建、广东、广西、海南等 12 个省、直辖市、自治区。
④ 数据来源：国家统计局编《中国统计年鉴（2007）》的表 3-1、表 3-13、表 4-1 和中华人民共和国行政区划简表（行政区划网 http://www.xzqh.org/quhua/index2.htm）中相关数据统计得出。
⑤ 数据来源：国家统计局. 中国统计年鉴（2007）[M]. 北京：中国统计出版社，2007：表 4-4.

目 305 个，合同利用外资 52754 万美元，实际利用外资预计 5.5 亿美元，到账外资预计 3.3 亿美元。全区累计批准利用外资项目 4016 个，合同利用外资 76.6 亿美元，实际利用外资 42.1 亿美元。2007 年共有 18 个国家和地区来城阳区投资，其中韩国投资企业 235 个，合同利用韩资 20455.3 万美元，分别占总数的 77%、38.8%，居山东省第一位，是全省韩国企业聚集区。2007 年，外贸进出口总额完成 73.1 亿美元，增长 17.4%；外贸出口完成 46.2 亿美元，增长 19.1%，外贸出口连续 10 年居全省县市（区）首位。在注重引进国外资金项目的同时，城阳区还十分注重利用区位优势，积极开展内资项目的引进，2007 年全区实际利用内资 110.3 亿元，增长 18.1%，新引进投资过亿元内资项目 20 个[①]。大量内外资的涌入以及发展外向型经济的政策导向使得山东沿海农村经济的非农化有了强劲的推动力，且其非农经济秉承了当地经济发展的这一特色。

山东沿海城市市区两级政府按照"高起点规划、高标准建设、高效能管理"，坚持发展拉动、规划先导、生态标准、突出特色、经营城市、综合平衡、科学管理等原则，以建设现代园林生态城市为目标，加快推进本地城市化。在城市规划方面，努力构建层次分明、布局合理、相互衔接、科学完善的城乡一体化规划体系。山东沿海城市城区、街道驻地、居住区、工业园区等重点区域、路域的控制性详规覆盖率已达 90% 以上[②]。在产业政策方面强化第二产业，扩张第三产业，精化第一产业，打造集约发展的强势板块，城市中心区板块则以农村社区改造为主体推进城市化进程，置换土地用于发展房地产、商贸物流、金融中介等第二、三产业。

山东沿海城市始终贯彻城乡一体化发展的思路，其非农经济发展迅速，为城乡一体化发展提供了强大的财力支撑。如今，许多城区中心与外缘农村的差别不断缩小，失地农民的就业方式（主要在第二、三产业就业）、生活方式与城市居民越来越接近。进入 21 世纪后，山东沿海各城市进一步加大投入力度，加快推进农村城市化进程，促进城乡一体化发展。总之，山东沿海农村城市化是内外因素共同作用的结果，其农村城市化模式对于全国其他地区的农村发展具有启示意义。

1.2 基本概念

1.2.1 农村城市化

农村城市化是以变农村地域为城市地域、在农村地域形成新的城市，是以就近吸纳农村中由从事农业生产转向非农业生产，并需要追求聚集效益的农村劳动力及

---

① 数据来源：2007 年全区利用外资情况、城阳区 2007 年国民经济和社会发展情况，城阳区政府网站：http://www.chengyang.gov.cn/index.html
② 山东加快城市规划：控制性详规注重解决民生问题，来源于中央政府门户网站：http://www.gov.cn

其眷属为主要内容。自1978年南京大学地理系开展了关于中国社会主义城市化问题的讨论后，农村城市化问题一直备受关注，不同学科从不同视角对农村城市化进行了不同的解释，主要介绍如下：

辜胜阻、刘纯彬、蒋森等人从农村城市化在我国城市化中的地位和角色着手进行阐述，认为我国的城市化具有二元的特征而农村城市化是其中的一元，两者发生的地域不同，城市化发生在已有的城区，农村城市化（辜胜阻等称为"农村城镇化"）则发生在农村。辜胜阻的观点是，由于我国的社会结构是二元的，从而导致我国的"城镇化"也是二元的：一方面是"国家投资进行的城市化"；另一方面是"地方投资和农民投资进行的农村城镇化"[1]。蒋森的观点与辜胜阻的类同，对中国的城市化做了同样的划分[2]。刘纯彬虽然没有明确提出二元城市化的观点，但同样将中国的城市化划分为"现有城市发展和农村地域的城市化"[3]。

地理学主要研究地域与人类活动之间的关系，非常注重经济、社会、政治和文化等人文因素在地域上的分布状况，其研究具有综合性。地理学者除了像社会学者那样认识到农村城市化过程中人口的职业转换和空间集聚外，特别强调农村城市化是一个地域空间过程，即地域景观的改变，侧重于从地域系统上直观的理解农村城市化原理。郑弘毅教授从空间的角度讲农村城市化，"一是通过自身的集聚，向深度发展；二是将城市功能向周围地区有机疏散，向广度发展，而最先接纳这种扩散的便是城市边缘地区，形成城乡结合部，空间上表现为：城市功能重组，规模扩大；近郊区频繁变动；农村有序退缩，稳步提高，农村地区，有序退缩，稳步提高'的过程可称之为农村城市化"[4]。

本书农村城市化内涵采用的是郑弘毅教授的观点，即农村城市化是农村地区的城市化，它是在城市、近郊区、农村联动发展的过程中，农村地区"有序退缩，稳步提高"的过程；它是农村地区发展的轴心，是实现城乡一体化的主要模式。

改革开放以来，我国沿海地区凭借得天独厚的地理位置和优惠的经济政策，经过20多年的高速发展，农村和城镇的经济和社会面貌发生很大改观，城市化步伐不断加快，其农村城市化呈现以下特征：人口上，农业人口转变为非农业人口，城市人口所占总体比例提高；地理上，农村地区逐渐演化为城市地域，城市人口膨胀、用地规模扩大；城市数量上，农村地区出现新兴城市，城市数目不断增加；产业上，非农经济代替农业经济；生活居住上，基础设施和公共服务设施水平不断提高，居民的生活水平和居住水平发生质的改变；社会文化上，城市文化、生活方式和价值观念在农村地区的广泛普及和传播。沿海农村城市化的力冲场域是处于城市

---

[1] 辜胜阻. 中国二元城镇化战略构想 [J]. 中国软科学, 1995（06）: 62-64.
[2] 蒋森. 珠江三角洲农村城镇化研究 [J]. 人口学刊, 1996（04）: 24-29.
[3] 刘纯彬. 中国农村城市化道路之我见 [J]. 农业经济问题 1994（02）: 19-24.
[4] 郑弘毅. 农村城市化研究 [M]. 南京: 南京大学出版社, 1998: 5-6.

化进程之中的沿海农村社区。

1.2.2 发展模式

"农村城市化模式是对特定历史阶段农村城市化状况及其基本特征的经验总结和理论概括,是理论模式指导下的经验模式,更是从经验模式中提炼出来的理论模式。它是经济结构转变过程中的城市化发展状况及动力机制特征的总和。能够成为模式,就一定包含时间或历史,地区或国别的因素。"[1]农村城市化一定受制于某地区、某国家、某时期特定的经济发展状况、历史文化背景、社会政治条件,从而在长时期的转变过程中显现出不同的特征和差异。

关于城市化发展模式我们做如下解释:第一,所谓"发展模式",根据费孝通先生当年的定义是指"在一定地区,一定历史条件,具有特色的经济发展的路子,也就是对特定时空经济发展特点的概括。"[2]第二,模式不是固定不变的。发展模式都是特定约束条件下微观行为的宏观表现,条件的可变性决定模式内涵的可变性。第三,不同地区有不同的发展模式,模式的形成有其发展环境的原因,即路径依赖。任何模式都可以说是适合当地环境的发展经济的模式,模式的差异乃是对发展条件差异的正常反应。第四,当一种模式有新发展时包含两种含义,一是其中的合理内涵在新的模式下得到继承,二是这种模式在新的发展阶段有所创新。本书对农村城市化发展模式的创新在于通过对实证案例的调研分析比较,形成对农村城市化存在问题和特征的总体认识,通过农村城市化与城市发展的协调互动和农村社区的机制整合来完成发展模式的最终建构。

1.2.3 转型社区

转型时期,在农村城市化过程中出现了一类新型社区,一种处于城市社区与农村社区之间的过渡社区类型。它是我国农村城市化的力冲场域。总的来看,我国农村城市化尚处在以人口向大城市聚集为主要特征的初级阶段,但对于一些较发达的沿海地区来说,其城市化已经表现出了中心城市向外扩散的倾向,随着城市化进程的加快,城市周边的农村地区转变为城市地区,农村地域中城市要素逐渐增长,原始的农村社区发生了一系列的转变,一种处于城市社区与农村社区之间的过渡社区类型随机产生。与其他农村社区相比,这类社区居民在社会、经济和生活方式等各方面更加接近于城市社区,受城市的影响最快、最深,从而成为农村城市化的先导区域,本书称之为"转型社区"。"转型社区"一般位于城乡结合部和较发达的小城镇,"是在农村城市化过程中、农村社区向城市社区转型过程中,利用所处环境设施进行一定的社会活动,具有较长期的某种互动关系和共同文化维系力的人类群

---

[1] 许晓茵. 农村城市化模式的国际比较研究[M]. 香港:名人出版社,2002.
[2] 宋言奇. 解读新苏南模式[J]. 小城镇建设,2005(01):68-72.

体及其活动的区域"①；是一个与农村社区和城市社区都相关的社区类型，与城市社区相比，它更大程度上体现了对城市社区组织架构和制度化的借鉴；与农村社区相比，很大程度上遵循了继承和摈弃结合的路线。

"转型社区"亦城亦乡，非城非乡，具有区别于农村社区与城市社区的自身特色，主要表现为：

位于主城区与广大乡村的结合部。

农业用地向非农业用地转化。由于城市地域的扩大，"转型社区"的农业用地逐渐转向工厂、商店和住宅等非农业用地，社区地域边界模糊。

单业农户向兼业农户或纯非农户转变。"转型社区"农户由传统的粮食种植转向农、工、贸一体化，农村经济从以第一产业为主向第二、三产业为主转变。

社区人口集中，由单一的村民向多元社区居民转变。社区居民由失地农民和外来人口组成，以失地农民为主，居民社会结构较复杂。

农村生活方式向城市生活方式转变。"转型社区"居民的价值观念和生活方式由乡村型向城市型转变，居民生活方式多样化，与城市居民相近。

"转型社区"以微观的形式揭示了我国农村城市化过程中的一些倾向，立足于我国国情，研究"转型社区"的发展现状具有重要意义。本书在对山东沿海农村城市化发展模式分析和青岛市"转型社区"实证调查的基础上，对"转型社区"的形成、发展及其内部特征进行了描述和分析，是我国沿海农村城市化整合机制的理论基础及现实依据。

1.2.4 整合机制

"整合是系统科学的一种方法论。一个系统的各个构成因子，往往因为组织调控的缺失而处于各自相对独立、盲目，甚至混乱的状态中。这样，尽管各个因子仍能正常发展，但却在总体上导致系统难以在和谐之中创造相对最大的整体效益，从而影响系统的进一步发展。为此，通过对系统各个构成因子在系统中的时间、空间、地位、作用、任务等方面的调整和梳理，使系统建立一个最佳的新组织结构，并使各个构成因子之间的关系具备明晰的秩序，最终实现系统能量的最大合力。"②

整合机制是一个复杂而严密的工作系统，其实质就是系统本身渗透在各个互相制约、环环相扣的组成部分中，并协调各个部分使之按一定方式运行的一种自动或能动调节、变应的功能，是现代的、科学的领导模式和工作方式的集合，是实现博弈"整合"的主要途径。"社会整合机制一般通过制度性整合、功能性整合、认同性整合等方式，分别从不同的维度实现对社会的整合"③。整合机制涉及方方面面，

---

① 曹金波. 社会转型期中介社区发展现状研究——以湘北溪镇和庭场为例 [D]. 长沙：中南大学，2004.
② 雷振东，刘加平. 整合与重构——陕西关中乡村聚落转型研究 [J]. 时代建筑，2007（04）：22-27.
③ 黄玉捷. 社区整合：社会整合的重要方面 [J]. 河南社会科学，1997（04）：71-74.

有着多样性和复杂性，它要求相关的决策体系和工作机制具有高度的综合性，既包含静态的结构，又包含动态的程序；既包含内在的关系（如功能），又包含外部的形态（如信息）；既包含显性的制度，又包含隐性的（约定俗成的）规范。

农村城市化的整合机制是村落内部各构成要素克服分化的压力、正常发挥功能，并相互联系、协调互动、维护组织存在和发展的运行方式。当代中国处于"社会转型的加速期"[①]，社会整合的相对稳定被打破，整个社会的整合程度下降，相应的一系列社会问题随之而来。调整和创新整合机制已经成为当今社会稳定和社会发展的迫切需要。农村城市化的整合机制，就是涉及农村城市化发展的项目决策和操作的作用机理、作用过程，即决策者、决策机构、决策对象等参与决策的诸要素及它们之间的关系、作用、作用过程和运行规律。"转型社区"是我国农村城市化的微观缩影，其整合机制作为一个综合的有机系统，由资源整合机制、服务机制、制度规范机制、自治参与机制、文明创建机制和心理调节机制六大子机制组成。各子机制既相互独立又相互联系、相互补充。对农村城市化整合机制的研究，意味着对农村城市化的认识已经从现象的描述深入到本质的剖析。

1.3 国内外相关研究动态

1.3.1 国外对城市化的研究

1. 国外学者对城市化的研究

国外学者对城市化的研究可以追溯到19世纪20年代。冯·杜能（von Thunen）的《孤立国对于农业及国民经济之关系》一书论述了城市形成的原因，那就是区位优势。1899年，A·F.韦伯又在《19世纪的城市发展：统计研究》一书中描绘了工业国家人口向城市迁移的过程和模式。之后，又有不少学者对城市以及农村城市化的演进模式进行了研究。他们从政治、经济、文化、历史、人口等多角度分析了城市的产生、发展、鼎盛乃至衰败。其中，部分学者从人口或劳动力流动角度考察城市化进程。比如：1926年，英国出版了雷德福的《英格兰的劳工流动，1800~1850年》，该书在探讨英国劳动力流动的原因及方式的同时分析了城市化进程。1935年，W·G.霍斯金斯的《1688至1800年埃克塞特的工业、贸易和人口》一书出版，这本书被誉为研究前工业社会的第一部著作。让·佛朗索瓦·拉格维亚的《巴黎和法国荒原》（1972）和帕拉希德·朗勃的《农村社会和城市化》（1974）专门论述了由劳动力流动引发的法国农村城市化。其中，最值得一提的是美国地理学家诺瑟姆总结出来的倒S曲线[②]，他通过对各个国家城市人口占总人口比重变化的研究发现城市

---

① 钟亭华. 社会转型时期城市社区整合机制问题研究[J]. 江汉论坛, 2004 (03): 118-122.
② Ray M. Northman. Urban Geography[M]. New Vbrk: John Willey & Sons, 1979.

化进程具有阶段性规律，全过程呈一条被拉平的倒 S 形曲线。第一阶段为城市化的初期阶段，城市人口增长缓慢，当城市人口超过 10% 以后，城市化的进程逐渐加快。当城市人口超过 30% 时进入第二阶段，城市化进程出现加快趋势，这一趋势一直要持续到城市人口超过 70% 才会趋缓。此后为城市化的第三阶段，城市化进程停滞或略有下降趋势。这一阶段性理论精辟的概括了工业化和城市化的关系。工业化进程直接决定了这条被拉平的倒 S 形曲线的斜率。由此，国外学者从不同角度将城市化总结为集中型、分散型、同步型、超前型、滞后型和逆向型。之后，学者们开始关注不同国家的城市化模式。代表人物首推麦吉（T.G.McGee），他提出了"扩展大都市区"（Extended Metro politanarea 或 Desakota）的概念①，描述亚洲国家一些大都市周围地区在过去 30 年里所出现的农业和非农业活动并存，非城非乡，但又表现出城乡两个方面特点的地域类型。这种地域类型虽然在统计上常被官方划分为乡村地区，但其劳动密集型工业、服务业和其他非农产业却相当发达。麦吉和金斯伯格（N.Ginsburg）等学者根据这种现象提出了乡村"聚落转型"（Settlement Transition）的概念，并认为在亚洲国家，必须对城市化过程中城市和乡村间的差别将持续存在的传统观点进行重新评价。这一理论打破了城市与乡村这一对传统意义上相对封闭的空间概念，从相互联系和相互作用的角度为城乡经济空间形态的演进研究提供了新的视角。

2. 国外对中国城市化的研究

自 1978 年中国改革开放以来，中国的城市化问题受到了国外学者的广泛关注。尽管尽快提高中国的城市化水平已成为学界的共识，但是关于中国城市化战略的选择问题，即中国走怎样的城市化道路，学界仍然众说纷纭，莫衷一是。总体上来说，自 1978 年中国经济体制改革以后，中国的城市体系不断健全，城乡交流得到加强，相对于经济因素，制度因素在促进城市增长和推动中国城市体系形成中扮演了关键角色。Logit 回归分析的结果表明，城市和区域发展政策、社会主义制度、城市管理系统的变化、国家和地方政府的利益作用作为一个整体，在解释中国城市体系的形成和变化方面发挥着比经济诸因子更为重要的作用②。东欧学者认为，中国的城市化不足是社会主义政府寻找和获取的外部政策目标，他们运用 Tolly 模型估计③，以生产力为基础的城市增长率证实城市化不足贯穿毛泽东时代；被压抑的向城市的迁移在邓小平的四个现代化时期被释放出来，中国现在表现出过度城市化的特征，即城市化不足的年际变化促进了迁移政策的变化。另外，1995～1997 年，在美

---

① McGee, T.G..The emergence of desakota regions in Asia: Expanding a hypothsis[M]//N.Ginsburg, B.Koppel, T.G.McGee eds.The extended metropolis settlement transition in Asia.Honolulu: University of Hawaii Press, 1991: 3–26.
② Lo.c.p.Socialist Ideology and Urban Structures in China[J]. Urban Geography, 1987, 8(5): 440–458.
③ Ran Maoxing, Berry B.J.L.Under urbanization Policies Assessed: China, 1949–1986[J]. Urban Geography, 1989, 10(2)：111–120.

国鲁斯（Luce）基金会资助下，美国4所大学和我国近10所高校（科研机构）对我国长江三角洲、珠江三角洲、辽中南、福建沿海、湖北、新疆等地区的城市化进行研究，提出了"自下而上城市化"（Urbanization from Below）[①]的概念。此外，还有一些学者认为，在全球化的背景下，城市政策的变化、经济的增长、结构的调整，特别是外国直接投资（FDI）的流入是推动城市化进程的主要动力。

1.3.2 国内对农村城市化的研究

20世纪80年代，我国学者们主要围绕特殊背景下农村城市化和城市化两种不同道路的选择问题展开研究。从总体上看，20世纪80年代农村城市化的研究主要是从大中城市对农村人口的吸引角度切入的，研究的内容主要集中于农村城市化在我国城市化过程中的地位和作用、农业剩余劳动力的非农化两个方面。20世纪90年代，农村城市化继续成为城市化研究的一个热点，除了涉及乡镇企业和小城镇的研究外，研究的内容还包括以下几个方面：

其一，农村城市化的动力与模式。事实上，对中国农村城市化动力机制的理解可简化为二元理论模式，即自上而下型和自下而上型。然而，以二元城市化动力机制来分析中国20世纪80年代以来的城市化进程无疑太简单（宁越敏，1998），宁越敏提出了政府、企业和个人三元主体在城市化进程中共同作用的观点[②]。我国不同地区农村城市化的动力、特征、过程都存在一定的差异，所以发展模式亦不尽相同。20世纪80年代前半期社会学家费孝通从主导经济部门的差异入手，提出了"以工带商"和"以商带工"的不同小城镇发展模式[③][④]；20世纪80年代后期，许学强等人在一些研究中将江苏省的发展分为"苏南模式"与"苏北模式"[⑤]；20世纪90年代，一些社会学者又在前人的基础上总结出了"苏南模式""珠江模式""温州模式""宝鸡模式""常德模式""民权模式"和"耿车模式"等我国城乡协调发展的七种模式[⑥]；也有从推动农村城市化不同主导经济的所有制类型将珠江三角洲的发展模式划分为"东莞模式""中山模式""顺德模式"与"南海模式"等四种模式[⑦]；还有一些学者从农村城市化主导动力来源的不同总结出了"自发型"和"辐射型"的发展模式。

其二，农村城市化的区域性特征。进入20世纪90年代后，我国农村城市化研

[①] Eng I.The Rise of Manufacturing Towns: Externally Driven Industrialization and Urban Development in the Pearl River Delta of China[M].International Journal of Urban and Regional Research, 1997.
[②] 宁越敏.新城市化进程——90年代中国城市化动力机制和特征探讨[J].地理学报，1998，53（05）：470.
[③] 费孝通.小城镇 大问题[M].南京：江苏人民出版社，1984：79-121.
[④] 费孝通.小商品 大市场[J].浙江学刊，1986（03）：6-15.
[⑤] 许学强，张文献.对外开放地区农村城镇化的动力初探——以广东四邑为例[J].热带地理，1986，6（02）：108-119.
[⑥] 周尔銮，张雨林.中国城乡协调发展研究[M].香港：牛津大学出版社，1994.
[⑦] 林洪.珠江三角洲"经济奇迹"的理论思考[M].广州：广东人民出版社，1995.

究的内容出现了一个重要特色,即研究大多结合一定的区域展开,这使得理论研究的实践指导性不断增强。这些研究相对较多地集中在珠江三角洲和长江三角洲两个农村城市化比较发达的区域,此外,一些学者还对京津地区、辽中南地区、闽东南地区、黄渤海地区等区域的农村城市化特征进行了研究,其研究内容的组织与前述两个核心地区的研究有很大的共性,但这些研究也从更深层次上阐述了各地农村城市化的具体特征[1]。

其三,农村城市化的可持续发展问题。20世纪90年代,广大学者都已经基本赞成农村城市化是现阶段城市化道路的必然选择,特别是乡镇企业的发展和小城镇的繁荣在自下而上的城市化过程中扮演了重要角色。然而,伴随小城镇的发展,农村城市化的某些方面逐渐与可持续发展观相悖,暴露出乡镇企业和小城镇发展的种种不足。因此,20世纪90年代后期学者们开始聚焦于相关方面的研究,如乡镇企业的发展后劲不足、环境污染严重[2]、小城镇规模不经济且布局分散[3],并提出相应的对策和建议。

其四,农村城市化水平综合评价的量化指标研究。农村城市化指的是在乡村地域发生的城市化,必然会涉及农村城市化水平的测度问题,但目前相关方面的研究不多。南京大学郑弘毅教授从农村城市化过程中的三大主体内容出发,即从人口、经济活动、社会空间三个方面建立了一个评价指标体系[4]。有些人由农村城市化这一概念的内涵,推断出城市化水平综合评价的指标应包括三大类,经济指标类、社会指标类和城镇建设指标类。

进入21世纪以来,全球化对中国经济和社会的影响与日俱增,城市化成为中国社会转型期的重要特征。因此,城市化研究的范围更加宽广,多学科交叉、渗透日益明显。张庭伟(2001)从经济、社会、文化、政治等方面分析近年来中国城市空间结构变化,并提出了"综合模型"的理论框架。石忆邵(2001)将中国城市化研究归纳为小城镇发展与农村城镇化研究、大城市中心区的更新改造与人口疏散问题研究等九大类。陈彦光、周一星(2005)借助严格的数学方法,对 Northam 曲线进行适当的修正,将城市化 Logistic 过程分为四个基本阶段。沈建法(2006)等学者提出了珠江三角洲双轨城市化的趋势。贾若祥、刘毅(2002)针对我国部分地区出现的一种城乡土地利用混杂交错的过渡性地域类型进行的半城市化研究,也是最近城市化演化研究的另一热点。

总而言之,国内对城市化演化的研究起点较高,特别是20世纪90年代以来,城市化成为学术界的研究热门,与之相关的理论研究及其在实践基础上总结出的具

---

[1] 郑弘毅. 农村城市化研究 [M]. 南京: 南京大学出版社, 1998: 238–254.
[2] 闫雷雨. 乡村城市化过程中的资源与环境保护问题的探讨 [J]. 南京师范大学学报, 1998 (02): 21–24.
[3] 祝华军. 我国乡村城市化进程中的"小城镇病" [J]. 中国人口·资源与环境, 2000 (01): 46–49.
[4] 郑弘毅. 农村城市化研究 [M]. 南京: 南京大学出版社, 1998: 5–6.

体方法和思路也日渐丰富，正呈现出良好的发展态势。研究逐渐由定性研究向定性与定量研究相结合的方向发展，切合中国发展的实际。然而，分专业、分地区的单项研究较多，综合性研究较少。大部分研究仍热衷于从传统规划的角度理解城市化演变，过多地将研究重点放在城市化道路的选择和如何有效地对城市化发展进行规划和控制的总结思考上；部分学者从动力机制的角度认识到城市化组织的存在，但没有对其进行深入的理论研究与实证分析。另外，讨论城市化演化中出现的过渡性地域类型的研究也较少。

1.3.3 国内农村社区的城市化研究

农村城市化所涉及的核心问题，显然是农村地区如何发展的问题，这个问题一般被归入有关农村社区发展的研究。

1. 城乡二元景观现象——城中村

随着城市化进程的加快，城市流动人口的增大，城市范围的扩大，城市社区出现地域性的结构分化。当代中国城市化的主要形式是城市规模的扩张，有些农村社区通过行政区划调整，直接转化为城市社区。在很多大城市，尤其是沿海地区出现了传统乡村社区直接转化为城市社区的现象，一些城市中的乡村人，一夜之间变成城市人，形成了大量处于城乡转型期的社区类型，即"转型社区"。该社区是伴随城市郊区化、产业分散化以及乡村城市化的迅猛发展，为城建用地所包围或纳入城建用地范围的原有农村聚落，是乡村—城市转型不完全的、具有明显城乡二元结构的地域实体。在土地利用、建设、景观、规划管理、行政体制方面表现出强烈的城乡差异和矛盾。国内很多学者将其称为"城中村"，这种提法的着力点在于将这类社区与城市社区、农村社区进行明显区分。

我国对于城中村的研究时间并不长，有关城中村的概念和提法目前还不统一。早期研究把城中村称为：都市里的村庄[1]（李增军，1995）、都市里的乡村[2]（田莉，1998）、城市里的乡村[3]（敬东，1999）等，近年来的研究逐渐统一于城中村的提法。

对于城中村概念的认识也各不相同，李增军（1995）、田莉（1998）等只是从景观上对"都市里的村庄""都市里的乡村"进行了描述，没有给出具体的定义。敬东（1999）认为"城市里的乡村"是指改革开放以来，在一些经济发达地区或城市，由于疾风暴雨式的城市建设和快速城市化，导致城市用地的急剧膨胀，把以前围绕城市周边的部分村落及其耕地纳入城市用地的范围，大部分耕地的性质由劳动

---

[1] 李增军，谢禄生. 都市的"村庄"现象[J]. 经济工作导刊，1995（08）：20-21.
[2] 田莉. "都市里的乡村"现象评析——兼论乡村—城市转型期的矛盾协调发展[J]. 城市规划汇刊，1998（05）：54-56.
[3] 敬东. "城市里的乡村"研究报告——经济发达地区城市中心区农村城市化进程的对策[J]. 城市规划，1999，23（09）：8-12.

群众集体所有制转化为全民所有制,而在征地过程中返还给乡村的用地和以前的村民住宅用地、自留山、山丘等则维持以前的集体所有制性质不变,在这些用地上以居住功能为主所形成的社区则被称为"城市里的乡村"。蓝宇蕴(2001)认为:"广义的城中村是指已经纳入城市总体规划发展区内,且农业用地已经很少或没有,居民也基本上非农化的中心村落;狭义的城中村是指那些农用地与居民早已非农化,村庄已经转为城市建制,只是习惯上仍称为村的社区聚落。"[1]李钊[2](2001)认为城中村是指在城市快速发展的过程中,一些被包入城市建设用地内,距新、旧城区较近的村庄。李晴等[3](2002)认为城中村一般为低矮密集具有一定规模的建筑群,绿化稀少,与周边城市环境格格不入。赵过渡等[4](2003)认为城中村是指城市总体规划发展区内农业用地已经很少或没有,居民职业结构与生存方式的主要指标上已完成向城市社区的转型,但在基本素质上仍缺乏城市社区内涵特征的村落。刘吉等[5](2003)认为城中村是乡村在向城市转型过程中,由于各种主客观原因,造成转型不彻底而形成的一些在用地上以原有居住功能形态为主的聚居环境。韩潮峰(2004)认为:"城中村的内涵主要是指它'身'在城市,却仍在实行农村集体所有制和农村经营体制的农村社区,它的外延是指城市总体发展规划区域范围内的村庄,既包括城市中的乡村,又包括城市周边的村庄。"[6]代堂平[7](2002)、谢志岿[8](2003)、翁志超[9](2004)等学者也分别在自己的研究中提出对丁城中村概念的理解。以上对城中村的定义虽然有所区别,但其描述问题的实质是一样的,都是城市化过程中由于城市的快速扩张导致的城市和乡村共存的二元景观现象。

目前,国内对城中村改造的研究处于探索阶段,学者们一般都是针对城中村的总体特征提出大而化之的改造措施,或者是针对自己所研究的具体的城中村案例提出相应的改造思路。田莉从"加强村镇规划建设管理;城市向外围发展采取统一规划、统一征地、统一开发、统一管理方式;及早改造城市附近村镇;制定城中村法规;完善农转非后的社会保障等"[10]五个方面论述了如何防治城中村现象。敬东[11]从

---

[1] 蓝宇蕴. 城中村:村落终结的最后一环[J]. 中国社会科学院研究生院学报, 2001 (06): 100-105.
[2] 李钊. "城中村"改造途径的思考[J]. 安徽建筑, 2001 (03): 8-9.
[3] 李晴, 常青. "城中村"改造试验——以珠海吉大村为例[J]. 城市规划, 2002, 24 (11): 23-25.
[4] 赵过渡, 郑慧华, 吴立鸿, 等. "城中村"社区治理体制研究——以广州市白云区柯子岭村为个案[J]. 国家行政学院学报, 2003 (03): 93-96.
[5] 刘吉, 张沛. "城中村"问题分析与对策研究[J]. 西安建筑科技大学学报, 2003 (03): 243-247.
[6] 韩潮峰. 我国"城中村"问题的研究[J]. 经济师, 2004 (01): 271.
[7] 代堂平. 关注"城中村"问题[J]. 社会, 2002 (05): 44-46.
[8] 谢志岿. 化解城市化进程中的"城中村"问题[J]. 特区理论与实践, 2003 (08): 35-37.
[9] 翁志超. 浅论"城中村"的改造对策[J]. 商场现代化, 2004 (10): 41-42.
[10] 田莉. "都市里的乡村"现象评析——兼论乡村—城市转型期的矛盾协调发展[J]. 城市规划汇刊, 1998 (05): 54-56.
[11] 敬东. "城市里的乡村"研究报告——经济发达地区城市中心区农村城市化进程的对策[J]. 城市规划, 1999, 23 (09): 8-12.

城中村更新的目标、政策、规划方案等三个方面提出了城中村改造的高、中、低三套方案，在土地利用、形体规划、工程规划领域加以界定，并提出了具体的对策。杜杰[1]认为改造城中村应强调从发展决策、城中村的内在要求、体制、经济、文化、法治、组织、人事等方面入手解决城中村问题。李钊[2]认为城中村改造过程中产权转变是关键、就地安置是重点，同时还要采取健全法律法规、给予优惠政策、近中远期改造相结合、多方案比较等措施。郭艳华[3]认为应转变农民发展观念、加强培训教育、建立社会保障机制，农村集体土地管理要纳入市场经济范畴，加大力度推进实施旧村改造，把村民自治引入良性循环的发展轨道，加强出租屋管理、建立暂住人口管理的网络系统等。李培林[4]指出，城中村的改造实际上是对政府、房地产商、村民三方面利益的平衡。刘中一等[5]从经济学的角度对城中村改造进行了研究。廖俊平等[6]提出将PPP（Public-Private Partnerships）模式，即公共部门与私人企业的合作模式，与城中村改造工程相结合，以政府作为主导方，可以积极制定激励政策引导私人机构的进入，一方面可以缓解政府的财政压力，另一方面从公共管理的角度看私人机构的高效率带入到公共部门，有利于提高政府公共部门的绩效水平等。

2. 城乡过渡——"中介社区"

长期以来，中国社会学家在进行社区研究时，通常按地域将社区划分为农村社区与城市社区，而没有对处于两者之间的中介状态进行界定与研究。这种二元划分的办法其实带有很多的缺陷，不能反映现今社区存在的真实状况。"二元"最初是对经济状态的一种划分。刘易斯在《劳动力无限供给条件下的经济发展》一文中系统地提出了经济发展过程中的二元经济理论。后来，这种用以描述经济特征的做法被用来描述城乡二元结构，以此来对社区存在的两极端状况进行划分。随着改革开放的不断深入以及我国社会的转型，城乡绝然对立的二元状态已被打破，城乡出现了一定程度上的融合。在发展较快的地区城乡已经一体化，某些局部地区的农村社区（如华西村、南街村、折晓叶与陈婴婴提到的"超级村庄"[7]）已经基本城市化。在城市社区与农村社区之间出现更多的是第三种状态——"中介社区"[8]，一种介于两者之间的社区状态。一些研究者也提出中国的社会经济结构是由传统

---

[1] 杜杰. 都市里村庄的世纪抉择——关于深圳市罗湖区原农村城市化进程的调查报告[J]. 城市规划, 1999, 23（09）: 15-17.
[2] 李钊. "城中村"改造途径的思考[J]. 安徽建筑, 2001（03）: 8-9.
[3] 郭艳华. 论改造城中村的现实途径[J]. 探求, 2002（04）: 39-42.
[4] 李培林. 透视城中村——我研究"村落终结"的方法[J]. 思想战线, 2004（01）: 21-26.
[5] 刘中一, 刘中炜. 城中村改造的经济学思考[J]. 经济论坛, 2004（02）: 8-9.
[6] 廖俊平, 田一淋. PPP模式与城中村改造[J]. 城市开发, 2005（03）: 52-53.
[7] 折小叶, 陈婴婴. 社区的实践——超级村庄的发展历程[M]. 杭州: 浙江人民出版社, 2000: 78.
[8] 杨如彦. 现代化视野中的中介社区[J]. 甘肃社会科学, 1999（02）: 42-45.

农业、农村工业和城市现代工业组成的三元经济结构①。因此，中间应有一个过渡层次。

中国学术界首次明确提出"中介社区"的概念是在1995年中国社会科学"社会发展"课题组的《当代中国社会结构变迁的报告》中，他们认为"中介社区"是介于农村与城市之间而同时兼有两者一些成分的社区，主要是指小城镇，即县镇，其他建制镇和乡镇，但还包括有一类超级村庄。折晓叶、陈婴婴也在《社区的实践——"超级村庄"的发展历程》中提到了"中介社区"。他们认为"中介社区"等于小城镇，此定义与我国现在的实际情况有差别，后者则主要进行特征的描述。"中介社区"的概念提出后，进行专门研究的研究者少。在众多的社区转型研究中，大多关注于某一方面，较少有全面综合的研究，如林斌、王汉生对变迁中的城区政府与区街经济研究，许欣欣对当代中国社会结构变迁与流动的研究等，多侧重于微观或宏观层次，没有进行中观层次上的研究。国内有不少学者如陆学艺、辜胜阻、郭丁华、黄宗智等对农村社区的发展做过很深的研究，但只是从传统意义上的农村社区出发，没有对新环境下的城乡结合部进行研究。崔功豪、陈佑启虽进行了城乡结合部的研究，却没有与农村社区联系起来。

本书在前人研究的基础上，对转型时期处于城市化进程的农村社区的概念进行界定，即"转型社区"，着力点在于农村社区向城市社区的过渡与转型，本书全面分析了"转型社区"的现状特征，并阐明建构完善的整合机制之农村城市化的发展方向。

1.4 研究意义

首先，沿海地区经济发展水平快于内陆地区，沿海地区非农产业的发展以及城市化的推进都远远领先于内陆地区。因此，对沿海地区农村城市化发展模式的系统分析，和对沿海地区农村城市化与城市的协调发展问题进行研究，可以为内陆地区制定农村城市化发展规划和出台具体的政策措施提供很好的范例。从已取得的研究成果中可以看出，对我国农村城市化的研究主要集中在珠江三角洲、长江三角洲、京津地区、辽中南地区、闽东南地区、黄渤海地区，对山东沿海地区的研究较少。山东沿海地区属于环渤海经济圈的一部分，隔海与辽中南半岛相望，改革开放以来，此地区凭借区位优势和开放政策，经济总量不断增长，工业化和城市化速度迅猛提高。本书对山东沿海农村城市化的实践模式进行了有益的探索，对山东半岛沿海农村城市化内生型和外生型两大类共五种发展模式进行比较分析。山东省作为沿海发达省份，它在农村城市化进程中遇到的问题，欠发达省份在今后的发展中也有

---

① 王勋铭. 我国二元经济结构的转换选择——试论农业、农村工业、现代工业三元结构的形成[J]. 兰州商学院学报，2000（04）：27-30.

可能遇到，山东省关于农村城市化战略的探索，对欠发达省份的城市化实践有借鉴意义。

其次，很多研究可以引经据典，我国关于农村城市化的研究也大量引用借鉴国内外先进的城市化及城市化发展理论。但整体来说，将这些理论运用到我国农村城市化发展实践中的研究较少；立足中国，从省际的、中观、微观尺度的研究较少；通过实际调研、模拟和不同实证案例的比较形成切合区域社会经济发展和农村社区城市化发展实际的研究也较少。加强实证研究，积极推动理论与实践的结合，对提高城市化研究的理论水平、更好地指导城市化发展实践具有重要意义。本书主要运用经济学、社会学、文化学、建筑学等专业及相关理论，进行跨学科的研究。在实证案例的基础上对沿海农村城市化整合机制进行研究，从经济学和资源开发利用角度研究农村城市化资源整合、服务机制整合，从治理和法律角度研究农村城市化制度机制、自治参与机制的整合，从社会学和历史人文的角度研究农村城市化文化创建机制、心理调节机制的整合，从建筑学和城市规划角度研究农村城市化的用地功能、空间结构和人口布局的演进过程。本书试图结合一段时间以来所参与的青岛市城阳区农村社区城市化改造的实践工作，以及近阶段山东沿海农村社区改造的实际情况，对农村城市化的力冲场域即"转型社区"进行研究，并探索如何通过机制的完善减少社会矛盾、实现社会公正和社会和谐。这些研究丰富了农村城市化的发展模式理论，是农村城市化理论的有益补充。

另外，中国农业、农村、农民的"三农"问题，一直是困扰中国经济发展、社会公平、实现国家现代化的核心问题之一，是中国当前经济发展中最突出的问题。解决"三农"问题的根本出路是大量减少农民数量，大量吸纳农村的剩余劳动力，实现农村城市化战略。当农村人口数量下降到总人口的25%以下时，农村土地的价值才能达到市场化要求的成本阈值，此时农业土地的集约化生产、规模化生产和专业化生产才达到一定水平，农业的科技含量、服务水平和农业成本才有大幅度改善，农民的收入水平和整体素质才会有明显的进步，至此，中国"三农"的一系列根本问题才能得以彻底解决[1]。基于这样的认识，本书通过对新形势下山东沿海农村城市化的问题、特征的分析，从微观视角探索我国沿海地区农村城市化的整合机制，拓宽社会主义市场经济条件下我国农村城市化的新途径、新办法。从而为山东省实施何种农村城市化战略模式，尤其是如何进行农村社区的城市化转型提供一个新的选择，并通过构建农村与城市协调互动的机理，平衡各方面利益，尽可能的保护广大失地农民的利益。

---

[1] 中国科学院可持续发展战略研究组. 2005中国可持续发展战略报告[M]. 北京：科学出版社，2005.

1.5 研究方法与内容框架

1.5.1 研究方法

1. 基础理论研究和典型实证研究相结合

农村问题是当前城市政府面临且亟待解决的重大现实问题之一，研究和解决这个问题必须从实际出发。本书根据有关基础理论进行分析、演绎、归纳和综合，并通过对典型案例的研究，做到理论与实际相结合。其中，基础理论研究主要是文献研究与理论整理，如对国内外农村城市化发展模式及农村社区整合机制的基础理论分析；典型实证研究则是对山东半岛沿海农村城市化发展的实践个案的系统分析和农村城市化的微观切入点——"转型社区"之整合机制的实证研究。

2. 综合研究和重点研究相结合

采取综合研究和重点研究相结合的方法进行深入剖析。综合研究是强调农村城市化应与城市的发展互动协调，是从社会、经济、区域和生态的综合协调性角度进行的农村城市化与城市互动机理的研究。重点研究是根据矛盾的对立统一规律，抓住主要矛盾或矛盾的主要方面进行研究，对此，本书从对农村社区城市化的微观整合进行系统剖析。

3. 历史经验和比较研究的方法

我国是一个人口众多且农业人口占大多数的发展中大国，特有的农业经营方式、长期存在的二元格局、二元工业化和城市化道路导致我国的农村城市化情况十分复杂。本书通过对国外农村城市化发展理论经验总结，归纳其对我国农村城市化发展的若干启示，并通过对山东沿海农村城市化发展模式的比较研究，理清几种典型模式的优势与劣势，从而为不同城市的不同农村寻求适宜的城市化模式，确立比较框架。

1.5.2 研究内容框架

本书分为七章。第一章就本书的选题背景、基本概念、国内外相关研究动态、研究意义、研究方法与内容框架作了基本论述。第二章总结、归纳了国外城市化发展的基本理论，分析了国外农村城市化模式理论的新进展及其启示意义。第三章从城市化的动力角度对当前山东沿海农村城市化发展的具体实践模式进行了介绍，认为当前存在内生型和外生型两大类共五种类型的实践模式，分别结合典型案例对这五种模式的主要内涵和利弊进行了深入剖析。第四章分析了转型时期我国山东沿海农村城市化的现状特征，并在此基础上提出了制约我国沿海农村城市化发展的思想观念、生态环境、利益分配、政策等方面的主要问题。第五章对沿海地区农村城市化互动机理进行了研究,着重分析了农村与城市的经济、社会、区域空间和生态的协调发展。第六章提出"转型社区"的基本概念和基本特征,以微观的形式揭示了我国山东沿海地区农村社区向城市社区转变过程中的一些倾向。第七章提出建立面向多元居住主体的"转型社区"整合机制,包括资源整合机制、服务机制、制度规范机制、自治参与机制、文化创建机制和心理调节机制六大子机制(图1-1)。

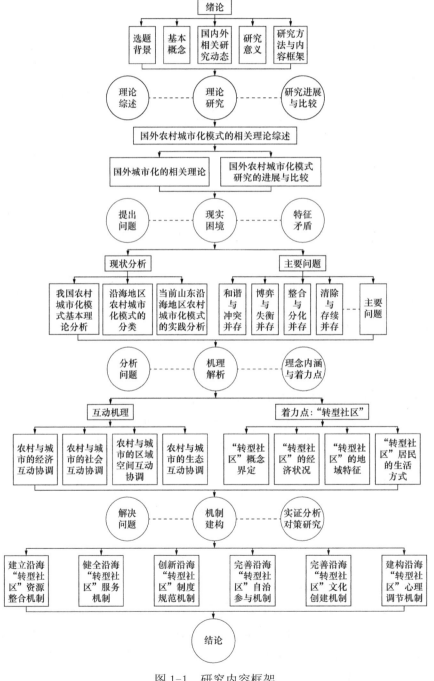

图1-1 研究内容框架

第二章　国外农村城市化模式的相关理论综述

2.1　国外城市化的相关理论

2.1.1　国外城市化的基本理论

1. 区位理论

区位理论认为，城市是一种社会生产方式，它以社会生产的各种物质要素和物质过程在空间上的集聚为特征。社会经济系统由不同的城镇个体及子系统组成，城镇之间及系统之间存在着相互作用，城市的集聚性创造出大于分散系统的社会经济效益，这是城市化的动力源泉。区位理论的贡献在于，它分析了城市效益的根源，确定了城市的分布状态和分布形式。区位理论主要包括农业区位论、工业区位论、城市区位论等。

农业区位论的代表人物是德国经济学家冯·杜能（von Thuncn），代表作是他的《孤立国对于农业及国民经济之关系》（又译名《孤立国》）(1826)。农业区位论根据相关地租、农产品特征和运输成本差异，建立了农业生产的空间圈层布局模式，从而对区位理论作出了开创性的贡献。工业区位论的代表人物是德国经济学家韦伯（Weber），代表作是他的《工业区位论》（又译名《纯粹区域理论》）(1909)。工业区位论是现代区域经济学的基础，系统阐述了工业区位选择和合理布局。城市区位论（又称"中心地理论"）的代表人物是德国经济学家克里斯塔勒（Christaller），代表作是《南部德国的中心地原理》(1933)，及德国经济学家勒施（Losch），代表作是《经济空间秩序》(1939)。[①] 美国著名经济学家保罗·克鲁格曼把区位理论称之为"德国几何学"。该理论认为，中心是为居住在它周围地域的居民提供商品和服务的地方，中心地（城市）的基本功能是作为影响区的服务中心，为其影响区提供中心性商品和服务，由于这些中心性商品和服务依其特性可分成若干档次，因而城市可按其提供的商品及服务划分成若干等级，各城市之间构成一个有规则的层次关系。根据一定区域内各中心地提供货物和服务的高、中、低档次来分析和定性，可以确定一个中心地在中心地系统中的地位和作用。因此，中心地理论可用来说明一定区域内城市等级及空间分布特征。

德国著名经济学家勒施（Losch）于1939年出版了其重要的著作《经济空间秩

---

① 杜受祜. 中国城市化道路：思考与选择 [M]. 成都：四川大学出版社，1988：125.

序》，全面系统地阐述了区位理论、经济区论和贸易理论。勒施通过分析和比较农业区位论和工业区位论后，进一步分析城市区位的产生与选择。指出城市是非农企业区位的点状集聚，"即使地球是一平坦而均等的球体，城市仍会为了种种理由而产生出来"①，大规模的工业企业的发展，本身就会扩大到组成整个城市；而同类企业和不同企业的聚集，会增进聚集经济效应，实现内部经济与外部经济，从而建立起较大的生产综合体，并成为产生城市的重要因素。20世纪50年代，沃尔特·艾萨德努力把空间纳入经济学理论的核心，他的《区位与空间经济学》把杜能、韦伯、克里斯塔勒、勒施等人的理论放入一个框架中，"他的开创性贡献是把区位问题重新表述为一个标准的替代问题，他认为可以把厂商看作是在权衡运输成本和生产成本，就像他们做出任何成本最小化或利润最大化决策一样"。②

2. 结构理论

结构理论是阐述城市化过程中有关城市就业结构和经济结构的基本理论。主要代表人物有刘易斯（Lewis）、费景汉（John Fei）、拉尼斯（Ranis）、乔根森（Jorgenson）、托达罗（Todaro）、钱纳里·塞尔昆等。

刘易斯（Lewis）把发展中国家的经济结构概括为现代部门与传统部门，建立了两部门经济发展模型，他认为，在具有二元经济结构特征的社会里（工业化过程中一国经济同时存在着传统农业和现代工业），因为传统农业部门存在着大量低收入的劳动力，所以劳动力供给具有完全的弹性，工业部门可以获得无限供给的劳动力而只支付与传统农业维持生存部门相应的工资。随后，费景汉（John Fei）和拉尼斯（Ranis）对刘易斯二元结构模型作了重要的补充和修正，从而形成了"刘易斯—拉尼斯—费景汉"模型。费景汉、拉尼斯比刘易斯更加详细地论述了在经济结构转换中就业结构转换的条件和阶段，重视人口增长因素，提出了部门间平衡发展的思想，并把农业剩余劳动力转移过程的实现由一种无阻碍过程变为一种有可能受阻的三阶段发展过程，进一步丰富了农业剩余劳动力理论的内容。而乔根森（Jorgenson）则提出"具有古典经济学色彩的二元经济模型，以新的假定和新的角度考察了城乡人口迁移，对刘易斯二元结构模型中产生劳动力无限供给现象的各种假设作了深刻反思，他不承认农业有边际生产率等于零的剩余劳动存在，也不承认农业与工业的工资水平是固定不变的"③。他认为农业剩余劳动力向非农产业部门流动和转移的根本原因在于消费结构的变化，是消费需求拉动的结果。托达罗（Todaro）认为人口从农村向城市的迁移，不仅取决于城市与农村实际收入的差异，同时还取决于城市就业率的高低和由此而做出的城乡预期收入差异，因此，解决城镇就业问题还必须发展农村经济，增加农民收入，改善农民的生活水平。此外，钱纳里·塞

---

① [德] 勒施. 经济空间秩序 [M]. 北京：商务印书馆，1995.
② [美] 保罗·克鲁格曼. 发展、地理学与经济理论 [M]. 北京：北京大学出版社，2000：218.
③ 谭崇台，等. 发展经济学的新发展 [M]. 武汉：武汉大学出版社，1999.

尔昆[①]认为，在发达国家工业化演进过程中，农业产值和劳动力就业向工业的转换基本规律是同步的。但是发展中国家，产值结构转换普遍先于就业结构转换。因此，发展中国家的农业剩余劳动力不可能一开始就直接被吸收到采用最新技术的现代工业部门，而首先吸收到劳动力比较密集、技术不太先进的工业部门。当达到刘易斯转折点时，虽然工业比重已经占据主导地位，但是劳动生产率和技术水平并没有达到发达国家水平。也就是说，"当结构转换过程经过'刘易斯转折点'达到平均中点即完成一半时，经济便向第二阶段过渡，这时二元结构虽然消失，但经济转换结束，工业化加速开始，这对分析发展中国家城乡就业转换具有重要意义。"[②]

3. 人口迁移论

人口迁移理论主要从影响城乡人口流动的因素角度出发，阐述了城乡之间人口流动的基本原理。主要代表人物有李（Lee，1996）、克拉克、库兹涅茨等。在探讨影响人口流动的因素时，人口迁移理论将其总结为四个方面的原因：一是原居住地因素，二是迁入地因素，三是中间障碍因素，四是迁移者个人因素。每个地区都同时存在两种不同的因素，一是引起和促使人们迁移，二是排斥和阻碍人们迁移。人口迁移正是这些因素综合作用的结果。

在对人口迁移的研究中，人们从经济、社会、地理以及人口等各方面提出了多种假说，其中如下理论是较具代表性的经济学假说。

第一，推—拉理论。该理论分析群体迁移的原因及迁移方向，它的起源可以追溯到拉文斯坦的"人口迁移规律"。该理论认为，迁移行为发生的原因是迁出地的推力因素和迁入地的拉力因素共同作用的结果。"推力"，即存在着迫使居民迁出的社会、经济和自然压力；"拉力"，即存在着吸引其他地区居民迁入的社会、经济和自然引力。

第二，人口迁移转变假说[③]。泽林斯基从经济社会发展阶段出发，提出了著名的"人口迁移转变假说"，认为人口迁移和流动既与社会经济发展条件有关，同时也与人口出生率和死亡率的转变密切相关。他将社会发展划分为五个阶段，并指出，每个阶段的人口迁移具有不同的特征或规律。在现代化以前的传统社会阶段里，人口再生产类型是"高出生率—高死亡率—低增长率"模式，人口很少发生迁移流动；工业革命早期社会转变阶段，人口再生产类型向"高出生率—低死亡率—高增长率"模式转变，人口迅速增多，出现大规模从农村向城镇的人口迁移；在工业革命晚期社会转变阶段，人口再生产类型向"低出生率—低死亡率—低增长率"模式转变，人口自然增长受到抑制，各种形式的人口迁移包括城乡人口迁移势头减缓；在

---

① [美]霍利斯，钱纳里，等. 发展的型式：1950—1970 [M]. 北京：经济科学出版社，1988.
② 张忠法. 国内外有关劳动力就业结构转换和劳动力市场的几个理论问题 [J]. 经济研究参考，2001（03）：23.
③ 赵红军. 交易效率、城市化与经济发展 [M]. 上海：上海人民出版社，2005：53.

发达社会阶段，人口自然增长率由于生育率和死亡率的进一步下降而到很低水平。由乡村到城市的人口迁移和迁往未开发地区，国内人口迁移及国际人口迁移的重要性都在下降，取而代之的是城市之间和城市内部的迁移，人口流动得到进一步强化；在未来超发达阶段，从总的方面来看，人口迁移数量会有所下降，但城市之间和城市内部的人口迁移仍将保持一定的增长。

第三，配第—克拉克定理。英国经济学家克拉克经过分析指出：随着经济发展，即随着人均国民收入水平的提高，劳动力首先由第一产业向第二产业转移。当人均国民收入水平进一步提高时，劳动力便向第三产业转移。劳动力在产业间分布状况是，第一产业将减少，第二、三产业将增加。后人称之为"配第—克拉克定理。"该定理指出了一国随经济发展，劳动力在三次产业间分布将发生从第一产业转移至第二产业，再从第二产业向第三产业转移的变化。继克拉克之后，许多经济学家从理论上进一步补充和论证了这一定理。美国经济学家库兹涅茨运用丰富的统计资料证明了克拉克所提出的理论。法国经济学家富拉斯蒂埃认为，技术进步是引起劳动力产业分布结构演变的主要原因。农业劳动力转移到第二产业和第三产业并不是唯一的，与此同时，第二产业的劳动力也向第三产业转移，更进一步说，在第三产业内部，劳动力也不断从一些行业转向另一些行业。

4. 非均衡增长论

非均衡增长理论主要阐述了区域经济发展的非均衡性。其代表人物有佩鲁（Perroux）、弗里德曼（Friedmann）、缪尔达尔（Gunnar Myrdal）、赫希曼（Hirschman）等。增长极理论（Growth Pole Theory）是由法国经济学家佩鲁（Perroux）[1]于1955年首先提出来的。佩鲁认为"增长极"是由主导部门和有创新能力的企业在某些地区或大城市的聚集发展而形成的经济活动中心，恰似一个"磁场极"，能够产生吸引或辐射作用，促进自身并推动其他部门和地区的经济增长。20世纪60年代，美国著名城市规划学家弗里德曼（Friedmann）[2]提出了中心——边缘理论，该理论拓展了佩鲁的增长极理论视角，把增长极模式与各种空间系统发展相融合，认为经济活动的空间组织中，通常具有强烈的极化效应与扩散效应，中心区和边缘区相互依存机制的形成，是通过中心区自身经济的不断强化，而形成对边缘区的支配态势。弗里德曼还较为深刻地刻画了核心—边缘结构模式，从一般意义上把它分解为四个部分：核心增长区，向上转移地带，向下转移地带，资源边际区。此后，缪尔达尔（Gunnar Myrdal）[3]又提出了"地理上的二元经济"结构（Geographical Dual Economy）理论，又称"循环累积论"。他认为，地理上的二元经济产生的原因在于各地区经济发展的差距性，这种差距的存在是因为存在"扩散效应"和"极化效应"，而且

---

[1] 成德宁. 城市化与经济发展——理论、模式与政策［M］. 北京：科学出版社，2005：45.
[2] Friedmann J. urbanization, Planning and National Development [M]. London, Sage Publications, 1973.
[3] 赵红军. 交易效率、城市化与经济发展［M］. 上海：上海人民出版社，2005：74.

这种差距的产生会进而引起"累积性因果循环",使发展快的地区发展更快,发展慢的地区发展更慢,从而逐渐增大地区间的经济差距,形成地区性的二元经济结构。缪尔达尔的极化—扩散原理,运用于城市经济分析,解释了城市的等级扩散现象,即由中心大城市向外扩散总是以不同等级城市体系的"蛙跳"规律进行。此后,著名经济学家赫希曼(Hirschman)[①]提出了"非均衡增长"(Unbalanced Growth)理论。赫希曼指出:"在经济发展的高级阶段,引起平衡增长可能性的正是过去不平衡增长的经历。"赫希曼强调不平衡增长,目的还是要实现更高层次和更高水平的平衡增长,只不过平衡增长是目的,不平衡增长是手段。

5. 生态学派理论

城市生态学派主要从城市生态与环境的角度阐述了城市化过程中城市规划应注意和遵循的规律。其基本理论有田园城市论、芝加哥古典人类生态学论、有机疏散论、城市复合生态系统论和山水城市论。

田园城市论是19世纪末由英国社会活动家霍华德[②]提出的关于城市规划与建设的设想,霍华德设想的田园城市包括城市与乡村两个部分。城市的四周为农业用地所围绕;城市居民经常就近得到新鲜农产品的供应;田园城市居民生活于此、工作于此;城市的规模必须加以限制,使每户居民都能极为方便地接触乡村的自然空间。田园城市理论对现代城市规划思想起到了重要的启蒙作用,对后来的城市规划理论,如"有机疏散理论""卫星城镇理论"等产生了很大影响,也为生态规划的理论与实践奠定了基础。

芝加哥古典人类生态学论是美国芝加哥大学以帕克(Parker)为代表的学者运用生态学的理论,通过研究芝加哥城市的人口空间分布的社会原因与非社会原因,所提出的关于城市土地利用模式、改良城市环境的理论。该学派的主要理论认为城市土地价值变化与植物对空间的竞争相似,土地的利用价值反映了人们最愿意竞争有价值的地点,这种竞争作用导致了经济上的分离,从而按土地价值的支付能力分化出不同的阶层。

有机疏散论是美国著名建筑学家伊利尔·沙里宁(saarinen)[③]为缓解由于城市过分集中所产生的弊病而提出的关于城市发展及其布局结构的理论。沙里宁认为城市是一个有机体,其内部秩序实际上和有生命的机体内部秩序是一致的。有机疏散的两个基本原则是:"把人们日常生活和工作(即沙里宁称为"日常活动")的区域,作集中的布置;不经常的"偶然活动"的场所,不必拘泥于一定的位置,则作分散的布置。"[④]

---

① [美]赫希曼.经济发展战略[M].北京:经济科学出版社,1992:125.
② 余波.我国城市化问题讨论综述[J].经济纵横,2002(01):49.
③ 朱农.发展中国家的城市化问题研究[J].经济评论,2000(05):83.
④ [英]霍华德.明日的田园城市[M].北京:商务印书馆,2000.

城市复合生态系统论是我国生态学家马世骏（1984）、王如松（1988）提出的。他们认为，城市生态系统可分为社会、经济、自然三个亚系统，各个亚系统又可分为不同层次的子系统，彼此互为环境。自然亚系统是基础，经济亚系统是命脉，社会亚系统是主导，各生态要素在系统一定的时空范围内相互联系、相互影响、相互作用，导致了城市这个复合体复杂的矛盾运动。

山水城市论是我国著名科学家钱学森最早提出的概念。它是把城市作为一个巨大的现代园林来建设。从美学意义上看，它是追求城市中有人工的艺术创造，又有大自然的艺术创造，正如中国传统风水理论中所描述的山水城市的特征：人工艺术与自然景观"共生、共荣、共存、共乐、共雅"。山水，广而言之泛指自然环境；城市，广而言之泛指人工环境。因此，山水城市是人工环境与自然环境协调发展的，其最终目的在于建立"人工环境"（以城市为代表）与自然环境相融合的人类聚居环境。

2.1.2 国外城市化模式基本理论

城市化模式是在社会、经济结构转变过程中，由城市化动态演进所变现出来的相对静止稳态和连续动态的系统结构、动力机制、内容特征的总和。具体的、现实的城市化模式受各国历史文化传统、现行经济发展战略和经济体制的制约，至于更微观的城市化发展模式，其影响因素还包括资源、区位、经济实力、各利益集团的地位以及个体偏好等。城市化发展模式可以从不同的角度分成各种不同的类型。例如：根据经济发展水平，可以将城市化模式划分为发达型和发展型；根据城市化与工业化关系，可以划分为同步型、超前型、滞后型和逆向型；根据人口聚集方向与城市空间架构，可以分为集中性和分散型等。

1. 发达型和发展型

根据经济发展水平的不同，可将城市化发展模式划分为发达型和发展型。在不同的经济发展水平下，城市化呈现不同特点。发达型城市化（Development Urbanization）是以西欧、北美、日本等发达地区和国家为主的城市化模式。其特点是城市化起步较早，启动资金来自海外掠夺或外资引进，城市化的推进以高度发达的城市工业和乡村工业为前提，新一轮城市化在后工业化过程中推进。发展型城市化（Developing Urbanization）是亚非拉等发展中国家为主的城市化模式，其特点是城市化起步较晚，启动资金大多来自农业本身，城市化以农业部门的隐性失业为前提，工业部门吸收劳动力的能力很低，新一轮城市化在市场化过程中推进。

2. 同步型、超前型、滞后型和逆向型

根据城市化与工业化的关系，可以将城市化划分为同步型城市化、超前型城市化、滞后型城市化和逆向型城市化。同步型城市化（Synchro-urbanization）指城市化进程与工业化发展水平相一致的城市化。超前型城市化（Over-urbanization）指城市化水平明显超过工业化水平的城市化，通常这种城市化不是建立在工业高度发达的基础上，而是依靠传统的第三产业，常常是一种无工业化的城市化。滞后型城市化（Under-urbanization）是一种城市化水平落后于工业化水平的城市化模式，滞后型城市化是一种违背工业化和现代化发展规律的城市化模式。逆向型城市化（Counter-urbanization），又称逆城市化，"逆"并不是指城市人口的农村化，而是指城市人口向郊区或卫星城迁移，指人们远离人口密集、就业困难、环境恶化、房价攀升、生活质量下降的城市生活空间，去寻求人口密度合理、就业便利等可与城市媲美的郊区生活空间。

3. 集中型、分散型、中心—边缘型、Desakota 型

尽管各国的农村城市化没有完全相同的发展模式，但仍可以捕捉到两类主要的发展趋势，一种是以人口向大城市聚集为主的集中型模式，一种是以人口向中小城市聚集为主的分散型模式。而集中型城市化发展到后期，又演变为 Desakota 型和中心—边缘型。

集中型城市化（Confuse Urbanization）是一种人口迅速向大城市集中的城市化模式，英国、美国、日本等发达资本主义国家，苏联、东欧等原计划经济国家，墨西哥等发展中国家都曾经历过或正在经历这种模式。其特点是人口向大城市大规模迁移，城市规模不断扩大，出现"大城市病"。分散型城市化（Diffuse Urbanization）是一种以人口向中小城市聚集为特征的城市化模式，德国、法国等欧洲大陆国家都是分散型城市化的代表，同时包括中国在内的部分发展中国家。

中心—边缘型（Center-peripheryParadigm）是指以大城市或特大城市为中心，农村和小城镇为边缘的城市化发展模式。该模式是由弗里德曼（John.Friedmann, 1966）提出的，它描绘了发展中国家在二元经济环境下所形成的二元空间结构和空间关系。在这一模式下，城市是在经济发展的早期阶段出于服务和管理目的而出现的。之后，由于工业化的发展，人口、资本、技术以至权利等各要素都向具有高度生产力水平的城市集中，而且是为数不多的大城市或超级大城市。从而逐渐形成以大城市为中心区，小城镇和乡村为边缘区的二元空间结构和空间关系。中心城市的引力会使得资源不断地从边缘区向中心区转移，当工业化进入到成熟阶段，这种转移会停止并反向，也就是从中心区向边缘区涓流，使得边缘区也发展起来。中心区向边缘区涓流的过程就是城市带动农村发展的过程。此时，中央政府和地方政府都会主动干预并经济参与。最后，整个经济社会将形成一种只有最低必要限度区域不平衡的完全一体化的空间格局。

Desakota 型①是20世纪80年代加拿大学者麦吉（T.G.Mcgee）在印度尼西亚爪哇地区进行较长时期实地考察后提出的概念，他认为包括印尼、爪哇、泰国、印度、

---

① McGee, TG..The emergence of desakota regions in Asia: Expanding a hypothesis [M]//N. Ginsburg, B.Koppel, T.G. McGee eds. The extended metropolis settlement transition in Asia. Honolulu: University of Hawaii Press, 1991: 3–26.

中国大陆和台湾地区在内的许多亚洲发展中国家和地区正经历着一场不同于发达国家传统模式的城市化。麦吉先用Kotadesa一词表示城乡结合部，并用Kotadesasi描绘城乡结合部的增长过程，后来在正式的文献中用Desakota一词表示已实现经济形态转型的乡村地区。

2.2 国外农村城市化模式研究的进展与比较

农村城市化是马克思提出来的。马克思早在1858年就指出："现代历史是乡村城市化"，他是最早使用"农村城市化"或"乡村城市化"这一概念的人[①]。恩格斯说："农村建立的每一个新工厂，都含有工业城市的萌芽，……在竞争和集聚的状况下，工厂会形成一个完整的村镇"，"于是，村镇就变成小城市，而小城市又变成了大城市"。近代历史也表明，欧、美等发达国家在19世纪初，大多数人口在农村，随着工业化、现代化的发展，到19世纪末，农村人口大多数转移到城市，这正是马克思所讲的"农村城市化"。马克思、恩格斯的论断，明确揭示了农村城市化的规律和本质，对今天发展中国家的城市化仍具有重要指导意义。马克思、恩格斯所指的农村城市化并不是后来国外学者所指的农村城市化。国外学者对农村城市化模式也存在较大的分歧[②]，主要集中在对发达国家和不发达的第三世界国家、西方与亚洲的农村城市化模式有不同的认识。

2.2.1 国外农村城市化模式研究的进展

1. 人口、思想、文化由城市向农村地区扩散——西方发达国家的农村城市化

国内学者一般都介绍两个对西方发达国家的农村城市化有代表性论述的学者：一个是美国学者帕西诺（M.Pacioner），他认为农村城市化（the urbanization of the countryside）是城市思想、观念和生活方式向农村地区扩散的社会变动过程，最明显和最直接的表现是人口从城市向农村的自然流动。另一个是法国学者麦尔兰（Pierre Merlin），他认为"农村城市化是指农村空间的缓慢的城市化过程"，是在农村居住区周围发生的，农村城市化地区的人口是城市内迁移而来的，其原因是一部分城市中产阶级向往农村生活环境，而且土地价格、付款方式（购房贷款）等因素有利于在农村购买或建造住宅，小汽车的发展、高速公路和铁路大量涌现促进了这一进程。麦尔兰（Pierre Merlin）还认为：农村城市化好似乌托邦的"回归大自然"的反城市主义的一个变种，它远没有能为拯救大自然做出贡献，而"严重地危害着大自然"，没能建立起一个脱离城市的环境。农村城市化造成许多弊端，如：① 消耗许多农业空间，例如

---

① 刘达华. 从农业小县跨进现代化大都市的研究——深圳农村城市化研究[M]. 香港：名人出版社，2002：1-21.
② 袁中金，王勇. 小城镇发展规划[M]. 南京：东南大学出版社，2001：1-5，39-42.

在巴黎大区的农村、小镇周围，每年要建造约1000栋的独户式住宅，年耗费土地达1500hm²；② 房屋景观与毗邻的农村没有视角的连续性，油漆粉刷的小房子，用树篱笆、栅栏围起的花园、车库，以及塞满小汽车的死胡同与传统农村环境极不协调；③ 人口过于分散，难以计划安排公用设施；④ 交通问题绝对依靠小汽车，每个家庭都有一台或几台小汽车；⑤ 在这类村庄里，大多数村政管理权落入城市人手里。[1]

可以看出，帕西诺（M.Pacioner）对农村城市化内涵的理解侧重于城市思想、文化价值观念从城市向农村的扩散；麦尔兰则侧重于城市人口向农村地域的扩散，农村地域由此而逐步城市化，而且，他还深刻地指出这是发达国家反城市化主义的一个变种，潜存着环境的不可持续性。不管是观念形态的思想和文化由城市向农村扩散，抑或是城市人口向农村扩散，发达国家的农村城市化与我国的农村城市化是显著不同的，人口流动的方向是相反的，我国农村城市化过程除了大城市郊区外的农村地域外，受城市的思想与文化的作用总体上说是微弱的，受小城镇的思想和文化的扩散也是不显著的。此外，发达国家的农村城市化是在经济发达和高度城市化条件下发生的，但它并没有在发达国家的农村地域上形成第二产业的集聚，也不是农村人口的集聚，没有产生农村地域类型和性质向城市的转变，而是一种乌托邦的"回归大自然"。

农村城市化于20世纪50年代在美国兴起，然后遍及英国和法国。这一时期正好是美国城市郊区化的形成和发展阶段[2]，是西欧开始由城市郊区化向逆城市化转变的时期。可以说发达国家的农村城市化与城市的郊区化、逆城市化相伴而生。郊区化使城市的范围扩大，逆城市化促使农村城市化。因此，发达国家的农村城市化是属于高度城市化条件下的农村城市化。西方发达国家这种由于大城市中心居民不断向农村迁居是以大城市为基础的农村城市化。当前，我国则主要是以小城镇或集镇为基础的农村城市化，虽然都是以市或镇为基础，看似无本质区别，其实它们有质和量的区别。

总体看来，我国的城市化进程尚处在以人口向城市集聚为主要特征的初级阶段，但就一些发达的大城市而言，也表现了中心城市的郊迁扩散现象，如北京、上海、广州等超大城市郊区化现象已开始出现。因此，有学者认为，北京农村城市化不是简单的城市景观向农村的蔓延，而是城市生产方式和生活方式向农村扩展的过程，北京郊区的城镇功能既有一般农村地区城镇吸纳农村人口的作用，也有疏散市中心区人口的作用，北京远郊农村城市化是城镇化与郊区化的结合。这说明我国少数超大城市城郊的农村地域上也产生了类似西方发达国家在高度发达城市化条件下形成的农村城市化。

---

[1] 陈光庭. 城乡一体化与乡村城市化双轨制探讨 [J]. 规划师，2002，18（10）：14-16.

[2] Robert D. Lewis. Guest Editorial: Industrial suburbanization of Canadian and American cities, 1850–1950 [J]. Journal of Historical Geography, 2001, 27(1): 1–2.

2. "Kotadesasi"——亚洲特殊区域"Desakota"上发生的农村城市化

"Kotadesasi"和"Desakota"是麦吉（T.G.Mcgee）对亚洲国家，尤其是东南亚国家长期研究，于20世纪80年代提出的两个重要的术语。"Desakota"是指一种特殊区域，这些区域的主要特征是位于大都市中心周边和大都市之间的人口高密度地带，城乡之间的相互作用十分频繁和高强度，农业和非农业活动高度混合①。国内学者对"Desakota"的翻译有所不同，有的学者翻译为城乡一体化区域，也有学者翻译为农村城市化的区域，还有学者从构词法的角度，认为"Desakota"是印尼语，其中"desa"意为农村，"kota"意为城市，因此译为城乡融合区。"Desakota"区域是介于农业人口稠密的农村类型地区和具有城市雏形的准城市类型地区之间的一种区域类型②。麦吉认为大都市活动的空间的扩展以及"Desakota"区域的形成，就在东南亚生成了一种与美国地理学者戈特曼（J.Gottman）提出的大都会带（Megolopolis）相类似的新的空间模式，或称为扩展的大都市区（extended metropolitan regions），但与西方的人口稠密的大都会带是显著不同的③。亚洲的"Desakota"区域是由原城市中心的工业再配置或分散布局以及农村地区本身的非农产业的增长而逐步形成的，而西方大都会带是以城市中心的居民不断向外迁居为主导原因。麦吉认为，在亚洲有三种类型的"Desakota"区域，第一种是国家拥有强有力的政府，可以颁布有效的土地和农业保护政策，如日本和韩国；第二种是人口稠密的大都市周围地区，表现为从农业向非农业活动的转变，有中国台北—高雄走廊、泰国曼谷—中心平原地区、印度的加尔各答地区、爪哇岛的雅加达地区和中国的沿海主要地区；第三种是经济增长缓慢而人口密度很高的区域，如中国的四川盆地、爪哇岛的日惹地区、南印度的喀拉拉邦和孟加拉国。

"Kotadesasi"是指在"Desakota"这一特殊区域上进行的农村城市化过程。麦吉认为充满西方痕迹的、以城市为基础的城市理论可能不是亚洲城市化的唯一表现。亚洲各国所发生和正在发生的则是在"Desakota"地域上以区域为基础的"农村城市化"。另外，麦吉的"Kotadesasi"作为一种特殊类型地区的农村城市化与我国现阶段所特指的以小城镇和集镇为重点的农村城市化是有区别的。研究"Desakota"的金斯伯格（Ginsburg）反对发展小城镇来实现城乡一体化，认为欠发达国家的小城镇在缓解大城市人口压力方面的作用十分有限，通过强化现有集镇和设立更多类似作为农村服务中心的小城镇和小城市来达到对大城市增长的控制是均衡发展的理想主义和乌托邦，是一种反生产力的态度，城乡一体化的空间模式会随着时间的推

---

① McGee, T.G.. The emergence of desakota regions in Asia: Expanding a hypothesis [M]//N.Ginsburg, B.Koppel, T.G. McGee eds. The extended metropohs settlement transition in Asia. Honolulu: University of Hawaii Press, 1991: 3–26.

② McGee, T.G.. New regions of emerging rural—urban mix in Asia: Implications for national and regional policy [N]. Bangkok, 1989, 8: 16–19.

③ McGee, T.G.. The emergence of desakota regions in Asia: Expanding a hypothesis [M]//N.Ginsburg, B.Koppel, T.G. McGee eds. The extended metropohs settlement transition in Asia. Honolulu: University of Hawaii Press, 1991: 3–26.

移发挥更大的作用。

3. Urbanization by implosion——第三世界国家在农村都市带（Ruralopolises）发生的内向爆炸式农村城市化

2004年，加拿大学者卡迪尔（Qadeer.M.A）发现了除了人口由农村向城镇（city and town）迁移引起的城镇向城郊农村的持续扩张而形成的外向"爆炸"式向外延伸的城市化外，还存在一种类型的城市化，他称为是"内向爆炸式的城市化"，这种类型的城市化正在第三世界国家的广大农村地域发生，但却未被人们所认知。在这些农村地域上，人口在农村地域的内生性增长（in-place growth of population），达到或超过了界定的城市人口密度阈值（400人/km²），而且这样的农村地域的人口密度与洛杉矶、纽约、多伦多的远郊相似。这种类型的城市化发生在印度、孟加拉、巴基斯坦、中国、印尼、埃及、卢旺达、布隆迪、尼日利亚和其他第三世界国家。早在2000年，他就把这个高密度人口的农村区域称为农村都市带（Ruralopolises）。这是一个混合的聚落体系，它有城市的空间形态，但却在经济、社会和制度等方面显现出农村性。这样的区域呈带状延伸数千平方千米，超过城市区域的面积。印度从西孟加拉到德里的市郊有311200km²这样的带状区域；巴基斯坦与东面印度接壤呈南北轴向延伸了约56000km²这样的农村区域。Ruralopolises区域与城市、城镇相嵌，是农耕经济和高密度人口的结合，它们不同于发达国家的高密度农村，如日本、荷兰、美国东海岸的巨大都市带和五大湖地区。"它们的经济基础是农业和家庭生产，但与现代化的社会和科技潮流并不绝缘；贫穷是这些区域的地方病；人口压力正在转变他们的土地经济和空间组织；高密度人口产生了对基础设施和城市管理制度的集体性要求，但并不能满足这些要求。尽管如此，这些区域的这种需求为初始的城市化奠定了基础"[①]。

这种人口密度水平改变了空间组织和土地市场，也改变了农业和居住用地，还促成了公共基础设施的产生。它有可能或并不可能带来与城市生活相关的社会、经济、政府制度和组织的产生，但它确实重新塑造了聚落模式、土地占有和使用制度，以及对城市模式的设施和服务的需求。这种空间城市化带来了人口内生性扩张，但它也在第三世界产生了另一种城市危机。然而，这一现象并没有被城市规划师、政策制定者和研究者所注意和理解。这是城市化的第二波，将对以上的人员产生前所未有的挑战，这已成为21世纪城市规划的另一个开放的前沿。

2.2.2 Desakota 与 Ruralopolises 模式

1. Desakota 模式

近二十年来，农村城市化的发展模式激起了学者对东亚发展中国家研究的

---

① Qadeer, M.A.Urbanization by implosion [J]. Habitat International, 2004 (28): 1–12.

兴趣，使得部分学者试图去印证西方理论发展模式的试用性，以及寻求新的范型来验证发展中国家所代表的特殊形式，Desakota 就是这类型研究的一个重大发现。

首先，金斯伯格（Ginsburg）比喻了美国都市区发展的空间模式与城乡间的互动关系，说明了其实在亚洲发展中国家的扩张型都市区并非如此。他以日本为例，指出：介于城乡间的空隙地带在美日两国的发展情形是不同的，在美国是散布着提供城市所需的蔬菜区，在日本则是聚居着与市中心密切相关的通勤人口；来自于中心向外的扩散力量，在美国是来自于郊区化的住宅需求导向，在日本则是透过工业区中心的结果[①]（Ginsburg，1991）。如此论证，强化了金斯伯格（Ginsburg）和麦吉（McGee）等人对西方理论不适用于亚洲发展中国家的主张，并且认为：

（1）广泛地接受"城乡活动的空间分化被视为持续城市化动力"的概念，是过于窄化的想法。

（2）因为被认为有助于城市地区人口集中的"聚集经济"和"比较利益"原则，将城市化视为不可避免的过程，这样的想法是不充分的。

（3）从一个城市化的历史经验来描绘城市转型的西方理论范型，由于它是发生在 19 世纪和 20 世纪初西欧和北美地区的空间现象，无法清楚地转换给发展中国家用作城市化过程的参考（McGee，1991）。

这些质疑，不仅提出了一个"反"西方化城市化模型适用性的论述，也比较了东西方国家在都市区发展上的差异，更重要的是，它表示了一个介于亚洲国家和世界体系间不同的互动。为了寻找一个较为符合东方发展中国家的范型，麦吉（McGee）和金斯伯格（Ginsburg）从印尼等东南亚国家的城市化发展经验中仿拓了一个城乡互动发展的图腾，来说明一个有别于西方理论、具有发展中国家城市化发展模式的城市空间系统，从而提出"大都市带的超级都市区"（Megaurban Region）的概念，并将其范围定义为包括两个或两个以上由发达的交通手段联系起来的核心城市，当天可通勤的城市外围区及核心城市之间的 Desakota 区域，在这个空间系统中存在五种空间次系统形式（McGee，1991）：

（1）主要都市：它是由一个或两个在都市阶层中的超大城市所组成的，并且在地区内占有绝对的优势和领导地位。

（2）边缘都市区域：这些都市围绕在主要都市间，且在每日通勤的距离范围内。在亚洲的某些地区，这个区域可能自中心城市向外延伸 40km 以上距离的范围。

（3）都市密集带：也就是 Desakota，即所谓的"城乡化"。其间混合了密集的农业和非农业活动，通常是延伸在一个介于大城市之间的走廊上。这个区域明显地包括了密集的农业人口，一般并不排除从事水稻的农业活动。

---

① Ginsburg N, Koppel B, Mcgee T.G. The Extended Metropolis: Settlement Transition in Asia [M]. University of Hawaii Press, Honolulu, 1991: 31–32.

（4）密集人口的乡村区域：这个区域发生在亚洲的许多国家，而且特别是从事水稻的农业活动的地区。

（5）零星人口的边缘地区：在许多亚洲国家中，这个区域通常提供了一个土地租赁的系统，以及不同的农业发展形式。

其次，从这个空间次系统可知，Desakota 其实是一个位于城市与乡村间的过渡地带，是已实现经济形态转型的原乡村地区。麦吉（McGee）所定义的 Desakota 区域有五个特征：

（1）密集的人口、分散的土地经营方式和传统农业。

（2）伴随原中心城市的工业向外扩散和乡村地区非农产业的发展而逐步形成。

（3）农业、副业、工业、住宅及其他各种土地利用方式交错布局，环境污染相对严重。

（4）密集的交通网使其与周围地区的联系极为便利，使 Desakota 区域的人员和货物具有很强的流动性和迁移性。

（5）政府管理薄弱，由于 Desakota 区域的经济结构正在发生显著变化，原来为城市和农村制定的管理系统可能都不适用于这一地区，管理上成为薄弱环节，非正式部门的普遍存在使 Desakota 成为一种"灰色区域"。

麦吉的核心观点是，发展中国家的城乡差别不会随城市化进程的发展而消失。他认为 Desakota 的出现，并非单纯受城市力量作用的结果，而是在具备特定条件的地区，因城市与乡村经济活动在空间上的高密度重合造成的，其实质反映了一种以区域为基础、相对分散的农村城市化道路。从麦吉（McGee）的定义上不难发现，城市边缘地带（城乡间的灰色地带，gray zone）和城乡间的互动模式在亚洲发展中国家的都市区域间显得非常重要。尤其是，他强调 Desakota 不是一个固定的状况，它会随着社会经济的变迁而改变，而都市中心和 Desakota 过程（即 Desakotasi）在转型中扮演了一个重要的角色。

麦吉（McGee）不只是描述和定义超大都市区域和 Desakota 而已，他也实验性地把东亚和南亚国家的都市区域发展做出比较与研究，透过国家的经济发展过程和城乡空间转换的趋势，他将东亚和南亚发展中国家的 Desakota 区域分为三种类型（表 2-1[①]）。

麦吉对 Desakota 三种类型的区分是建立在对若干特殊因素的把握基础上的，因此并不是科学分类。在不同的发展阶段，起主导作用的因素各不相同。第一种因素反映了形成 Desakota 的基本区位条件。第二种因素表明就 Desakota 的形成，城市间相互作用的力量要大于城市与自身周边地区相互作用的力量。显然，麦吉提到的两个或多个大城市相互向对方扩散是以每一个大城市向周围地区的扩散为前提的。第

---

① 整理自 McGee（1991）：12-14，16.

三种因素反映的人口密集和传统农业发达是 Desakota 形成的区域性宏观背景。无论就区域内单个城市还是城市体系的发展来看，中心城市影响力的辐射扩散，在周边乡村地区必然体现为乡村人口流入城市和农业劳动力转入非农产业部门。乡村非农产业的发展导致了城乡聚落形态的转型变化，中小城市和大量小城镇的兴起使孤立的单个都市区演变为多个都市区相连、进而组成大都市带成为可能。

McGee 对中国及东亚 Desakota 的研究分类　　　　　　表 2-1

类型	特　征	地　区
Type Ⅰ	一般会有两个以上的大型都市通过交通道路的连接整合在一起。这个区域包括：邻近大城市的乡村地区由于人口大量流入城市或转入非农产业部门而形成的 Desakota，这种过程与通常意义上的城市化过程一致	日本东京和韩国首尔
Type Ⅱ	由于两个或多个大城市相互向对方扩散（而不是主要向各自的周围地区扩张）而形成的新的发展区域，交通的发展特别是铁路和高速公路的发展最终使这些大城市相互连接起来，从而在这些城市间形成狭长的发展地带	中国沿海五个主要地区（长江三角洲、珠江三角洲、京津唐地区和辽中南地区）和中国台北—高雄地区、泰国中部平原和印度加尔各答地区
Type Ⅲ	邻近国家的次级中心城市（如省会），以传统农业为主，人口密集但非农产业发展与经济增长均较为缓慢的内陆地区，引起这类地区空间结构转换的主要原因在于高密度的人口压力。在空间和经济上类似 Type Ⅱ 的情况，其特征是高度的人口成长和偏低的经济发展	中国四川盆地、孟加拉国、印尼南部的喀拉拉邦和爪哇岛的部分地区
Type Ⅰ 和 Type Ⅱ 的区位正同样经历了国际劳力分工和全球经济扩张的过程，而且在这些地区中的最大城市和交通节点在这个发展中是非常重要的		

2. Ruralopolises 模式

加拿大学者卡迪尔（Qadeer.M.A）发现除了人口由农村向城镇（city and town）迁移引起的城镇向城郊的农村持续扩张而形成的外向"爆炸"式向外延伸的城市化外，还存在一种类型的城市化，他称为是"内向爆炸式的城市化"，即 Ruralopolises。

Ruralopolises 模式可以总结为以下特征[①]：① 农村、村落、家园、农场和开放的空间交融为一体，并与城镇相连接，形成了发展扩散的景观现象；② 随着不断增长的农村人口密度，农村聚落的大小、形式、空间结构和功能都会发生重构；③ 对供水、排污、废水处理、道路和街道、警察部门、运动场所、发展和管理机构等的建设在农村都市带的城市化开端是急切地需要；④ 在聚落、农业、自然环境、开敞空

---

① Qadeer, M.A.Urbanization by implosion [J]. Habitat International, 2004, (28): 1–12.

间等方面的土地利用上出现了冲突，对土地利用规划和政策产生了直接需要；⑤ 农业用地不断减少，公共空间和森林不断被细分、切割；⑥ 农业生产和居住目的的土地的缺乏正产生日益增长的危机，因此需要节约利用土地资源；⑦ 居住土地的缺乏和村庄居住土地使用权利的滥用尤其会对穷人产生严重的影响；⑧ 在住宅区，住宅地的变更、农村住房供给的缺乏性等土地的占有和使用制度上，从以家族主义为基础向私人主义转变；⑨ 公用基础设施以及住房以外的部分所需要的公共土地占到了居住用地的 10%～25%，为了不断增长的安居需要，穷人可能丧失家园，无土地人正在增长；⑩ 低层次的聚落不断扩展和密度的增大，促进了城市化的开端，并产生了对具有成熟的城镇功能和性质的聚落系统的更高追求，如像城镇一样的诊疗所、医院、商店和店铺以及公共管理部门等。城市的扩张和城镇的壮大只是部分地作为次要因素对农村都市带的增长产生影响，农村都市带发生的内生性的爆炸式城市化反而成了城市扩张新的刺激和促进因素。

卡迪尔（Qadeer）对孟加拉、印度和巴基斯坦做了实证研究，详尽地展示了农村都市带在这些国家的空间分布。他对第三世界国家在农村都市带（Ruralopolises）发生的内向爆炸式城市化（Urbanization by implosion）与麦吉（T.G.Mcgee）对亚洲国家（尤其是东南亚国家）的特殊区域"Desakota"上发生的农村城市化有显著的不同。主要表现在：① Qadeer 所指的农村都市带（Ruralopolises）与麦吉城乡一体化区域（Desakota）有重叠，但更多的是不同。"Desakota"区域是原先由农业类型区域转化而成的农业与非农业活动高度混合的区域，而"Ruralopolises"区域人口密度高于戈特曼提出的大都会带，是以农业和家庭生产为经济基础的农村地域，贫穷还是这些区域的地方病。② 麦吉认为亚洲"Desakota"区域不仅出现在发达国家，也出现在发展中国家和不发达国家；而"Ruralopolises"区域是卡迪尔（Qadeer）特指的第三世界国家。③ 尽管二者都是以区域为基础的农村城市化，但城市的扩张和城镇的壮大对"Ruralopolises"区域的农村城市化只是产生次要影响，而农村城市化的主要动力来自内生性的爆炸增长，是自内而不是自外的。而"Desakota"区域上的农村和城市之间是高强度和高密度的相互作用，从而形成了一个全新的空间体系。强调的是大城市周围和大城市周边地域的农村城市化。④ "Ruralopolises"区域具有城市的空间形态，但却在经济、社会和制度等方面表现出农村性。"Desakota"区域应该是不但具有城市的空间形态，而且非农经济十分活跃，在生活方式和文化上亦逐渐向城市靠拢。"Ruralopolises"区域则只是开始产生这样的需求。⑤ 若以麦吉的观点，"Ruralopolises"区域大致是人口稠密的农业类型区（densely populated rural regions），他所指的"Desakota"区域是介于农业人口稠密的农村类型地区和具有城市雏形的准城市类型地区之间的过渡区域，"Desakota"是更靠近城市类型区域。⑥ 卡迪尔（Qadeer）所指的内向爆炸式城市化（Urbanization by implosion）与麦吉所指的城乡一体化（Kotadesasi），虽然二者都是以区域为基础的农村城市化，但"Kotadesasi"

论者反对通过发展小城镇来实现农村城市化，卡迪尔（Qadeer）则认为内生性的爆炸式城市化是城和镇扩张新的刺激和促进因素。说明"Ruralopolises"区域农村城市化与城镇的城市化是两种不同的类型并行前进的城市化道路，它不反对小城镇和其他在"Ruralopolises"区域上的城镇的发展。

3. Desakota 模式的启示意义

经过二十年的发展，我国的城市化、城乡经济联系和产业的空间组织方式都出现了一系列全新的特征：大城市超前发展；中心城市的建成区范围迅速扩张；城市郊区的小城镇繁荣兴旺；长期制约城乡要素流动的政策壁垒正在逐步收缩；1.4亿乡镇企业职工和数千万进城农民工成为沟通城乡联系最活跃的因素；各种形式的开发区进一步促进了产业布局走出城市等等。所有这些，都为在市场经济环境下建立城乡统筹协调关系创造了条件。在人口密集、经济发达、基础设施条件较好的沿海地区，已经开始形成与 Desakota 类似的空间经济形态——都市连绵区。另外，改革开放以来我国城乡经济的发展在沿海与内地、北方老工业基地与南方对外开放先导地区往往体现出各不相同的特点，为国内外学者的研究提供了丰富的素材。马昂主（A.M.Marton）和古尔丁（Guldin.G.E）对长江三角洲和珠江三角洲地区的区域经济发展和城乡联系做了初步探讨[①]。香港学者薛凤旋等认为珠江三角洲区域虽然在许多方面与 Desakota 类似，如历史上是以大量人口从事农业生产的粮食高产区、非农活动增加、人口流动性增强、土地利用混杂，引致管理上的"灰色地带性"等等。但与 Desakota 区域的一般特征相比，仍存在着显著的不同之处，如珠江三角洲原有农业人口已有 70% 以上稳定而彻底地转向非农产业，并非是农工兼顾。从人口流动特征来看，并不仅仅局限于区域内小城镇往大城市的通勤和区域内密集的人流和物流，出现了不少跨市甚至跨省的迁移。非农劳动力的转移也并非主要靠大城市为农村季节性劳动力提供就业机会和农副产品市场，更主要的是劳动力常年较稳定地迁入小城镇或就地从事非农产业活动[②]。

笔者以为，麦吉提出的 Desakota 理论模式，尽管目前它的实践价值还不如理论意义那么明显，但对于我国这样一个人口众多、经济发展水平较低的大国如何有效组织城乡经济活动，实现工业化、城市化和现代化发展目标，尤其对我国沿海地区农村城市化的发展具有一定的借鉴意义。

第一，要充分重视农村地区在我国区域发展的作用，跳出传统的以城市为中心的区域发展模式，树立以区域全面进步为基础的发展观，确立城市与农村二者在区域发展中的平等地位，建立各具特色的区域发展模式。从现实来看，一方面目前乡镇企业已占到全国国内生产总值的四分之一，工业增加值已占到全国的一半；另一方面全国绝大多数的贫困人口仍然集中在农村地区。因此，对农村地区的重视，不

---

① 马昂主. 区域经济发展和城乡联系［J］. 联系问题，1993（05）：6-13.
② 薛凤旋，杨春. 外资：发展中国家城市化的新动力［J］. 地理学报，1997, 52（3）：193-206.

仅具有重要的现实意义,也将影响我国社会发展的长远目标。

第二,对于跨行政区域,已经密切联系在一起的区域性城市化,如辽中南地区、长江三角洲、珠江三角洲和山东半岛等地区,要建立高层次的区域协调机制,从区域整体而不仅仅是从中心城市出发,对城市边缘城乡交接地带"灰色区域"的基础设施建设和管理工作要规范化,从总体上提高区域的经济和社会发展水平。

第三,要对城乡交接地带给予足够的重视,引导资金流向这里。对于农村地区的发展,要从改善与外界的可通达性入手,致力于道路系统和其他基础设施的建设。尽管这是投资大、建设—收益周期长的工程,但它会给区域投资环境带来根本性的改善。

第四,Desakota区域的繁荣,并不意味着对农业特别是粮食问题重要性的否定。在农业劳动力减少、非粮食作物的产品和非农业活动的比例上升的情况下,生产足够的粮食和其他食物以养活日益增长的人口是至关重要的,也是发展的基础。在我国沿海自然条件优越的传统农业发达地区,农业投入不足、耕地毁弃撂荒的现象日益严重,农业的基础地位不断受到削弱。对此,应当引起必要的重视。

第五,城市与农村经济从本质上讲是异质的。从这一点上讲,城乡一体化从语义上是不明确的,它只能成为一种将城市与农村同时纳入到一个系统中进行通盘考虑的思路,而不能成为一种战略。我们可以从城乡经济的空间融合入手,建立起互助的伙伴关系,以城乡经济共同体的方式组织经济活动,这也是符合市场经济原则的经济运行方式。

第六,Desakota区域维持发展繁荣的主要因素是混合型的土地利用方式,要保证区域的持续发展,必须控制其发展的密度和对环境的影响强度,注意尽量避免因土地过度使用和环境污染带来的问题。

第七,政府行为要着力于营造有利于体现政府目标的发展环境,而不在于对微观发展行为的直接参与。

2.3 小结

本章首先总结了国外农村城市化及城市化发展模式的基本理论,分析了国外农村城市化理论的新进展,发现国外学者对农村城市化的研究存在较大的分歧,主要集中在对发达国家和不发达的第三世界国家、对西方与亚洲的农村城市化有不同的认识。其中,加拿大学者麦吉的Desakota模式,是对亚洲发展中国家城市与农村两种空间类型在经济发展过程中的相互作用及其空间表现作出的理论总结。本章对其作了评述,并探讨了这一模式对于我国农村城市化发展的启示意义。

第三章 山东沿海农村城市化模式现状分析

改革开放以来，沿海农村非农产业发展迅速，非农产业产值在农村经济总产值中所占比重逐年上升，大量农村富余劳动力转移到非农产业就业，沿海地区的农村城市化走在了全国的前列。本章介绍了当前沿海地区农村非农化、城市化发展不同状况的几个实践模式，即内生型和外生型两大类共五种实践模式，并结合典型案例对这五种模式的主要内涵和利弊进行了深入剖析。

3.1 我国农村城市化模式基本理论分析

3.1.1 我国城市化模式理论

与国外学者对城市化模式的研究相比，国内学者更加注重对中国不同时期城市化模式的研究。国内学者对城市化模式的研究，主要从两个方面展开，第一是城市化模式的动态研究，分为大城市优先发展模式、中小城市优先发展模式、小城市优先发展模式和"大、中、小"共同发展模式；第二是城市化模式的静态研究（表3-1）。

国内城市化的主要模式　　　　表3-1

静态城市化模式 I	静态城市化模式 II	动态城市化模式
集中块状结构模式 连片放射状结构模式 连片带状结构模式 双城或多城结构模式 分散型结构模式 一城多镇结构模式 带卫星城的大城市结构模式	圈层模式 飞地模式 轴向填充模式 带状扩展模式	"大、中、小"城市模式 优先发展小城镇模式 优先发展大城市模式 优先发展中等城市模式 郊区城市化模式 城乡一体化模式和城乡融合模式 多元城市化模式

1. 静态城市化模式

国内学者顾朝林、甄峰、张京祥[1]认为由于城市本身特性、规模大小以及城市所在地具体的区位条件等方面的差异，在城市空间模式层面上会呈现出不同的形态，针对我国城市中心区、城市化功能区和周围卫星城镇间的相关关系，可以对我国城市化的静态模式作以下划分：

---

[1] 顾朝林，甄峰，张京祥. 集聚与扩散——城市空间结构新论 [M]. 南京：东南大学出版社，2000：172.

集中块状结构模式。城市中心区和外围功能区组成单块集中紧凑用地,卫星城镇相对不发育。这类城市空间结构最为紧凑,一般是由新城绕核心区呈圈层扩展而形成的,如北京、沈阳、无锡等。

连片放射状结构模式。此类城市外围的各种功能区围绕中心区呈不均等连片集结,城市表现为从多个方向指状向外扩展的结构形式。这类城市的形成主要是由于自然条件或交通条件等因素的限制而在各个方向表现出不确定性所造成的,如南昌、合肥等。

连片带状结构模式。由于自然条件(如河谷、滨海地带)等的影响,这类城市中心区和外围功能区连片向两侧拉长,卫星城镇和其他方向的外围功能区均不发育,我国兰州、青岛均属于此类。

双城或多城结构模式。此类城市分置于两个或多个独立地块,各自形成了特定的外围功能区。这主要是由于城市发展政策和工业布局等因素而形成的空间结构,如湛江、包头等。

分散型结构模式。集中的城市为分散的若干核心城市所代替,各类外围功能区分置于各自的核心城镇和卫星城镇,这类城市的空间格局最为松散,如银川、淮南、大庆等。

一城多镇结构模式。此类城市的中心区和外围功能区形成中心城区,另一部分外围配置在相应的卫星城镇中。主城区是城市的经济、文化、政治中心,而卫星城镇则具有专业职能,如重庆、个旧等。

带卫星城的大城市结构模式。此类城市中心区和外围功能区高度集中发育,并在城市周边地区,逐渐形成较为发育的卫星城镇。这是城市规划干预和政策引导下城市发展的典型空间结构格局,如上海、南京等。

与之对应,学者刘君德、汪宇明等人认为由于中国城市增长的空间过程主要在于城市蔓延、郊区城市化和卫星城建设,空间模式主要有轴向扩展和外向扩展两种形式,具体有:

圈层模式。这类城市的外向扩展过程突出地表现为呈同心圈层式扩展,具有明显的"年轮"现象。在城市的扩展过程中,一般大工厂、校园、特殊医院、集团住宅等单位起先行者的作用,随后公共建筑和一般住宅区相继建设,由原来的城市郊区逐渐演化为城市建成区,这时又有一批工厂、学校和特殊医院等被挤到更远的地区,典型代表为上海、西安。

飞地模式。这类城市一般首先在资源点形成城市飞地,然后建成飞地与母地的快速联系通道,再沿通道两侧发展形成指状增长,如南京。

轴向填充模式。这类城市主要沿交通线形成两条以上的指状体,当指状体增长到一定程度、指状体之间横向联系加强时,其间的三角形或梯形空间逐渐被充填。

带状扩展模式。这类城市模式的形成可划分为四个时期。一是触角期。在这一时期存在一系列城市空间扩展推动力，借助于城市对外交通路线的发展，在城市的快速交通沿线形成一些外展触角，他们由新居住区、工业区、交通枢纽等组成。二是分散组团期。一方面，由于城市边缘区保护、环境美化和建设用地紧缺，限制城市进一步外向扩展；另一方面，大型工业项目和城市基础设施的远郊建设，逐步形成分散组团空间结构。三是城市走廊期。由于分散组团间快速通道的建设，城市沿快速通道形成念珠式工业——居住城市走廊，这一走廊发展成为沿快速通道布局的一系列通勤郊区镇。四是带形城市期。随着这些通勤区的进一步建设，它们共同形成城市的部分地区，结果城市走廊演化为带形大城市区。

2. 动态城市化模式

动态的城市化模式主要与我国的城市化道路选择有紧密联系。学者们从不同角度出发，对城市化模式形成了不同的观点。

"大、中、小"城市模式。这一派的代表人物是李梦白先生，他认为这一模式"即表述了我国城市发展的总的战略思想，又为现在的大、中、小城市规定了不同的发展原则。它是总结了新中国成立以来我国城市建设经验，研究了世界经济发达国家城市化发展情况后，针对我国国情和社会主义现代化建设的需要而制定的，因而是完全正确的"[1]。他指出，把人口向大城市集中看成普遍规律，从而得出大城市规模不应控制的结论是错误的。

优先发展小城镇模式[2]。优先发展小城镇模式实际上与"大、中、小"城市模式的观点基本一致，它们可以说是"大、中、小"城市模式派生出的一派。该派的主要目标是为了解决中国农村剩余劳动力就地向非农产业转移的途径和方式问题。他们的主要论点是：我国原有的城市无力接纳如此众多的农村剩余人口，而中国的国力也很难再建那么多的新城市，因此，只能在原有农村集镇的基础上发展小城镇。这样可以离土不离乡，进厂不进城，将大量的农村剩余劳动力就地消化。持此派观点的学者认为，发展小城镇是中国城市化道路的"方向"和"捷径"。

优先发展大城市模式。持大城市派观点的学者认为，中国的城市化道路应以发展大城市为重点。他们的主要论点是：第一，世界城市化的发展道路证明，"发展大城市是世界共同趋势"[3]，"我国尚处在发展大城市阶段"[4]。第二，从经济、社会、

---

[1] 李梦白. 社会学与我国城市发展问题[J]. 社会学与现代化，1984（01）.
[2] 更具体的观点见：① 刘铮. 中国沿海地区小城镇发展与人口迁移[M]. 北京：中国财经出版社，1989；② 徐更生. 发展小城镇是我国实现农村现代化的捷径[J]. 中国农村经济，1987（11）：57-59；③ 李鑫生. 论城市化的历史趋势[J]. 城乡建设，1987（06）；④ 顾益康，等. 对乡镇企业——小城镇道路的历史评判——兼论中国农村城市化道路问题[J]. 农业经济问题，1989（03）：13-18；⑤ 朱选功，城市化与小城镇建设的利弊分析[J]. 理论导刊，2000（04）：29-32；⑥ 何耀华. 小城镇建设在中国城市化进程中的地位和作用[J]. 思想战线，1999（03）：5-10.
[3] 万萍. 发展大城市是世界共同趋势[N]. 世界经济导报，1986-9-1.
[4] 金本科. 我国尚处在发展大城市阶段[N]. 世界经济导报，1986-9-1.

环境和建设四个方面分析城市规模效益，无论从哪一方面看，大城市的效益都高于中小城市。因此，"大城市是城市化过程中的必经阶段，也是普遍规律"[①]。第三，"'大城市病'和城市规模大小并无必然联系"[②]。因此，"在我国城市化的阶段，必然选择以大城市为主体的城市化模式"[③]。随着城市化时间的发展和理论探讨的深入，认为大城市的发展在中国城市化进程中具有不可替代的重要地位和作用的人越来越多。其中，相当一部分人的观点演化成大城市圈或大都市圈[④]。同时，值得强调的是，主张发展大城市的学者，一般来说既不回避大城市发展中可能出现的问题，也不完全否定中小城市和小城镇在中国城市化进程中应有的地位和作用。

优先发展中等城市模式。持此观点的学者认为，大城市和小城市都有其难以克服的弊端，唯有中等城市才是中国城市化道路的重点发展规模。因为中等城市兼有大城市和小城市的好处，并能消除大城市和小城市的弊端。他们认为，"应该确定以发展中等城市为中心，带动城乡建设网络结构协调发展的战略"[⑤]。持该观点的重要人物刘纯彬认为："我国中等城市明显优于小城市，与大城市比也毫不逊色，有些指标甚至超过大城市。"[⑥]因此，中国城市化要以建设中等城市为重点。

郊区城市化模式。持此种观点的学者认为，在中国存在着集中的城市化、直接转变的城市化和分散的城市化三种不同趋势，但是以分散的城市化即郊区城市化为城市化的主要途径[⑦]。

城乡一体化模式和城乡融合模式。认同该模式的学者认为，当代社会发展趋势不是农村城市化而是城乡一体化。一是从理论上来说，城市化不是社会发展的普遍规律，而是资本主义社会发展的必然趋势，是工业化规模经济所产生的特征；二是从近代发展情况来看，城市发展已展现了城乡之间趋于融合的新态势；三是从现代科学技术发展来看，为城乡融为一体也提供了物质技术基础[⑧]。两种模式不同之处在于，城乡融合模式强调城乡融合，并不排斥实现农村人口城市化的演进，而把城乡融合看作是农村人口城市化的一条道路。

多元城市化模式[⑨]。这一派的学者认为，中国人口众多，地域广大，农村人口比重大，地域差异悬殊，商品经济不发达，工业化水平低，这决定了中国城市化模式

---

① 饶会林. 试论城市规模效益[J]. 中国社会科学，1989（04）.
② 张秉忱，等. 2000年我国城市化道路若干问题[J]. 经济纵横，1988（11）：26-31.
③ 李迎生. 关于现阶段我国城市化模式的探讨[J]. 社会学研究，1988（02）：36-44.
④ 中国国家发展计划委员会地区经济司，日本国际协力事业团. 城市化：中国现代化的主旋律[M]. 长沙：湖南人民出版社，2001.
⑤ 宋书伟，等. 中国现代社会结构式研究——发展以中等城市为中心的城市网络结构[J]. 城市问题，1998（03）.
⑥ 刘纯彬. 中国城市化要以建设中等城市为重点[J]. 财经科学，1988（07）：49-52.
⑦ 包永江. 郊区城市化——中国式乡村城市化的主要途径[J]. 村镇建设，1989（01）：27-29.
⑧ 张修志. 略论当代社会发展趋势不是乡村城市化而是城乡一体化[J]. 城乡建设，1987（01、02）.
⑨ 朱铁臻. 城市现代化发展的几个理论问题[N]. 中国经济时报，2002-12-21.

是多元的、多层次的，是多目标有步骤的不平衡发展战略①。在发展目标上，要采取城、镇、乡多元布局，就地转移和易地转移相结合；在发展步骤上，分清动荡发展和稳定成熟两个相互依存的阶段，采取不同的对策逐步推进；在地域布局上，先发达地区城市化、后落后地区城市化。

3.1.2 城市化模式的动力因素

动力的原意是机械做功的各种作用力，比喻推动工作、事业等前进和发展的力量。农村城市化动力就是促使农村各种要素向城镇集中的力量。农村城市化是多种因素共同作用的结果：城镇的大小取决于人口及资源承载量；城镇人口的多少取决于非农化人口；人口的转移取决于城乡利益差异；城镇的发展取决于产业结构的升级；城镇的加速发展取决于制度的安排。

1. 经济增长是城市化模式的主导动力

第一，伴随着经济的增长，居民的收入水平会相应的提高。因此，其需求层次、消费结构都将发生变化，从产品结构来看，需求收入弹性低的商品消费比重在下降，而需求收入弹性高的商品消费比重将会上升。需求的这种变化在诱导某些产业发展的同时也会抑制另外一些产业的发展。而产业结构的演化要求生产要素的流动和集中，这一过程在空间上的表现形式就是城市化逐渐形成的过程，即经济增长→收入提高→需求、消费模式变化→产业结构演化→要素流动→城市化。

第二，经济增长的地域性从另一个侧面促进着城市化的进程。即：城市的经济增长及大中城市发展的辐射作用，自上而下推动着农村城市化进程。如珠三角的香港和长三角的上海，其城市在区域中的首位度伴随着经济发展日渐提高。

2. 产业结构转换升级是城市化模式的内在动力

产业结构发展是城市化的内在动力，因为其他方面的动力都要部分地通过产业转换来实现；经济增长实质就是产业的成长，资源要素流动是以产业为依托的。伴随着经济增长，由于产业平均利润率不同，经济主体为追逐利益的最大化必然会在不同的产业之间流动。同时由于各产业的特性不同，所要求的空间条件（包括区位条件、空间的集聚与集中等）也不同。土地是农业最基本的生产要素，农业对土地数量、质量的要求较高，因此，农业倾向于以分散的方式布局在地域广大的农村；而工业和服务业则由于具有消费地指向、原料指向、交通运输枢纽指向、人口集聚指向等特点，倾向于布局在人口相对密集、原料充足、区位条件较优的城市。因此，伴随着生产要素在不同产业间的流动，城市化的过程应运而生。

3. 城市效应是城市化模式的自然动力

城市效应表现在两个方面：

---

① 陈彤. 论新时期我国乡村城市化的现实模式［J］. 人口学刊，1988（02）：9-15.

第一，城市的"场"效应。城市的集聚经济和规模经济是经济学家解释城市自然优势常用的两个概念，其实这两个概念都是以场效应为基础的。城市作为区域中心，对周围有吸附作用，且城市对周围的作用力呈现距离衰减规律，即距离城市越近，场效应越强[①]。从现实的角度看，城市场效应的存在和吸引力的产生存在着客观现实依据，城市是人口、信息密集地，拥有发达的基础设施，具有较高的运转效率，这是场效应存在的前提。

第二，城市的社会资本效应。所谓社会资本是指个人通过社会联系获取稀缺资源，包括权利、地位、财富、资金、学识、机会、信息等等，并由此获益的能力。城市是社会执政者的聚集地，是大量人才的聚集地，是多数现代企业的聚集地，它能够为企业提供较多的社会资本，因此，从社会资本角度讲，城市比农村具有更强的社会资本效应，吸引着企业的集聚，增强了企业的内在集聚力。

4. 政府或市场是城市化模式的制度动力

在城市化过程中，一般采用的机制或者是市场式，或者是政府主导式，或者二者皆有之。无论市场主导还是政府主导，都必须建立在个体的普遍认同基础上，即制度。不同时期要采用不同的组合模式，改革开放前，我国多采取政府主导型，改革开放后逐渐变为市场主导型。要根据不同的制度环境，选取不同的组合，扬长避短，使城市化得到制度的持续支持力。

市场机制在城市化过程中发挥着重要的作用，它不仅直接作用于城市化，而且通过影响经济增长、产业转换与发展、要素流动、城市效应等其他动力因素间接推动城市化进程。当然，由于市场机制本身存在着市场负效应，而城市化是经济长远发展的宏观系统工程，因此，政府在城市化进程中也起着不可替代的协调作用。

3.2 沿海地区农村城市化模式的分类

自1980年以来，伴随着改革开放的春风，我国开始进入经济高速增长时期。在国民经济以平均每年9.6%（1979～2004经济普查数据对GDP历史数据进行修订后）的速度增长的同时，也是全社会经济和体制的逐步转型过程。特别是进入20世纪90年代后，社会主义市场经济体制逐步确定和完善，市场经济深入到城市、农村和社会经济的各行各业，地区经济差距日益明显和扩大。从地域上看，我国沿海和内陆地区生产力发展不均衡，社会经济发展呈现出明显的差异，沿海地区经济发展迅速，综合实力远强于内陆地区。这种经济差距更多的是在农村和农业中表现出来，可以说，沿海和内陆地区的差距主要是农村社会和经济的差距。在国民经济持续快速增长，工业化、现代化不断推进的宏观背景下，沿海农村的社会和经济都

---

① 高佩义. 城市引力场论 [J]. 城市经济，1998（08）.

进入了全面转型和快速发展时期。

3.2.1 改革开放以来我国沿海农村城市化的基本特征

1. 城镇规模扩大，城市化率迅速提高，但明显滞后于非农化

改革开放以来，虽然沿海地区城市化建设取得了巨大的成就，但城市化明显滞后于高速发展的非农经济。在沿海非农经济发达的省份，城市化滞后于工业化的程度远远高于内陆地区。我们采用非农化率（非农业劳动力就业比重）与城市化率（城镇人口比重）之差来考察不同地区城镇化的滞后程度，非农化率与城市化率的差额越大，表明城市化滞后于非农化程度越高。由图3-1可以看出，江苏、浙江、福建、河北、山东等沿海省份的城市化率滞后于非农化率。

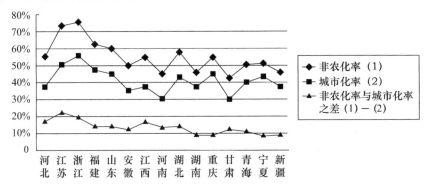

图 3-1　2005 年沿海地区与内陆地区部分省份城市化率滞后程度示意图

2. 非农产业发展迅猛，越来越成为农村经济的支柱

在国民经济持续快速增长、工业化、现代化不断推进的宏观背景下，沿海地区的农村社会和经济都进入了全面转型和快速发展时期。在全国各省市农村经济总收入中，沿海地区的浙江、江苏、广东、山东等省份，非农收入所占比重远远超过内陆省份。2005年，在各省份中，人均GDP最高的浙江省全省农村经济总收入中，工业、建筑、运输、商饮、服务等非农业收入占96.2%，山东省农村工业、建筑、运输、商饮、服务等非农业产值占农村社会总产值的比重是78.6%，可以看出，沿海地区农村非农产业发展迅猛，越来越成为当地农村经济的支柱（表3-2）。

2005 年全国及各省份农村经济收益分配[①]　单位：%　　表 3-2

		全国	江苏	浙江	广东	山东	河南	湖南	四川	陕西
农业	农业收入	10.2	3.4	2.0	7.3	12.9	23.3	21.2	20.6	20.4
	林业收入	0.6	0.3	0.2	0.5	0.7	1.6	1.8	1.1	1.3
	牧业收入	4.8	2.2	0.9	3.2	5.9	7.7	10.6	16.4	7.0

---

① 资料来源：中国农业年鉴编辑委员会. 2006 中国农业年鉴［M］. 北京：中国农业出版社，2006：319-324.

续表

		全国	江苏	浙江	广东	山东	河南	湖南	四川	陕西
农业	渔业收入	1.3	1.1	0.7	2.7	2.0	0.3	2.1	1.0	0.2
	合计	16.9	7.0	3.8	13.7	21.5	32.9	35.7	39.1	28.9
非农业	工业收入	58.9	75.5	82.7	65.1	54.4	44.0	34.8	35.4	32.8
	建筑业收入	5.5	4.5	3.1	3.9	7.3	6.5	10.9	7.1	9.4
	运输业收入	3.9	2.1	1.3	2.5	4.7	5.6	5.4	4.7	8.4
	商饮业收入	9.1	6.5	6.0	7.5	6.6	5.7	6.5	8.2	13.1
	服务业收入	2.7	2.2	1.9	2.9	2.6	2.2	2.8	2.8	3.8
	其他收入	3.0	2.2	1.2	4.4	2.9	3.1	3.9	2.7	3.6
	合计	83.1	93.0	96.2	86.3	78.5	67.1	64.3	60.9	71.1

3. 农民就业和农民的收入来源越来越依靠非农产业

至2005年底，全国农村从业人员中，从事非农产业的占40.5%。而沿海地区农村从业人员中非农领域就业比重达49.3%，内陆中部和西部地区这一比重为36.0%和32.8%（表3-3）。

2002~2005年沿海与内陆地区农村从业人员非农领域就业比重[①] 单位：%　表3-3

年份	2002	2003	2004	2005
全国	34.1	36.2	38.4	40.5
沿海地区	41.8	44.0	46.7	49.3
内陆（中部）	30.1	32.1	34.2	36.0
内陆（西部）	27.3	29.4	31.1	32.8

伴随沿海地区工业化和城市化的快速推进，在城镇经济和农村非农经济发展的带动下，相当数量的农民或者到城镇就业，或者在当地的非农产业就业，他们的共同之处就在于离开了土地，成为非农业劳动者。农民从业领域的改变，也就引起了农民收入的变化。从表3-4可以看出，2000~2005年，农民人均纯收入逐年上升，其中第一产业所占比重逐年下降，说明从收入角度看，农村居民收入非农化趋势明显。2004年来自第一产业纯收入所占比重出现小幅回升，主要是由于粮食纯收入增加引起的。同内陆地区相比，沿海地区农民家庭收入非农化的趋势日益明显，2005年，第一产业所占比重较内陆地区低21个百分点[②]。

---

① 资料来源：依据中华人民共和国农业部编的《2003年中国农业发展报告》《2004年中国农业发展报告》《2005年中国农业发展报告》《2006年中国农业发展报告》中表2内相关数据整理。注：沿海和内陆（中部）、内陆（西部）乡村从业人员非农领域就业比重是各地区乡村非农就业人数占各自乡村劳动力人数的比例。
② 数据来源：中华人民共和国农业部. 2006年中国农业发展报告 [M]. 北京：中国农业出版社，2006：表22.

2000~2005年沿海与内陆地区农民家庭人均纯收入第一产业所占比重对比[①] 表3-4

单位：元/人

年份		2000	2001	2002	2003	2004	2005
全国	人均纯收入	2253.4	2366.0	2476.0	2622.0	2936.0	3255.0
	来自第一产业纯收入	1136.1	1163.0	1168.0	1195.6	1398.0	1469.6
	第一产业收入所占比重（%）	50.4	49.2	47.2	45.6	47.6	45.1
沿海地区	人均纯收入	2993.7	3233.0	3404.0	—	—	4417.0
	来自第一产业纯收入	1206.4	1236.0	1202.0	—	—	1457.4
	第一产业收入所占比重（%）	40.3	38.2	35.3	—	—	33.0
内陆（中部地区）	人均纯收入	2029.9	2164.0	2275.0	—	—	2999.0
	来自第一产业纯收入	1217.2	1254.0	1276.0	—	—	1631.5
	第一产业收入所占比重（%）	60.0	57.9	56.1	—	—	54.4
内陆（西部地区）	人均纯收入	1556.5	1663.0	1766.0	—	—	2300.0
	来自第一产业纯收入	929.9	952.0	989.0	—	—	1276.4
	第一产业收入所占比重（%）	59.7	57.2	56.0	—	—	55.5

在沿海地区工业化和城市化快速推进的同时，在城镇经济和农村非农经济发展的辐射带动和影响下，相当数量的农民或者离开村庄到城镇就业，或者在农村非农产业就业，他们的共同之处就在于离开了土地，不再从事农业生产经营，成为非农业劳动者。通过向第二、三产业的产业间转移就业，农业劳动力改变了自己的职业身份。总体来看，历经近30年的建设与发展，我国农村城市化呈现出滞后于非农化的特点，处于城市化进程中的沿海农村非农产业发达、大量失地农民非农就业的状态，沿海地区农村非农经济的发展走在全国的前列，对当地农村城市化的发展起到了主导作用。

3.2.2 内生型、外生型农村城市化模式的划分

城市化是城市地域范围不断扩大、城市人口不断增加、城市特征不断加强的过程，是区域社会经济持续发展的过程。决定区域社会经济和城市化发展过程、特征、性质和方向的不外乎区域本身所固有的因素和来源于区域之外的因素，即制约区域社会经济和城市化发展的内因和外因。也就是说，可以将农村城市化的动力机

---

① 资料来源：根据中华人民共和国农业部编的《2001年中国农业发展报告》《2002年中国农业发展报告》《2003年中国农业发展报告》《2004年中国农业发展报告》《2005年中国农业发展报告》《2006年中国农业发展报告》中表22内相关数据整理。注：《2004年中国农业发展报告》《2005年中国农业发展报告》未统计沿海和内陆（中部地区）、内陆（西部地区）农民家庭人均纯收入第一产业纯收入，故本表未出现此项数据。

制概括为内力作用和外力作用，内力作用与外力作用并非彼此孤立的，而是相互联系、相互制约、相互作用、相互渗透的，有时也相互转换，共同推进农村城市化的进程，从动力角度划分为"内生城市化模式"和"外生城市化模式"。[①]

1. 内力作用与"内生城市化模式"

影响农村城市化的内因是指区域本身所固有的、对农村城市化的发展性质、方向和特征以及城镇的功能、规模等起决定性作用的各种自然和人文要素，主要有区域资源条件、地理位置、生产力水平、社区政府、驻社区企业和社区的个人主体等，以内力作用为主要动力的城市化称之为"内生城市化模式"。

生产力水平是对城市化性质、方向、特征、进程以及城镇职能、数量、规模等最具决定性作用的因素。我国东部沿海发达地区的农村城市化建设内部条件较好，或是有悠久的务工经商的传统、非农产业发达，或是靠近大城市和特大城市、受到强大的城市辐射影响，或是人口素质和生产力水平较高；在外部环境条件的有效配合下，沿海各地充分发挥优势，农村城市化建设已有了长足的发展。而在中西部农村，乡镇企业发展水平相对较低，人口素质相对较差，城市网密度较低，尤其是特大城市和大城市偏少，农村城市化建设发展水平低、速度慢。

2. 外力作用与"外生城市化模式"

影响农村城市化进程的外因是指来源于区域以外、加速或延缓农村城市化发展进程并影响农村城市化的性质、方向和特征以及城镇规模、功能等的各种自然和人文要素，主要有境外投入、宏观政策的变化、重大工程项目的建设、行政中心的变更、行政区划和管理因素的变动等。外因对农村城市化的促进或延缓作用称之为农村城市化的外力作用，随着改革开放的扩大和深化，"自外"的力量正在逐步增大，对城市化的进程起着不可低估的作用，构成一种重要的外部力量型的城市化类型。以外力作用为主要动力的城市化模式称为"外生城市化模式"。

境外投入是指源自区域之外的资金、技术、信息、人才、劳动力等生产要素的投入乃至企业的迁入。它是许多小城镇发展的主要动力源泉。如山东龙口小城镇的兴起与发展在很大程度上得力于改革开放，得力于对外资的引进。再如，20世纪90年代初开始，由于城市产业结构的调整，或出于环境保护等原因，不少城市工厂纷纷从市区迁往郊区的工业园区，成为郊区城市化的新动力。

3.3 当前山东沿海地区农村城市化模式的实践分析

山东作为我国东部的农业大省和人口大省，城市化滞后于非农化已经成为制约山东经济发展的"瓶颈"，如何提高山东城市化水平，走一条适合山东省情并且有

[①] 陈扬乐. 中国农村城市化动力机制探讨——兼论中西部加速农村城市化的战略选择[J]. 城市问题，2000（03）：2-5.

特色的城市化道路，已经成为山东城市经济发展的关键。本书根据沿海农村城市化、非农化发展的基本特征，将山东半岛沿海农村城市化归纳为内生型和外生型两大类，共五种模式，并对这五种模式实践个案的主要特征和利弊进行了剖析。

3.3.1 内生型

内生型模式，是指该地区农村城市化的主要动力来自于农村非农经济发展所产生的内在推力，是乡镇企业的迅速发展带动了农村剩余劳动力从农业部门向非农业部门的转移。在这种模式下，农村城市化的动力源自商品经济和市场机制活跃条件下农村自身经济的发展，其特点是根植于农村的自身发展，特别是根植于乡镇企业的发展，受大城市的辐射少，农村非农经济的发展主要依靠区域内人力、物力和财力的支持和积累，以农民家庭成员、村集体为主体，以驻社区企业（也可包含家庭经营）为依托来发展社区非农产业。内生型模式依据城市化的方式或程度不同又可细分为两种：

1. 非农化与城市化同步发展型城市化模式

在农村社区非农经济发展的基础上，大量农民在农村非农产业（主要是乡镇企业）就业，农民出现分化，兼业农民和纯非农民成为主要的社区群体，农民收入有较大提高，对物质文化生活提出了更高的要求。这样，在农村非农经济的带动下，农村社区依靠村集体和农民的力量，通过合理的规划来进行城市化建设。比如，山东烟台南山集团村企合一的发展模式，是实现农村非农化、城市化基本同步发展的成功典型（图3-2）。

图 3-2 南山村城市化改造现状

烟台南山集团总公司是山东省龙口市东江镇南山村村企合一的国家级企业集团。南山集团的前身是龙口市东江镇前宋家村。1978年，全村只有300多户、1000

多人，村民人均土地1.3亩，人均年收入只有127元，是一个远近闻名的穷村。1982年起，在村领导宋作文的带领下南山人开始创业。1999年，南山实业公司在上海证券交易所挂牌上市，南山集团已成为一个跨国经营、跨行业发展的国家级集团公司。从2001年开始，为打破发展的地域空间限制，南山集团在距南山15km处的渤海海岸，开发建设20km²的东海经济园，计划用8～10年时间，投入200亿元，把东海经济园区建设成集高新技术产业和文化、教育、旅游休闲为一体的综合性海滨城市新区。经过近30年的发展，南山村从一个既无资源优势又无地域优势的贫穷落后小山村一步步发展壮大，成长为资产过百亿的现代化企业集团，对当地农村的非农化和城市化发展产生了巨大影响。

农民收入和就业：在南山村具有劳动能力的村民全部在村集体企业上班，实现了充分就业。1993年，南山村的年人均现金收入就超过了5000元；2002年，年人均现金收入超过1万元。在南山集体企业就业的南山农民每年工薪、奖金和加成[①]达6万元以上，同时还有本村股份收入15万元。

辐射带动：伴随着集体经济的迅猛发展，南山集团规模日益壮大。南山集团为了带动周围村庄的共同发展，也为了自身的进一步发展壮大，在统一规划的基础上，开始对周边的几个村子实施兼并。截至2005年末，先后合并了附近的十个行政村（十三个自然村）。合并过程中，不但全盘接受了各村的债务，还投资为所有村民统一建造别墅楼，统一安置工作，享受与南山村原村民的同等待遇。另外，南山还吸纳了省内乃至其他省份近3万名务工人员就业。

城市化建设：南山集团对全村进行科学统一规划，分为生活区、工业区、旅游区和商业区等，所有村民都统一迁到生活区居住，村民在城镇企业就业，改变了离土不离乡的传统。南山集团先后投资10亿元，建立了从幼儿园到职业中专再到大学的一整套教育机构，其中南山学院是全国第一所村级大学。南山集团还建立了藏书58万册的图书馆（对村民免费开放）、体育馆、体育场、电影院、歌剧院等，丰富了村民的精神文化生活。

旅游规划建设：龙口南山东海开发区滨海景观休闲带位于美丽的海滨城市山东省龙口市的东部，南山集团东海开发区内。在东海开发区整体规划中，滨海景观休闲带是最具特色的集娱乐和休闲于一体的海滨观光游憩区。拥有得天独厚的自然资

---

① 南山籍员工的年度收入，包括年薪、奖金、加成和股份四部分。所谓"加成"，是指在员工把个人年薪实领到手之后，由集团公司再追加一笔同等数额的报酬，作为"第二年薪"，记入个人的"加成手册"，归个人所有，但不发现金，算作储蓄，每年发放息金，由集团公司统一存储，纳入集体企业扩大再生产资金和流动资金，员工买房、购车、看病、结婚等急需，可以从中提取现金。南山员工拥有的股份，是个人"加成"部分再扩增5～10倍的货币性资产，记入每个家庭的"股份手册"，作为员工对集体企业的内部持股，也定期给予股息。这种分配创新机制，使员工对集体资产具有实际的占有权和受益权，一定范围内解决了积累与分配的矛盾，既能推动劳动致富，又可避免两极分化，将员工的个人利益和集团的整体利益紧密联系在一起。

源、阳光、沙滩、夕阳、海水等优美的滨海自然景观与南山旅游度假区内宗教、寺庙等人文环境交相辉映，形成具有地方特色的滨海景观休闲区（图3-3）。

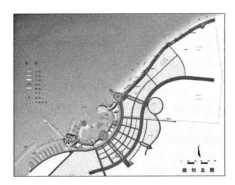
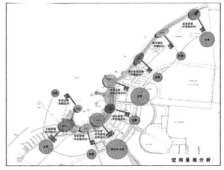

图3-3　南山集团东海开发区滨海景观休闲带规划设计方案

社会保障体系：南山村60岁以上老人都可以免费居住在村集体投资建设的老年公寓，全村所有老人，每年都按年龄段发放生活补助，组织他们外出旅游，丰富他们的晚年生活。南山集团投资兴建了南山医院，从全国各地聘请高水平的医生，引进了一流的医疗设施。

环境保护体系：为保证全村资源的保护和可持续利用，南山集团对所有新建项目都严把治污关，环保不过关的项目一律不得建设使用。投资2亿多元，先后建设了9座水库，总库容量2000多万立方米。重视绿化造林工作，全村林地面积发展到13km^2，人均绿地面积3300m^2[①]。南山集团对环保工作重视的态度帮助南山逐步做大、做强了旅游业。

今天，南山集团已发展成为多种产业并举的国家级大型企业集团。南山人由农民转变为城市居民、股民，由农村劳动力转变成为企业员工，南山村也变成颇具规模的"南山城"，实现了农村向城市的战略性转变。

该模式的主要特点：

（1）优点：

① 农村非农化、城市化基本上是同步进行、相互促进、协调发展的。

② 农村非农经济的发展和城市化建设，靠的是农村的自我发展、农民的自我努力和村集体的自我积累。

③ 以点带面、滚动发展，渐次与周围村庄进行合并，将资源重新分配布局，边发展边建设，实现土地利用的集约化和城市化建设的规模化。

④ 在进行小城镇建设的时候，注重科学合理的规划。城镇布局有良好的功能分区，包括有生活区、工业区、商业区等。

（2）弊端：

① 经济成分和发展动力的单一化对未来的可持续发展产生影响。该模式的经济

---

① 数据来源：东海开发区滨海景观休闲带规划项目组。

成分以集体经济为主,发展动力主要取决于集体经济的发展和村集体的积累。非农化、城市化的进行,主要依靠的是某个能人以及在他领导下的集体企业的发展和积累,这会导致城市化建设和经济发展的脆弱性,对城镇未来的可持续发展不利。

② 农村非农产业的发展和城市化建设是站在村庄个体的基础上进行的,受到了地域和级别的限制,达不到规模经济的要求,起不到产业集聚、人口集中和促进第三产业发展的作用。

③ 以集体经济为主导的产业发展在资金来源上受到了限制,影响了企业规模的扩张和新兴企业的增加,使得非农经济发展的势头不够强劲。对集体经济的过分重视与依赖,限制了市场机制的充分发挥。对自身处于沿海的优越地理位置和良好的经济社会技术基础利用不足。

2. 分散工业化、滞后型城市化发展模式

分散工业化指的是农村工业企业布局极度分散化的状况。20世纪80年代农村非农经济的发展和农户的分化,在"离土不离乡,进厂不进城"的框架下进行,被一些学者形象的描述为"村村点火,户户冒烟"。据统计[①],自改革开放以来30余年内,乡镇企业保持了30%左右的高速增长,有一段时间甚至增速更快,达到40%甚至50%。我国农村中工业部门的产值约占全国工业总产值的50%,这在世界上是非常罕见的现象。也就是说,在过去的20多年,我国工业化很大一部分发生在农村,与城镇的发展是脱节的。淄博市曾因其独特的"分散组团式"和"组群式"布局特点引起学术界的重视,侯仁之等学者曾称之为"淄博模式"(图3-4)。

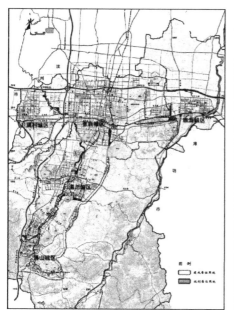 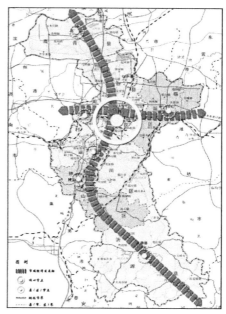

图3-4 淄博模式——淄博市5区3县示意图

---

① 赵燕菁. 空间政策与就业增长 [EB/OL]. 中国宏观经济信息网: http://www.macrochina.com.cn

淄博市下辖5区3县，即中心城区张店区、淄川区、博山区、临淄区、周村区，以及桓台县、高青县和沂源县。5个城区互不相连，均被非城镇建设用地所分割，形成"5朵金花一起开"的局面，具有典型的分散组团式布局特点[1]。"城市化滞后于工业化"在淄博基层社区的体现是：首先，小城镇规模偏小导致难以形成规模效益，影响到城镇发展的实力和吸纳农村剩余劳动力的能力。如20世纪90年代末，除了沂源、桓台和高青3个县城驻地镇以外，淄博市镇区平均人口规模0.73万人，镇区人口规模在0.6万人以下的建制镇占一半以上[2]。其次，小城镇经济实力的缺乏影响到就业岗位的提供，限制了在吸纳农村人口方面的积极作用。除了少数民营经济或乡镇企业比较发达的小城镇外，更多的小城镇发展面临"两难"困境，既有吸纳农村人口的愿望，同时又由于缺乏足够的就业岗位，难以对农民产生吸引力。尤其是城区开发区的种种优惠条件对企业产生巨大的吸引力，更多的企业倾向于落户城区或开发区，造成小城镇在产业发展方面存在先天不足，在吸引企业和吸引农民居住方面难以和城区或县城竞争。再次，淄博市农村劳动力的"就地转移"和"兼业转移"特点限制了农村人口向城镇的大规模集聚，使得城市化水平未能与高水平的工业化相匹配，应该采取措施向"异地转移"和"专业转移"为主的方向发展。

"经济实力"和"政府作用"的双重动力：从基层社区的角度来看，淄博也有一些小城镇在吸纳农民居住、促进城市化发展方面做得比较出色，提供了参考样板。这样的小城镇往往有较强的经济实力和产业支撑，或是有政府的扶持政策或相关措施。淄川区的杨寨镇是以经济实力促进城市化发展的典型。杨寨镇通过做大建陶业来壮大镇域经济，产业发展提供了大量就业机会，对农民进镇有持续的吸引力。淄川区的双沟镇，在有经济实力和能为农民提供大量就业岗位的前提下，政府通过控制宅基地的审批引导农民到镇区居住，促进城市化水平的提高。另外，桓台县的马桥镇、唐山镇，临淄区的凤凰镇，淄川区的黄家铺镇、罗村镇、寨里镇和龙泉镇等都是比较有经济实力的小城镇，其中发达的乡镇企业提供了众多的就业岗位，对农民进镇有相当大的吸引力。在临淄的凤凰镇，目前城市化水平已超过50%[3]，临淄区的经济开发区也已迁至凤凰镇，镇上的农民基本上以务工为主。

该模式的主要特点：

这一模式的出现和发展，是适应我国20世纪80年代特有的社会经济体制发展需要的，其典型特点是，农村工业化程度较高，但是布局分散，城镇建设滞后，农户兼业现象普遍，农户分化停滞。从短期来看，具有降低工业化成本，提高农户收

---

[1] 冯健，刘玉，王永海. 多层次城镇化：城乡发展的综合视角及实证分析[J]. 地理研究，2007，26（06）：1197-1208.
[2] 数据来源：淄博市市志编纂委员会. 淄博年鉴（2000）[EB/OL]. 淄博市情网：http://www.zbsq.gov.cn
[3] 同上。

入,减轻大城市压力等益处,但从长期来看存在诸多弊端。

(1)优点:

① 农村工业化建立在较低的生产成本之上,可以有效缓解资金积累不足的状况,其分散生产使得工业化的生产成本降低。因为在广大农村、乡镇地区,土地便宜、劳动力便宜,甚至可以通过逃避污染管制、税收管制、规避城市行政管制(工商登记、质量监督等),从而大大节省成本。

② 农户收入大幅提高。受到当地农村非农产业发展的拉力作用,大量农户成员可以就地转移到非农产业就业,农户普遍兼营第二、三产业。一来使得农村富余劳动力有了出路,二来从原来的隐性失业到现在的兼营非农产业,使得农户收入有了大幅度提高。

③ 乡镇企业的发展改变了传统的城乡分工格局。乡镇企业的迅猛发展,打破了我国长期存在的"城市—工业、农村—农业"这一传统的城乡分工格局,改变了农村以农业为主的单一化产业结构,催生了农户的兼业与分化,带动了农业剩余劳动力的转移和农村城市化建设,促进了农村从自给半自给经济向开放型、大规模的商品经济的转化。

④ 减轻了大城市的人口和就业压力。由于乡镇工业吸收和消化了大量农村剩余劳动力,起着"蓄水池"的作用,不仅合理使用了农村劳动力,而且大大减轻了大中城市的人口和就业压力,带动了城乡经济的蓬勃发展。

(2)弊端:

① 不利于农村工业的进一步发展。布局分散的农村工业必然造成企业经营规模偏小。由于乡镇企业没有适当地向城市集中,从而缺乏第三产业的支撑与依托,而且也无法享有由于大量产业集聚而带来的规模经济效益,在竞争日趋激烈的今天,分散布局的农村工业企业处于不利地位。

② 农户兼业凝固化,农户分化停滞。在这种分散式的、就地工业化的城市化模式下,农户成员就近从事非农产业,不需要离家外出务工,农户普遍兼业,乡镇企业的职工主要来自附近的农户成员,外来人员占比较小,地缘关系和血缘关系占主导地位。在这些因素的作用下,虽然农村企业得到了发展,但却不利于产业的集聚和人口的集中,不能获得集聚效应和规模效应。从事非农产业的农户成员分散于乡间的乡镇企业之中,难以割断与土地的联系,造成了农户兼业经营普遍,农户分化趋于停滞。

③ 城镇化滞后导致重复建设严重、环境污染严重。缺乏规划的农村工业企业分散布局于村庄各处,城镇建设滞后。农民不是转移到城市中,而是离土不离乡,通过发展乡镇企业来就地建设小城镇。处处建设小城镇,形成了"村村像镇、镇镇像村"的景观。乡镇企业与小城镇布局过于分散,且规模狭小,而每一处小城镇不得不独立地解决交通、通信、供电、供水等问题,重复建设严重,也难以获得规模效

益和集聚效益，还导致耕地资源的巨大浪费。同时，布局分散的工业企业和狭小的城镇规模使得工业污染很难治理，往往越是非农产业发达的地方，其环境污染就越严重。农民的收入提高了，但是生活和居住环境却变得恶劣了。

3.3.2 外生型

外生型模式是指通过招商引资等手段吸引区域外的企业入住，或者因为地处城郊受到城市扩张的带动，引起农村工业和第三产业的振兴，农村的产业结构出现变化，进而影响到农民的就业构成，由此引起了农村面貌的改观和农村城市化建设的发展。

1. 大城市带动型城市化模式——非农化和城市化协调发展

大城市带动型城市化模式主要是指城郊农村在临近城市（主要是大城市）的扩张带动下，实现农村的非农化和城市化，是由于大城市的发展、特别是城市工业的转移带动周边中等城市、小城市及小城镇的发展。在经济中心的强烈辐射下，一些城市的工业生产规模、商品经济规模以及人口规模都日益扩大，一些发达的镇成为建制镇，从而形成由大城市到中等城市到小城市到小城镇的一个比较大的城市带。也就是说，这种模式发展的动力主要来自大城市发展的带动和辐射。因为在地域上与大城市相邻，交通方便，各项成本相对较低；在城市扩张的过程中，接受城市外溢的非农产业以及新接纳的其他农村外部资本的涌入，建立起了工业企业和其他非农企业，使得区域内非农经济发展起来，农村经济逐步非农化，城市化建设相应得到发展。

典型案例：青岛市城阳区城阳村和董村

青岛市城阳区位于青岛最外缘，是青岛最晚成立的一个区。城阳村位于城阳区中心，因地理位置独特，加之已有的产业资源基础，成为青岛市向外扩张过程中受到较大影响的农村社区。2004年，该村共有3100户，9800人，拥有45家企业，其中改制企业17家，外资企业28家，国内生产总值3.6亿元，人均收入6680元[①]。城阳村以发展新兴服务业，提升改造传统产业为发展目标。该村拥有全国"五大农贸市场"之一的青岛市城阳农产品批发市场，并于2005年建设了"山东国际农产品展示交易中心"，该交易中心是山东省和青岛市扶持"三农"、统筹城乡发展的重点项目，并依托青岛市农产品批发市场等已有的服务产业实现互动双赢（图3-5）。

非农化状况：城阳村将拆除旧村置换的土地用于发展第二、三产业，土地已全部非农化。依托第二、三产业的发展，城阳村村民已全部转化为纯非农民，并实现了第二、三产业的充分就业。

---

① 资料来源：城阳区政协教科文卫体与文史资料委员会. 城阳村落 [Z]. 2005.

(a)	(c)
(b)	

(a) 城阳村改造后实景一
(b) 城阳村改造后实景二
(c) 山东国际农产品展示交易中心鸟瞰图

图 3-5　城阳村城市化改造现状

城市化状况：为了加快农村城市化进程，城阳村提出了"建设园林生态村庄""一家一套楼房、一户一处网点房"的发展目标。目前，全村已建起居民楼 99 幢，80% 的村民住上了宽敞的新居。村集体先后投资 1000 多万元，建成了省级文明敬老院、省级示范幼儿园和村文化娱乐中心等等，设立"城阳村精神文明奖励基金"，实施"社会保障工程"，集体出资为全体村民办理医疗保险，并对达到法定退休年龄的村民办理养老保险、解决了老年人的后顾之忧，对贫困弱势家庭提供每户每年 1 万多元的补助。

如果说城阳村是当地农村非农化程度较高的一个典型代表，那么董村就具有了当地农村最普遍的特征。董村现有 260 户，共 800 人，2004 年全村第二、三产业总产值近 2 亿元，人均收入 5500 元[①]。

非农化状况：董村非农化起步较早，1957 年开办手工作坊式的压花织布厂，1972 年创办了第一个村办企业，1998 年改制为私营企业。1994 年引进了第一家韩资企业，而后 5 年内分别引进了三家韩资企业。1999 年由于村里的耕地全部被征用，村民完全实现非农化，成为纯非农民，所有收入均来自第二、三产业。

城市化状况：该村通过旧村改造实现其城市化的转变。根据城阳区的统一规划，该村与周围的九个村子集中建设楼房，实现组团式发展，将拆除旧村置换的土地用于招商引资，发展第二、三产业。根据旧村改造方案，按照村民原居住情况将各家房屋作价，按一定比例（老新居住面积 1∶2）重新分配楼房居住（图 3-6）。该村已实行了医疗养老保险，医疗保险金每人每年缴纳 60 元，其中个人出 10 元，

---

① 数据来源：董村社区居民委员会。

村集体出 15 元，街道办事处出 15 元，城阳区出 10 元，青岛市出 10 元。养老保险金全部由村集体出资缴纳，金额为全区年人均收入的 12%，2004 年缴纳金额为人均 624 元①。

该模式的主要特点：

（1）地处城郊，经济社会发展受到强有力的城市的辐射和带动

改革开放后，青岛市的第二、三产业迅速发展，由于城市各方面成本如土地价格、劳动力价格日益提高，要求进行产业升级换代和规模扩张来应对激烈的国内外竞争，这种要求难以在城市经济的自循环内解决，必须跳出城市原有的地域范围寻求解决之道。在这种背景下，城市开始寻求与周边地区的协作，地处城

图 3-6　董村城市化改造鸟瞰图

郊的城阳区因为地价便宜，资源成本低廉，且距离城市较近，交通方便，具备一定的经济技术基础，成为青岛市对外扩张的首选。在青岛市经济扩张的强有力的辐射带动下，城阳区非农经济发展迅速。

（2）地方政府参与推动，有详尽的推进城市化进程的宏观规划和具体措施

城市带动型模式一般是在地方政府的统一规划下，按照既定的方案推进的。这样就避免了传统边发展边建设的盲目性。按照规划，在不久的将来，城阳区传统意义上的农村将不复存在，取而代之的是现代化园林生态社区。在产业政策方面，城阳区按照"强化第二产业，扩张第三产业，精化第一产业"的思路，构筑全区的经济体系。第一、二、三产业比例由 1994 年建区时的 25∶60∶15 调整为 2004 年的 6∶66∶28，其所辖的城阳街道产业的比例调整为 2∶63∶35②。在园区发展方面，城阳区规划开发建设了城市中心区、出口加工区、空港产业区、环海新材料工业区"四大产业板块"，打造集约发展的强势板块。

（3）经济发展以外向型经济为主导

设区以来，城阳区大力开展面向韩日为主的招商引资工作，外向型经济发展迅速。城阳区把建设外经外贸强区作为目标，重点打"韩资牌"、"出口加工区牌"和"加工贸易牌"。截至 2004 年底，全区累计开工投产外资企业达到 1725 家，累计实际利用外资 28.7 亿美元，其中韩国企业 1267 家，实际利用韩资 17 亿美元，居山东省第一位，是全省韩国企业聚集区③。大量内外资的涌入以及发展外向型经济的政策

---

① 数据来源：董村社区居民委员会．
② 数据来源：青岛市城阳区史志办公室．城阳年鉴 2005［M］．济南：黄河出版社，2005：55-257．
③ 数据来源：城阳区地方志编纂委员会．城阳区志（1994-2005）［M］．北京：中华书局出版，2006：181-187．

导向使得当地农村的非农经济有了快速的发展,既使城镇化发展所必需的内力作用得到了充分发挥,又为加快城镇化发展的外力作用的发挥创造了条件。

(4)农村非农经济的发展不仅解决了当地农民的就业,而且吸引了大量的外来劳动力

通过调查发现,城阳区农村的大部分农户家庭成员要么完全在第二、三产业就业,要么虽然还兼营农业,但农业收入在总收入中所占的比重较低。据调查,在从事非农产业的农村劳动力中,有九成左右的农民选择在青岛市范围内就业。城阳区非农经济的发展,不仅促进了本地农村的非农化和城镇化进程,而且也带动了其他地区的发展和分化,促进了其他地区农民的非农就业。随着经济的发展,每年来城阳区的外来务工、经商人员达 20 多万人,其中暂住人口约 15 万人,约占全区总人口的三分之一。[①]

(5)在社会保障方面地方政府、村集体和个人三方共同承担

青岛市市县两级每年都安排 1 亿元用于在农村建立以大病统筹为主的新型合作医疗制度,已有 200 万农民从中得到实惠。城阳区在全国率先推行区和街道、村、个人三级负担的新型农村养老保险制度。目前,城阳农村合作医疗保险覆盖率达到 97.2%;农村养老保险参保率达到 91%,全区已有 5.5 万老年人(男年满 60 岁、女年满 55 岁)开始领取养老保险金。[②]

弊端:

(1)务工农民受教育程度和文化素质普遍较低。据调查,当地受过高中、中专、技校教育的仅占务工人员总数的 25% 左右,而初中及初中以下的则占到 71%[③]。因其不具备必要的专业技能和相关素质,在企业中从事的多为基层操作工种,所以工资水平较低。对农民进行实用技能培训是提高农民再就业能力和增加第二、三产业从业收入的基础。另外,解决三农问题的根本是教育问题。真正消除农村教育贫困,真正把未来农民的整体素质提高上去。唯有提高未来农民的素质,才能让他们顺利地走出农业,到第二、三产业就业。对于沿海地区农村,从巩固农村九年义务教育着手,加强农村高中层次教育的普及力度,如普通高中,以及技校、职业中专、职业高中等职业教育,有条件的地区可尝试高等职业教育的试点和推广。

(2)在壮大城镇非农经济规模的同时,应注重提高其质量,乡镇经济属于粗放式增长,能源消耗增长速度大大超过 GDP 增长速度,在世界能源日益紧张的背景下,粗放式的经济模式是无法长期存在下去的。因此,在引进内资和外资发展城镇经济的过程中,城阳区应有总体规划,减少盲目性。要变已有的以引进劳动密集型和能源消耗型企业为主,逐步转变为以引进技术密集型等高科技产品企业为主。同

---

① 柯堤. 山东考察观感 [J]. 中国税务,2005,(11):21–23.
② 资料来源:青岛市城阳区史志办公室. 城阳年鉴 2005 [M]. 济南:黄河出版社,2005:59.
③ 数据来源:调查问卷第一部分.

时，提高外商企业的投资落户门槛，适当限制规模小、利润低、能耗高、技术程度比较低等类型企业的引进。

（3）调查中了解到，虽然城阳区已经建立了农村合作医疗保险和养老保险制度，但并没有无缝隙覆盖，并且对比城市的社会保障制度存在"三低"，即缴费金额低、报销比例低、每月领取数额低。虽然非农经济发展了，农民已不再务农，但如果农民不能享受到市民所享受到的社会保障、农民没有能力进入城市生活，农村城市化就是一句空谈。因此，应建立城乡协调的社会保障体系，让农民无论走到哪里，从事何种产业都能够享受到与市民相同的待遇，最大限度地降低农民进城的风险，解除农民的后顾之忧。

2. 外资介入型城市化模式

近年来，国际资本开始进入沿海农村。跨国公司拥有雄厚的资金实力，在全球拥有庞大的农产品销售网络，它们的进入对沿海地区农村和农业进行了强力整合，促进了产业结构的调整、农民收入的增加、农民的非农就业以及村容村貌的改观。

典型案例：山东龙口市诸由观镇冶基村

冶基村自 2001 年至 2005 年，连续五年被评为"省级文明单位"；2004 年实现经济总收入 7.38 亿元，农民人均纯收入 6500 元，人均储蓄余额 4 万元。自 1997 年 10 月以来，冶基村先后反租本村农民承包地 4000 亩，以集体的名义全部租赁给新加坡复发中记有限公司，用于发展名优果品基地，租期 20 年，双方签订合同，村里按年收取土地租赁费，耕地每亩 700 元，果园每亩 1000～1200 元，每 3 年递增 5%，第 12 年停止递增。村里按照每人 600 元的标准发给村民承包费，并代缴各项费用，新增人口享受一样的待遇。在 20 年租赁期限内，4000 亩土地使用权归复发中记有限公司所有，租赁期满，基地内的果树及其他所有设施全部归冶基村所有。同时合同还规定，企业必须优先安排本村农民在基地就业，凡该村农民男 60 岁以下，女 55 岁以下，只要愿意都可以到基地劳动，现在有 500 多名村民在基地就业，每人每月收入 700 元左右[1]。村庄经济发达了，农民收入提高了，村里的多数农民变成了每天按时上下班的工人。

在经济发展的基础上，冶基村城市化建设也有了初步发展，村里建起高标准的中小学校、文化大院、老年活动中心、医疗所、幼儿园等十多处公益福利场所，建起了集餐饮、住宿和胶东民俗观光功能于一体的"农家院"，冶基村变成一处特色旅游景区（图 3-7）。

该模式的主要特点：

该模式农民的分化是在国际资本对农村和农业进行强力整合的情况下发生的，农民分化、农村非农经济的发展和村社城市化是脱节的。

---

[1] 数据来源：龙口市市志编纂委员会. 龙口市志 1 [EB/OL]. 山东省情网：http://sd.infobase.gov.cn

(a) 农家院一角
(b) 果品基地
(c) 当地民居

图 3-7　冶基村城市化改造现状

（1）实力雄厚的国际资本的介入在一定程度上可以解决农业和农村自身积累不足、资金短缺的状况，可以为地域内农业生产提供全面的产前（良种和苗木、肥料和农药的提供）、产中（生产指导、技术培训）和产后（储藏、加工等）服务，可以借助已有的销售网络，帮助农产品顺利打入国际市场，可以帮助解决进入地区农业所面临的资金、技术、国际市场销售等一系列难题。

（2）很好地化解了农业产业化、集约化经营和土地分散的矛盾。以家庭为单位的农业经营模式，使土地零碎化，限制了农业产业化和集约化的发展，致使农业比较利益低下，限制了农业的进一步发展。国际资本的介入，引进了先进的农业经营理念，以返租等形式实现了农业的规模经营，提高了单位土地的产出效益，加快了农业现代化的实现。

（3）对农民的非农就业有直接的促进作用。农民没有了土地的牵挂，可以选择到基地上班，也可以自主选择在其他非农产业就业。非农化了的农民在取得非农就业收入的同时还可以享受到土地的租赁收入，大幅提高了农民的收入。

弊端：

农业和农村的发展依附于某个或某几个国际农业公司，使风险集中。一旦发生公司撤资或者破产，对当地农村经济的影响将是巨大的。基地生产的大量农产品会立刻面临销售问题。在承包农民土地时允诺的分期给付农民的补偿款也将难以继续。土地虽可以再次分包回来，但是短期内农民无法恢复生产，给农民带来巨大损失。另外，外资对利益最大化的追求，使其只注重农业经营效益，对农村和农民的各项社会事业关注不够。

3. 土地征用综合开发型城市化模式

土地征用型城市化模式的主体是城市运营商，而非一般的地产开发商。它是一种综合经营开发的城市化模式，不但具有房地产开发的内容，还要负责区内农民的安置、基础设施建设、环境保护与社会管理服务等多种职能。国有企业并非从政府手中获得土地，也不是获得土地使用权，而是先取得了政府的授权开发，然后与村民平等谈判，达成补偿协议，对农民、土地及村经济其他方面（包括债务）整体接收，对建设用地报请政府统一规划审批，确保了政府对国有土地的管理。这种模式突破了我国"国家征地、一次补偿、零星出让"的传统模式，不仅大幅度提高了失地农民的生活待遇，解决了农民长期生活及医疗等社会保障问题，实现了农民市民化和社区文明化，而且减少了城市建设成本和政府的财政负担，较为成功地实现了经济效益、环境效益、社会效益的多重优化。

典型案例：济南市郊区的阳光舜城社区和凤凰城社区

图 3-8　阳光舜城社区城市化改造现状

山东省济南市阳光舜城社区原有土屋与太平两个自然村，可耕地 300 亩，村民 3000 人。由于人多地少，村民主要以开山采石、生猪饲养、租放垃圾场为收入来源。村庄非农经济不发达，农户的分化处于初级状态，主要是以农业为主的兼业经营。凤凰城区域内有 4 个自然村，5000 多名村民，这里交通闭塞，土地贫瘠，农民生活贫困，社会治安状况差。1997 年，济南市政府运用"统一开发、统一规划、统一招商引资"的模式对济南郊区阳光舜城和凤凰城两个项目进行规模成片开发。山东省大型国有企业——山东三联集团，受济南市政府的委托，对这两个区域进行城郊农村的城市化综合开发，对这六个村的土地进行了统一征用，在土屋与太平两个村规划了面积 $8.71 km^2$，建设面积 269 万 m^2，可容纳 5.6 万人居住的阳光舜城社区（图3-8），在凤凰城区域内规划了 $10 km^2$ 的凤凰社区[①]。山东三联集团实施的城市成

---

① 数据来源：李继凯，杨雅清. 农村城市化进程启示录——山东省济南市郊区城市化试点调查［J］. 人民论坛，2005（04）：58-59.

片综合开发，使失地农民的利益得到保障，具体措施为①：

（1）阳光舜城和凤凰城的农民已转化为城市居民，由于目前城市社保体系并不健全，三联集团每月给村民发放生活保障金，阳光舜城为每人每月300元，凤凰城为每人每月208元。

（2）阳光舜城村民享有每人10万元的一次性补偿，凤凰城村民享有每人2万元的一次性补偿。

（3）社区内村民每人获得三联集团无偿提供的$40m^2$高标准住宅，超过标准面积30%以内的部分可以按成本价购买，产权归村民个人。

（4）社区内符合招工条件的村民，经申请，可由三联分批安排就业，阳光舜城人均月薪不低于600元（含劳动保障金，下同），享受三联职工待遇。凤凰城人均月薪不低于520元，有劳动能力不愿就业的按济南市规定的下岗职工标准，发给生活保障金。

（5）村民男45岁以上、女40岁以上可享受退休待遇，每人每月发放生活费、医疗费，阳光舜城为450元、凤凰城为350元，并按国家颁布的物价上涨指数每三年调整一次。

（6）在教育方面，社区内8周岁以上的村民每人每年可享受500元的教育补贴，直至大学毕业。区内还修建了老年人活动中心、青年之家及健身设施，独生子女每月领取100元奖金，三联不仅支付村民教育补助，并为各村儿童提供上学接送专车。

该模式的主要特点：

（1）土地的获取并非从政府征用，不是单纯征用土地实施开发，而是将土地获取与村民安置、区域社会经济、环境改善等问题统一解决，将区域的开发与村民向现代化市民的转化通盘考虑、统筹解决，对村民的当前生活保障以及就业发展等多个方面进行统筹安排，实现了农民迅速向城市市民的转化。

（2）非经济性外力催生农民的分化。农民从纯农户、一兼农户向二兼农户、纯非农户的转变是由于城镇扩张建设需要、无地农民或者耕种土地较少的农民被安置就业或自主选择在非农产业从业引起的。在城镇建设中失去了土地的农民属于典型的非经济性外力催生的纯非农户。农民土地被征用后，直接转为城镇户口，实现了身份的转换。

（3）此种模式下，农村城市化完全由政府规划建设，统一组织实施，很少受到农村经济发展水平的约束。农村非农产业会因受到农地减少或被完全征用转化而逐步发展起来。

（4）可以在短时间内实现农村地区的"旧貌换新颜"。这种因为土地征用而引起的农村城市化发展模式，与前面所提到的通过农村的自我发展而实现城市化的方

---

① 数据来源：李继凯，杨雅清．探索我国城市化发展新路——山东省济南市"城市综合开发模式"调研［EB/OL］．中国建设报，2005. http://www.chinajsb.cn/

式相比，极大地缩短了农村社区向城市社区转变的时间，解决了因农村农业积累不足、非农经济不发达而导致的城镇建设迟缓的问题，解决了在农村贫困、农民收入低下情况下出现的一系列社会经济问题，迅速促进了农村社区社会经济的发展，提高了农民收入。

弊端：

城市运营商综合开发型城市化的农村大多是非农经济没有得到充分的发挥，村集体的积累不足，难以对农民提供各种社会保障。村集体经济越发达，往往农民参加养老保险的比例越高。由于我国征地制度不健全，在城市化推进过程中，农民土地被征用后，很多得不到妥善安置。失地农民自身素质低难以进入城市就业，而农村非农产业不发达又不能为其提供就业岗位，加之缺乏社会保障，征地赔偿费又普遍偏低，因此导致失地农民生活水平下降，甚至在一些老弱病残家庭出现生存危机。缺乏积累的农村集体和不发达的农村非农产业对于问题的缓解难有作为。部分失地农民成为"种田无地、就业无岗、社保无门"的弱势群体，对社会稳定造成一定影响。

3.4 小结

上述两大类五种非农化、城市化发展的实践模式，在我国沿海农村地区普遍存在。它们是在我国现有制度和政策框架下成长起来的，各有利弊。鉴于沿海各地区资源条件、经济发展水平、农村发展特点各不相同，不可能简单地采取某种单一的模式来完成这一历史性的转变。但是不管采用或者创新出哪一种模式，前提都是不能伤害到农民和农户家庭的利益，不能违背经济社会发展的规律，这是任何发展模式都应当遵循的原则。因此，后文将提出我国沿海地区农村城市化、非农化与城市发展协调互动的总体设想。

第四章 转型时期山东沿海农村城市化的新特点、新问题

现阶段,我国农村城市化处于一个相对特殊的时期。第一,我国处于社会主义初级阶段,住房短缺现象还在一定程度上广泛存在,农村城市化的压力和任务特别繁重;第二,我国处于从计划经济向市场经济过渡的转型期,市场力量蓬勃发展,经济建设和发展效率成为追求的首要目标;第三,我国处于一个相对平稳的发展机遇期,各种机遇接连出现,各地政府有着强烈的发展冲劲;第四,我国处于一个快速发展期,经济发展在速度、规模和方式上的一些问题引发了经济与社会发展之间的不协调和不均衡,也导致了农村城市化的各发生场域快速分化又重新整合;第五,在全球化时期,我国的改革开放正进入一个新的发展阶段,西方发达国家的一些城市化理论正被大量导入,有的还没经过消化就被引进并投入实际运作,也相对造成后发中的一些问题。在这一形势下,我国沿海地区农村城市化呈现出新的特点与新的问题。

4.1 转型时期沿海农村城市化的主要特点

4.1.1 和谐与冲突

1. 整体和谐

处于城市化进程之中的沿海农村地理位置优越、交通条件良好,居住于此生活便利、生活成本低廉。此区域的农村社区具有多种混合功能,包括居住、工作、商业、休闲、文化娱乐等,这种混合使用和有机联系,不仅增强了城市活力、吸引了多层次的居住人口,还能使文化素质缺乏的失地农民依靠社区的经济网络如街边小店、幼儿园、开设店铺等得以生存。

在此背景下,沿海地区力求通过农村城市化,使村民真正转变为城市居民,使沿海农村物质空间和社会空间有机地协调在一个完整的城市机体中,形成和谐的社会组织体系;通过建设现代化的城市社区,改善此区域的人居环境,促进失地农民生产方式与生活方式的转变;通过改变原有村庄与城市不和谐的破败形象,推动农村与城市的整体协调发展(图4-1)。人、社会、自然是相互联系、相互制约、相互融合、密不可分的统一整体。处于城市化进程中的沿海农村既是古老历史的遗物,

又是快速城市化过程中新生的活体；既是城市发展当中木桶效应[①]的最短板，又是城市发展的潜在价值所在；既是城市发展所要面临的问题，也是城市发展的机遇。我们应全面、客观的认识沿海地区的农村城市化，通过多方协作，以一种积极的态度去探究相应的规划政策和引导措施，构建其与城市建设标准的共融、共生、共存的和谐关系，力求达到城市与农村、政府与市民、人与社会自然的和谐与共赢。

图 4-1　青岛市城阳村改造前后对比

2. 冲突并存

笔者在和一位村民接触过程中听到他说："我们都排斥外来人口，他们跟我们语言不通、生活习惯又不同，逢年过节我们还要提防他们偷东西！"外来人员的交往具有内倾性，他们与村民的交往只限于出租房屋时的谈判和交易，交易过后几乎没什么往来，交往对象多指向同乡，城市适应存在文化边缘性。种种境遇使他们产生强烈的不公平感和相对剥夺感。而衣着简朴和不修边幅的外来人员常是被提防、怀疑的对象，这又使早已存在的对立情绪更加激化。来自同一文化源的人出于自身利益考虑容易结成小团伙、小群体，从而形成自己内部的集体意识，不同文化源的人之间容易发生摩擦、误会。村内人和外来人员因为传统文化和语言文化等不同而存在着明显的界限，村民的待遇和福利是排他性的、不对外开放的，导致集体意识不能在这些村落中形成。由于"集体意识是机械团结的精神基础"[②]，不同源的集体意识很容易导致冲突，这就意味着村内人和外来人员的对立与冲突。

面临转型的沿海农村社区与城市这样一个大社区不能融合的根本原因在于城乡的二元体制共存于同一地域空间。我国城市实行土地国有制，政府代表国家行使各项土地管理权力。此类农村社区土地属于集体所有，农民在原则上有占有、使用和处置土地收益的权利，居（村）委会代表全体村民，是这些土地管理权的集中和分配者。土地的所有权、良好的地缘区位以及城乡分割带来的城市管理缺位给予农村

---

① "木桶效应"是管理学知名法则之一：一只沿口不齐的木桶，盛水的多少，不在于木桶上最长的那块木板，而在于最短的那块木板。劣势决定优势，劣势决定生死。参见：[英] 诺斯古德·帕金森. 不可不知的管理定律 [M]. 北京：中国商业出版社，2004.
② 侯钧生. 西方社会学理论教程 [M]. 天津：南开大学出版社，2001.

社区巨大的经济便利,同时催生了社区内的出租屋经济及各种非正规经济,既给村落共同体提供了强大的经济支持,又给村民带来了源源不断的经济利润,使他们成为"租金食利阶层"。同时,以村籍为边界的高收入、高福利使得村民对以村为边界的利益共同体的认同固定化,居(村)委会则因掌握着村落最重要的土地资源而成为这种认同的唯一指向,另外村落的乡土和宗族观念强化了这一认同。

4.1.2 博弈与失衡

1. 利益博弈

农村城市化过程涉及三个主体:政府、失地农民和开发商。它们为了维护各自的利益在改造的过程中扮演着不同的角色,农村城市化的实质是调节三者之间的相互关系以达到利益均衡。

政府代表的是公共利益。城市政府作为国家权力机构,它的职能目标就是管理城市,并尽可能地为城市社会谋利益。在农村城市化的建设方面具体为市政府、区政府、街道办(当然也包括相应的各级业务主管部门),他们相互之间有着各自的利益。开发商作为从事房地产业的经济组织,它的一切经济活动都是以赚取利润为目的的。沿海农村良好的区位条件带来的高额利润在一定程度上能够刺激开发商的投资,但同时此种拆迁开发中的利益矛盾重重,不确定的因素很多,高昂的交易成本会吞没和消散房地产开发的正常收益,政府的高度管制会使开发最终变得无利可图等等,令大多数开发商望而却步。失地农民是农村城市化过程中最大的利益主体。沿海农村失地农民的收入一般较高,有的甚至高于附近城市居民,其收入的主要来源是集体分配、出租房屋收益以及从业收入。另外,村集体经济组织还是村民的群体利益代表,与城市普通社区的居民大不相同。他们有改造自己生活环境和居住条件的需求和愿望,但又担心会触动由农村各种优越条件所带来的远远高于外界的收益和福利。由于担心既得的房屋租金收益在开发中得不到保护,以及担心会损失房地产升值前景的收益,失地农民会为他们的既得利益寸金必争(图4-2)。

农村城市化的关键在于农村城市化的主体——政府、失地农民和开发商的利益均衡。政府相关部门负责监控农村城市化建设符合城市规划的要求,农村城市化要在政府政策调控下进行,以降低市场风险;与农村城市化最直接、最大的利益关系者是失地农民,如果不能保障他们的权益,改造工作就无法开展;开发商是实施农村城市化建设的主体和关键环节,如

图4-2 青岛市东田村城市化改造中的"钉子户"

果开发商不能实现赢利，农村城市化就难以实施。三方配合、互动博弈是沿海地区广泛推行的城市化模式，博弈的逻辑是：政府通过政策实施，让出部分政府未来的潜在收益，如减免部分地价等，保证开发商有利可图，以吸引房地产开发商参与改造，并分担改造中的部分风险，同时保证失地农民的既得利益，使失地农民最终顺利回迁，博弈最终实现三方共赢。面临转型的沿海农村社区通过城市化建设，化解了困扰政府的城市化改造难题，使城市环境显著改善，实现了城市的整体增值，从而提升了城市的综合竞争力，赢得了民心。开发商通过投入、改造获得收益，实现了经济效益和社会价值的双丰收。失地农民则告别了杂、乱、脏的生活环境，住进了面貌一新、智能化管理的现代社区。这种博弈是最优最稳定的模式，博弈三方精诚合作，"政府搭台让利，企业唱戏谋利，村民参与得利"。①

2. 权力失衡

农村城市化是一次利益的调整，特别是农村城市化增加了流动人口这一处于城市最弱势阶层的"准城市人"，公平的意义就显得更加重要，政府的公平协调作用更加必要。农村城市化过程中，政府是城市化的责任主体，其拥有行政权力，在城市化过程中表现为强势的政府行为和政策干预。

为了促进农村城市化的良性发展，各级政府通常会采取一系列干预措施。其中，最有力、有效的措施莫过于及时不断地调整政策。以青岛市城阳区为例：1998年，城阳区区委、区政府制定下发《关于进一步加快小城镇建设的意见》，提出"加快小城镇建设是实施城乡一体化战略的重要内容，是加快推进农业现代化、农村城市化的必由之路，对于促进农村劳动力转移，繁荣农村经济，改善农民生活环境，提高农民生活质量，加快农业和农村经济实现更高水平发展具有重大意义"。2000年，城阳区委、区政府为进一步加快城区旧村改造步伐，又制定下发《关于城区规划控制区旧村改造的意见》，提出用3至4年时间，完成城区周边范围内22个村庄的旧村改造任务，城区规划控制区的其他村庄也要结合实际情况，按照规划适当加快旧村改造进度。2003年初，城阳区委、区政府制定下发《关于进一步加快旧村改造步伐的实施意见》，在全区范围内推进旧村改造。提出了以率先全面实现小康社会为目标，坚持以人为本和经营城市的理念，按照"统一规划，因地制宜，综合开发，配套建设"的方针，采取市场化运作方式，加大政策扶持力度，推动加快旧村整合改造和组团式成片开发建设，高起点规划，高标准建设一批特色鲜明、布局合理、功能完善、环境优美的现代化居住区。2004年9月，城阳区委、区政府对《关于进一步加快旧村改造步伐的实施意见》重新调整，制定下发《关于加快以旧村改造为重点的农村城市化的意见》，提出"全区旧村改造工作要坚持以'三个代表'重要思想和科学发展观为指导，立足于率先全面建成小康社会、率先基本实现现

---

① 郭臻. 珠海市"城中村"改造中的多方利益建构[J]. 广东行政学院学报，2005，17（1）：17.

化的总目标，坚持高起点规划、高水平设计、高标准建设、高质量运作、高效能管理，与实现一产向二、三产业转变、农村向城市转变、农民向市民转变紧密互动，与建设青岛市北部城市中心和现代园林生态城市协调一致，努力实现环境效益、社会效益和经济效益同步提高，体现人与人、人与城市、人与自然的和谐统一"等[①]。这些政策的实行和调整，在一定程度上为推动或制动农村城市化建设起到相当关键的作用，是政府调整发展战略、控制节奏和规模、调和各方利益的强有力举措。

当然，在进行政策干预的同时，也存在政策多变、政出多门、政策之间相互冲突甚至抵消等情况；在组织实施上，政府对具体事务干预过多，越位情况时有发生，在一些地区，还存在政府"既当裁判员又当运动员"以及政事不分、政企不分等现象。任何一项政策或调节措施都可能因为考虑不够全面而使改造偏离目标，而这种偏差带来的结果是极为复杂和难以控制的。政府的决策失误所导致的成本是被社会中的各成员所分担的社会成本，它们并不需要为自己的错误决策负全部责任，而且干预成功，往往会因为政绩得到晋升，从而获得更大的决策权力。失误时不承担全部责任，成功时却得到更多权力资本，这使得部分政府官员产生了强烈的干预偏好，表现为干预过力。干预和管制能产生寻租机会，寻租活动又反过来使市场机制遭到破坏，而市场机制失效又会要求政府进一步干预来弥补失效，如此反复就陷入了一种恶性循环。

市场化过程中政府如果违背市场法则干预经济，将必然导致资源浪费，效率低下，陷入恶性循环，这种恶性循环带来的危害将是长期的。政府对农村城市化建设进行有效干预的必要条件之一，就是政府机构自身必须是具有效率的。所谓有效率，是指能以更少的投入获得更高的产出。然而，现实中却有少数政府机构由于其公共部门的行政垄断性往往投入高而产出低，具有明显的低效率特征。目前，许多城市成立了农村城市化的领导机构，如指挥部或城市建设投资公司，这些管理机构大多是非市场机构，有的即使是市场主体却仍是国有性质，其用于改造的可支配资源主要来自于政府财政，支出则用于房屋拆迁、工程建设等，缺乏约束机制。由于这些机构的行为是一种垄断性的活动，缺乏竞争的压力，对其工作效率缺乏准确的标准和可靠的评估，导致即使这些机构非效率运作，却仍能生存。

4.1.3 整合与分化

1. 农村社会整合

农村社会的整合，就是要通过农村城市化，实现城市规划的土地、空间的整合；就是要通过拆迁补偿安置，实现原住居民居住条件的普遍改善；就是要通过土地运作和利用，实现土地资源的优化配置，充分发挥土地级差效益；就是要通过转

[①] 资料来源：城阳区地方志编纂委员会. 城阳区志（1994—2005）[M]. 北京：中华书局出版，2006：310-311.

移支付,"以肥补瘦",以富济贫,以经济发展支撑社会发展,最终实现和谐均衡、共同富裕。

事实上,由于农村社会整合新旧观念冲突激烈,许多失地农民角色转换十分困难,导致社会凝聚力和社会动员力下降,因此,迫切需要形成同社会主义市场经济体制相适应的新的社会整合机制。这种整合机制,必须满足国家经济生活市场化、权力民主化、个人权利保障化的多元需求,实现公民对国家公共生活、社会生活的有效参与和监督,实现多阶层之间利益关系的协调,实现整个社会系统的和谐。从根本上说,沿海地区的农村城市化是以"人"为对象的,以"文"化"人",实现城市居民、失地农民、外来流动人口的整合和发展,使失地农民和外来居民在思想价值观念和行为方式上成为真正的城市居民是农村城市化的最基本内核。要实现这样的社会整合,寻求文化的共性也许是解决冲突的有效途径之一。城市文化与农村文化虽然具有差异性,但同时也存在互补性和共同性。只有以一种较为温和、人性的方式过渡,才不至于激发文化所产生的冲突,进而解决城市化进程中的相应问题。沿海农村城市化正逐步改变着村民落后的文化素质和小农经济意识,并使其在职业、文化、道德品质、价值观念和生产生活方式等方面也发生根本转变。

2. 失地农民剧烈分化

伴随着沿海地区农村社会的整合,农民的分化特征尤其明显。农民的分化在比较利益的驱动下,呈现一种积极主动的态势,无论是已经分化的农民还是未分化的农民,均在分化过程中得到了或多或少的物质利益。在对沿海农户的访谈中我们了解到,不论是出于无奈向非农产业转行,还是自己有意识地利用征地获得的补偿金进行第二、三产业的投资,失地农民都普遍得到了非农经营的利益,也受到了城市居民所带来的物质的、文化的和思想观念的良好影响。另外,沿海地区农民的分化不是单纯地自然而然地由农业经营向非农业生产经营的温和转变,而是在当地政府强制征用土地的巨大推力以及在当地经济发展的强辐射作用下产生的剧烈分化,这使得部分农民在剧烈的分化过程中缺乏必要的心理准备,加之政府在农民的就业、教育和社会保障等方面的改革相对滞后,以及部分居(村)委会的功能丧失,加重了失地农民的转型负荷。

2006年农户家庭劳动力文化程度构成[①] 单位:% 表 4-1

文化程度	沿海地区	内陆地区	
		中部地区	西部地区
不识字或识字很少	3.98	6.01	9.88
小学程度	21.07	24.22	32.88

---

① 资料来源:国家统计局农村社会经济调查司. 中国农村统计年鉴2007 [M]. 北京:中国统计出版社,2007.

续表

文化程度	沿海地区	内陆地区	
		中部地区	西部地区
初中程度	54.9	55.95	46.78
高中程度	13.4	10.64	7.91
中专程度	3.93	2.16	1.81
大专及以上	2.72	1.02	0.74

由表4-1可见，我国处于城市化进程中的农民文化、素质普遍较低，这是阻碍农民向非农产业分化的重要因素。依靠人力资本禀赋而获得就业机会，应是农民向非农产业流动转移的出路所在。农民分化是一种积极的农村城市化发展进程，但只有实现了彻底的职业流动和社会地位的升迁，才能推动农民分化的深入发展及农村的城市化进程，进而促进当地社会、经济的发展。而推动农民的持续分流与分化就需要为他们提供一个就业岗位、一个教育培训的机会、一个与改革户籍制度相关联的开放的劳动力就业市场，从而有效地解决农民分流与农民分化的分离，加快传统农民向现代农民、失地农民向市民的两个转变，达到农民彻底分化的目的。

4.1.4 消除与存续

1. 彻底消除

目前，我国许多城市单纯为了追求城市景观在短期内的彻底改变，订立了诸如"三年或五年内城市大变样"这样不切实际的计划。在沿海地区，由于经济较发达，市场运作较好，大多城市采取"政府决策、政策推动、市场运作"的办法大规模地进行农村城市化建设。以青岛市城阳区为例，我们做了如下统计。

1998年，全区共办理建设用地规划27项、356万 m^2（包括生产用地15项、338万 m^2，公共用地12项、18万 m^2）；办理建设工程规划66项、27万 m^2（包括生产建设33项、16万 m^2，公共建筑33项、11万 m^2）。2000年，为加强对农村城市化基础设施建设、园林绿化、环境卫生的管理，开展一系列活动，当年建设设施完好率保持在90%以上，道路保洁率和垃圾清运率分别保持在85%和80%以上。2003年，全区农村城市化改造共完成民房及企业拆迁74万 m^2，建设安置楼108万 m^2。2004年，召开推进农村城市化工作会议，重点对城区、空港产业区、出口加工区、流亭立交桥周边社区（村庄）进行改造，年内共改造建设安置楼108万 m^2，共拆迁各类建筑物69万 m^2，按程序经区政府审批实施改造的社区（村）达到16个，有25个社区（村）正在启动。2005年是全区城市化改造加快推进年，以城市中心区、出口加工区、空港产业区为重点的城市化改造取得历史性突破，改造模式和经验在全省推广，全区共有28个社区实施改造，12个社区7700户居民一次性改造完毕当年回迁,共完成拆迁面积120万 m², 新建安置楼137万 m², 同时推进城市中心区企业"退城进园",搬迁企业33家,拆迁面积33.11万 m², 腾出发展用地106.66 hm²。这种彻底消除式的农村城市化模式在改善失地农民居住条件和城市景观的同时,腾出大片的土地作为商业用地,为失地农民今后的生活提供了保障(图4-3)。[①]

图4-3 青岛市前田村彻底消除式的推翻重建

但是,这样做也付出了很大的代价。政府改变现状、装点门面、提升城市形象的思想迫切,某些地区组织者和实施者会不顾实际,在失地农民社会保障、集体资产量化政策滞后的情况下,盲目地制定"几年城市大变样"的计划,并且以政治任务的高度层层下压,"限期拆除""全面完成"等字眼在政府文件中屡屡可见。结果是下级政府为了完成上级下达的任务,要么随意增加补偿标准,要么强制失地农民搬迁,造成政府与失地农民之间的冲突,失地农民用体制外的手段比如上访、集体闹事、冲击政府等为自己争取利益,导致各地农村城市化困难重重,矛盾越积越深,建设成本也越来越大。另外,由于沿海地区农村所处城市地理位置优越,商业利用价值高,有的村落风景资源条件好,高档住宅的开发价值很高,成为很多房地产开发商争相开发的地方,它们往往利用农村城市化的机会,游说领导和职能部门一再修改城市规划相应指标,或与村里的"集权精英"私下交易,变相地进行单纯谋利的房地产开发,造成对失地农民利益的侵害和农村社区资源的破坏。

2. 保留存续

处于城市化进程中的农村社区作为失地农民的生活场域,是有其存续价值的。客观地分析,这类农村社区在我国城市化发展历程中,特别是对于人地矛盾尤为突出的沿海地区起到了很多积极作用,它是农村居民与城市居民的融合场域,其存续价值体现在:

(1)保持(延续)城市历史文脉

每个城市都是历经不同时代发展而成的,城市的文脉延续对形成城市的特色、挖掘城市的文化内涵具有重要的作用,在这类农村社区里,常常保留有一定历史年

---

① 资料来源:城阳区地方志编纂委员会. 城阳区志(1994—2005)[M]. 北京:中华书局,2006:312.

代的民居、祠堂和一些历史名人的宅第、墓穴、牌坊等文物古迹，这些对挖掘当地的历史文化，延续城市的历史文脉具有很高的文化价值，应视情况予以保护和修缮。

（2）为农民进城打工创造了条件、降低了所在城市的生产成本

经济建设的评论者们总用"脏、乱、差"来形容落后和没有秩序，但他们忘了，他们所说的"文明、有序、条件好"的地方无一不是以金钱来当门槛的。对那些连上厕所花五角钱都感到囊中羞涩的群体来说，他们宁愿选择那些"脏、乱、差"但可以睡觉和生存的地方，面临转型的农村社区正是这样的场所。此类农村社区能从以下两个方面降低整个城市的生产成本，使整个城市更具竞争力。第一，失地农民直接参与收入低、条件差的生产活动，如城市内的许多工厂大量雇用低价而没有法律保护、不需要医疗社会保险的临时工，正是这个公开的秘密保持了一些厂家经久不衰的低成本竞争力，这也提升了沿海地区许多城市在国际、国内市场上的竞争优势。第二，失地农民通过提供低价的服务性劳动，降低了整个城市的生活成本，从而间接地降低了整个城市的生产成本。

（3）为当地经济的发展积累了资金

在沿海农村的城市化发展过程中，失地农民通过出租房屋和提供相关服务积累了大量资金。他们中许多人把这些钱积攒起来，作为将来的发展和生存资本。一些有远见的失地农民早已通过资本积累—投资—创业的过程实现了生活来源方式的根本转型，而这一过程使他们摆脱了许多失地农民短时间内通过出让土地、获得补助、迅速破产（花光补助）、四处流离的命运。在这个过程中，他们有时间来做好心理和物质上的准备，以融入城市社会。

经过以上分析发现，农村城市化在整个城市社会发展中的作用是复杂多样、方方面面的。处于城市化进程的沿海农村社区，在转型过程中对整个城市的发展起到了一定的作用，它甚至是整个城市功能完善的补充者，因此，如何在存续的基础上对其进行整合建设是本书所要解决的问题。

4.2　转型时期制约沿海农村城市化的主要问题

4.2.1　思想观念因素

实现农村城市化是大势所趋，但是仍有部分失地农民对农村城市化的理解不够全面，显得顾虑重重，思想转化较慢。从社会学角色理论的视角来看，从农民转为市民有一个角色转换的过程，失地农民在角色转换过程中会遇到"角色不清"与"角色中断"两种问题。所谓"角色不清"是指失地农民在进入城市后，不清楚市民这一角色的行为标准，不知道市民这一角色应该做什么、不应该做什么和怎样去做。"角色中断"指失地农民在他（她）原来的"农民"角色和进入城市以后的"市民"角

色之间发生了前后矛盾的现象。失地农民"角色转换"的困难是内外两方面造成的,内在因素主要是心理、个人素质问题,外在因素则是社区差异与生活方式的不同。

1. 心理意识因素

一部分失地农民在从农村社区走进城市社区以后还会对"角色转化"产生抵触情绪,融入社区困难。一部分失地农民既有走进城市的实力,也有想搬迁到城市的愿望,但受传统思想的影响,乡土观念较强,怀旧心理严重,不能向前看,总觉得自己原始生活的地方是较好的选择,这就导致他们很难融入城市社区的生活。

2. 自身素质因素

失地农民"角色转换"的成败还与个人自身的适应能力有关。市民角色是市民社会地位的外在表现,有其相应的权利、义务和行为模式。而部分失地农民由于个人能力和文化水平的限制,不能准确把握市民角色的内涵,对于市民角色的行为实践不成功。

3. 生活方式的转换滞后

从农民生存、发展角度来看,农民生活方式的转换包括劳动、消费、闲暇、交往、家庭等生活方式的转换。通过调查表明,部分失地农民进入城市后并没有很好地完成生活方式的转换,失地农民劳动方式由以前的从事"农业"到从事"非农业";消费方式仍停留在原来农村的消费方式上;闲暇方式是习惯性的打麻将、看电视等,不愿意参与社区生活;交往方式是基于血缘和地缘为主,业缘为辅,而城市社区的交往方式更多的是以业缘为主;有的农民进城后,还保留着农村的家庭生活方式,如用房子堆放废品,衣服随便晾晒等(图4-4)。

图 4-4 青岛市后田村改造后失地农民依旧传统的生活方式

4. 对社区差异的适应慢

失地农民进入城市以后还可能遇到城市文化与农村文化差距导致的问题——文化震惊。城市社区与农村社区是两个完全不同的社区,相比农村社区,城市社区有两个主要特点是失地农民不能适应的:城市社会关系世俗化、具有匿名性与非人情性,城市居民对人一般较为冷淡,人与人之间的关系以事为本,而农民对人一般较为热情,对社会事务较关心;农民保持生活快节奏只有特定的几个时期,而城市生活则全年保持生活快节奏,精神压力大,农民短时间内很难适应。

沉淀了千百年的传统思想观念和生活习俗是很难改变的。农民的潜意识中有一股深厚的力量促使他们本能地抵触农村城市化。因此，对于农村城市化，农民最关心的不是改造后城市环境如何优美、街道如何整齐，而是更多地担心改造后失去赖以生存的房产和土地，害怕既不能保住自己原有的土地，又失去了谋生的手段。

此外，农村城市化的思想障碍不仅存在于失地农民一方，在决策者和执行者中同样存在。因为改造工作困难重重，许多城市都将农村城市化当作一块心病。改造过程中，要搬农民的家、拆农民的房、收农民的地，甚至扒农民的祖坟、祠堂，其难度可想而知，挨人骂、受人气、遭人恨，甚至遭到人身攻击，其结果往往是费力不讨好，"即使改造成功了，也难出政绩"，远不如修路建桥搞建设得心应手。因此，在管理者的思想中，不同程度地存在对农村城市化的畏难情绪，这种畏难情绪和不作为在一定程度上阻碍了农村城市化的进程。

4.2.2 生态环境因素

山、水、林、田、矿是我国宝贵的生态环境资源，是经济发展不可或缺的重要生产要素。从资源分布情况看，我国的森林资源、水资源、耕地资源、矿产资源等自然资源，大部分集中在农村地区。以森林、河流、山脉为特征的自然资源，构成了农村地区良好的生态环境，保障了农业生产，并成为农村发展的潜在优势。在农村城市化发展过程中，如果在非农产业、城市化建设及城乡协调发展上不注重环境保护，则会导致生态环境破坏。如，由于矿产资源过度开发所造成的地表开挖与植被破坏，可能导致局部地区沙漠化或水土流失加剧；工业和城市发展对水资源的过量开采或污染，可能引发水资源短缺等。

1. 生态环境的严重污染

生态环境的严重污染包括山、水、土、石、绿化、阳光和空气等严重污染，特别是水资源的严重污染。水是城市的生命线，水资源的可持续利用是城市经济社会可持续发展的支柱和保障。随着城市化进程的加快，城市工业化、现代化水平的提高，城市数量的增加和规模的扩大，水的供需矛盾将更加突出。

以淮河为例：淮河流域位于中国东部地区，介于长江和黄河两大流域之间，流域面积27万 km^2，跨湖北、河南、安徽、江苏、山东五省40个市（地），181个县（市）。淮河流域的水污染起源于20世纪70年代后期。20世纪80年代，随着国民经济快速发展和城市化进程加快，尤其是乡镇企业的异军突起，水污染逐步加剧，淮河流域出现"50年代淘米洗菜、60年代洗衣灌溉、70年代水质变坏、80年代鱼虾绝代"的局面。淮河干流在1989年、1992年、1994年发生过特大水污染事故，对沿淮供水造成严重破坏。水污染已成为制约淮河流域经济发展的重要因素之一，虽然目前淮河流域的水污染防治工作取得了显著成效，淮河干流的水质已经基本达到Ⅲ类水标准①。但是，伴随农村城市化的飞速发展，城市用水仍然存在严重的水污染因素。另一方面，水源保护政策限制了沿河地区的发展，而这些地区多为经济发展比较落后的农村，导致这些农村被边缘化。

2. 生态资源的严重浪费

沿海地区城市化过程中过度消耗了生态环境资源，严重破坏了农村生态环境。一方面，由于强调发挥农村的资源优势，加快当地非农产业发展，而导致森林、矿藏、水甚至旅游资源遭到掠夺式开采。如，沿海地区拥有丰富的旅游风景资源，而近年来这些资源却遭受城市化、商业化的巨大冲击。另一方面，加强农村基础设施建设本身就对资源消耗提出了新的要求。如，大规模修建农村公路和发展农村第二、三产业，既侵蚀占用大量耕地，又因大量采沙、采石、取土、用水、伐木、排污等消耗和损毁了自然资源，使农村地区山林、河流等资源遭到破坏或污染，地表地貌和植被状况被改变，农民赖以生存的土地资源被严重浪费等，导致农村的生态环境恶化，从而影响整个农村地区的可持续发展（图4-5）。

图4-5 青岛市后田村驻社区企业乱排放污水造成严重的水污染

农村城市化发展不单是城市规模的简单扩张，还包含城市综合素质的提高。只有城市规模空间上的扩张，没有城市产业素质的提高和城市对农村影响力的强化，不是真正的城市化。"摊大饼"的粗放式的城市规模扩张，是与城市化发展的内在要求相违背的。因此，要实现农村城市化的发展就要高度重视农村生态环境保护问题。在沿海地区农村城市化发展过程中，尽量避免走"先污染、后治理"的老路，必须坚持全面统筹、协调规划、科学发展。

4.2.3 利益分配因素

1. 利益分配障碍

沿海农村城市化问题和矛盾的实质主要是利益在国家、集体和个人之间的再分配、再调整，主要涉及三个方面。

---

① 国家环境保护总局. 地表水环境质量标准 GB 3838—2002［S］. 北京：中国环境科学出版社，2002.

（1）土地级差地租收益如何分配的问题。由于城市发展的需要，沿海地区各级政府加大投入，完善各项基础设施建设，特别是农村周边地区的道路、交通、通信和绿化环境建设，使沿海农村集体土地连片大幅升值，原来的菜地、耕地摇身变成黄金宝地，土地价格由万元（每亩）急剧上升至几十万元甚至上百万元（每亩），集体依靠出租土地、厂房获得上千万元乃至上亿元的土地级差收益。巨额的收入一部分用于农村社区公共建设；一部分投入再生产，积累了厂房、供电供水设施、学校、道路、交通工具等集体资产；一部分以各种管理费等形式进入村镇基层政府；一部分用于农民分红和福利补贴，如合作医疗、养老保险等（表4-2）。沿海农村城市化后，如何合理地分配存量现金或实物资产，成为城市化改造的核心问题。

（2）集体所有土地改国有土地的市场化行为所带来的巨额收益如何分配的问题。由于体制变更，集体土地改为国有土地，这部分土地除用作公益用途外，还有一部分必然面向市场，将会带来巨额的收益，如何分配这些收益。

（3）用集体土地和宅基地建的商用和自用房屋的问题。一旦转制为国有用地，房产成为可以流通的商品，必然升值，如何分配升值收益。

青岛市城阳区某社区2007年1~9月土地三项资金收支情况[①]   表4-2

三项资金	项目	金额（元）	用于村民保障资金	项目	金额（元）	用于生产性投入资金	项目	金额（元）
	土地租赁金	410000		老年人生活补助	92370		基础设施投入	298260
				村民养老保险	1430000			
				军烈属补助	10000			
	土地出让金	1785000		殡葬补助	2600			
				困难户救济补助	8100			
				村民福利（分红支出）	216000		工业用厂房投入	444190
				农业补助	—			
	厂房租赁金	400000		公益金补助	—			
				幼儿学生补助	32800			
				其他补助	27120			
	合　计	2595000		合　计	1818990		合　计	742450

2. 博弈困境

我国沿海地区农村城市化是一个多方利益相互争夺、妥协，最终达到相对平衡的复杂过程，它面临着以下博弈困境：

（1）政府既要考虑处于城市化进程中的沿海农村对城市环境及治安等的影响，又要担忧城市化过程中的利益冲突会成为社会的不稳定因素。因成本过于高昂，政

---

① 资料来源：青岛市城阳街道提供。

府自主开发的方式往往难以启动，如果仅依靠优惠政策吸引开发商介入开发，又担心商人的"逐利本性"会改变城市化建设的初衷。

（2）开发商既看到沿海农村改造后能够给日益紧张的土地市场提供稀缺的土地资源，又担忧城市化建设的诸多不确定因素，高昂的交易成本会吞没和消散正常收益。

（3）"村民"以及"村集体"则担忧他们既得的房地产租金收益在开发中得不到保证，而且在城市化建设中又会遇到关于拆迁改造的纷争。

（4）城市化进程中缺少了上述三方任何一方的参与都难以进行，因此，利益的协调也更加困难。

因此，在沿海农村城市化过程中，出现了复杂的政府、开发商、村民的两两博弈和三方博弈局面。

4.2.4 政策因素

农村城市化的发展离不开政府的宏观调控。为了推动农村城市化发展，沿海地区各级政府在城市化发展规划、城市化法规建设、城乡二元制度变革，以及城乡经济非均衡增长带来的各种利益和矛盾方面都进行了一系列调控，极大地加快了沿海农村的城市化进程。实践证明，政府对农村城市化政策调控战略主要在以下方面：把握好市、镇设置的条件和模式，建立合理的城镇布局体系，推动产业聚集，重视城市群发展协调机制和城乡协调发展体系的建设。城市化的发展既要充分发挥市场机制的作用，又要充分发挥政府政策的宏观调控作用。为此，充分认识和切实解决沿海地区城市化过程中政府政策调控的一些失误，提高政府的政策调控效率，是沿海农村城市化持续快速发展的前提和保障。从当前来看，我国沿海农村城市化过程中政府政策调控还存在以下问题：

1. 区际协调、城乡融合方面有待进一步调控

近几年来，我国沿海农村城市化政策调控面临的一个主要问题是城市化政策的行政化和地方分割化。现有不少地区在农村城市化和城镇建设的推进方式上存在着用行政推动代替市场推动的倾向。这种行政性政策推动型的农村城市化主要表现在三个方面：政府行政机制超越市场机制，成为影响城市化资源配置的基础性机制；在推进城市化建设的行为主体结构中，政府往往处于较为重要的地位，企业和失地农民主动参与不足，尤其是失地农民还没有真正成为城市化主体。在现行行政体制和财政体制下，许多区域城市化过程实际上是不同规模、不同层次的城镇之间以地方政府为主体分散进行城镇建设的过程。因此，在较大区域范围内，由于各区域城市化政策的制定都是从本区域自身利益最大化出发的，区际间的城市化政策缺乏协调性，致使区域城镇体系中城镇定位不清、功能雷同，不同类型的城镇之间难以形成有效的分工协作关系，难以提高区域城镇体系的综合效益。

改革开放以来，我国沿海地区对户籍制度、劳动就业制度、社会保障制度、教育制度等方面进行了一系列变革，推动了城乡融合，但阻碍农村城市化发展的城乡分割政策壁垒还没有完全打破，城乡资源自由流动和充分竞争的宏观环境还没有完全形成：在户籍制度上，仍然存在城乡利益的差别；在社会保障政策上，沿海农村社会保障覆盖面相对较小；在就业政策上，城乡统一的劳动力就业市场还没有建立；在诸如道路交通、邮电通信、金融等公共产品的供给方面，农村社区这些公共产品的供给政策还不完善，还没有形成一个有效的机制；另外，缺少推动城乡生活方式和文化价值融合的政策，当前沿海有些地区在推进城市化过程中重视城乡产业的融合发展，尤其是城镇产业的发展，而忽视城乡生活方式和文化价值观念的融合发展。

2. 忽视生态环境保护

提高城市化水平是促进经济发展、提高文明程度、增加社会就业率、改善人民生活水平的需要，是地区经济发展到一定程度的必然趋势。在城市化水平提高过程中，客观上会出现正、负两种"效应"同时并存的现象：一方面是城镇建设逐步为人们创造了一个良好的生产和生活环境；另一方面是生态功能较强的田野在建设过程中会遭受到较大的破坏，这是建设活动本身"双重性"的必然体现。城市化水平的提高，意味着城镇大量建筑物和公用设施的崛起。建筑物本身是各种矿藏资源（如铁矿、煤矿、石矿和黏土矿等）的重新组合。这些资源的开采，必然会造成植被破坏、水土流失；同时，这些资源在转化为各类建筑材料的过程中，会排放大量废水、废气和废弃物等，又会造成超越自然环境容量的各种污染。这一生产过程如果管理不好，将会是生态环境的恶性循环。同时，各种基础设施如铁路、公路及桥梁的建设，电力、通信、油气等各种管网的埋（架）设，同样会造成植被破坏、水土流失等生态环境的破坏。

3. 现行土地制度阻碍社区资源整合

目前，国家对土地资源的分配高度集中、严格管制。国家规定土地用途，将土地分为农用地、建设用地和未利用地，严格控制土地用途的改变，并且高度集中土地资源的分配和管理权力。现行土地制度与市场经济模式对土地制度的需求发生了一些冲突，阻碍了农村城市化的资源整合。主要体现在三个方面：

（1）集体土地所有权的虚无性及其衍生问题。由于居（村）委会既不是经济法人，也不是一级政府，在村民现有民主法制知识有限和文化素质不高的情况下，往往出现土地集体所有转变成为村主任或者居（村）委会少数人出租和变相出卖集体土地，侵占、挪用国家征地的补偿，多留机动地和集体田，频繁进行土地承包的调整从中牟利等情况。

（2）集体土地被征用为国有土地的不平等性及其衍生问题。集体土地的交易只能被强制征用给国家后进行，国家征用土地确定的是补偿价值，而不是交换价值，即低价征用；而各地政府将征用的集体土地有偿出让、高价出售。就一般来看，全国根据地点的不同，大多数集体土地得到的补偿是 1 亩地低在 3000 元，高在 30000元不等，国有土地出让价一般 1 亩在 10 万元左右，竞争价高的达到百万元以上，甚至更高。①

（3）土地使用年期较短、使用权终止、财产归属的不确定性等风险。从中国目前土地使用权使用年限制度安排来看，一是年期的时间较短，二是年期终止时使用者有关财产的归属不确定，并且有收回充公的制度安排。

4.3 小结

本章首先通过较为详尽的分析，阐述了转型时期我国沿海农村城市化的特征，即和谐与冲突共存、博弈与失衡共存、整合与分化共存、消除与存续共存。同时，我国沿海农村还存在思想观念、生态环境、利益分配和政策等制约城市化协调发展的相关问题。以上特征和问题，在一定程度上影响了人们对我国农村城市化的正确判断，并产生许多困惑：既需要各级政府重视，又需要全社会的理解和社会公众的广泛参与；既希望失地农民的分化、重组与发展，又希望整个社会的稳定与整合；既希望对农村社区彻底的城市化改造，又希望对有历史意义的农民原住空间环境予以适当的存续保留。这些都需要在后文的整合机制研究中进行系统的分析。

---

① 陈玟君，杜放. 中国城市化的先锋——深圳农村城市化的实践与创新[M]. 北京：经济科学出版社，2006：48.

第五章 沿海农村城市化与城市发展协调互动的路径取向

当前，推进中国沿海农村城市化的发展决不单单是解决农村的问题，也不仅是城市推动农村发展的问题，而是两者的双向复合演进，是农村与城市经济社会、人文自然等诸要素的协同融合和互动发展的过程，是逐步实现传统模式向现代模式转变的过程。

5.1 沿海农村城市化过程中农村与城市的经济互动协调

城市化进程中的沿海农村，要实现与城市经济互动协调发展，关键是要促进沿海农村经济的持续发展和失地农民收入的稳定增长；要用新的思路、新的理念、新的举措千方百计地增加失地农民的收入，推动农村与城市的经济融合。

5.1.1 非正规经济的规范化建构

在知识经济与城市化的双重社会转型时期，与信息化进程同步的城市产业结构调整掀起了我国城市劳动力市场的一场剧烈震荡。一方面，由于信息化带来的对劳动力素质要求的提高，迫使劳动力在第三类产业结构中的构成发生变化，造成了相当一部分的劳动力被淘汰出正规经济部门；另一方面，由于我国农村城市化的高速发展，有相当一部分的劳动力由于学历及城市就业制度门槛的限制而无法进入城市正规部门，这就势必造成非正规经济活动在城市及周边地区的蔓延，而处于城市化进程的沿海农村正是此类活动的多发地区（图5-1）。

图 5-1 青岛市后田村非正规经济到正规经济的转变

早在 1978 年之前，我国城镇及其周边郊区就存在非正规的经济活动，如零售商贩、路边的自行车修理商、铁匠裁缝、搬运工等。当时的非正规经济活动由于多数是"小生产"，而被视为滋生资本主义的温床，所以处于被抑制的状态，在很长一段时期，其规模和数量都非常小。进入 20 世纪 90 年代，体制性分割力量和市场配置的双重作用促使非正规经济具备了形成劳动力市场的条件，由城市化的高速发展而产生的快速的城市人口增长、迟缓的经济增长和正规经济部门的瓦解，导致由农村剩余劳动力、城市失业工人、重返劳动力市场者组成的非正规经济活动的主要从业群体数量增多，从而确定了非正规经济活动为社会提供服务的不容否定的作用。我们应正视其不可避免的现实，采取积极措施，用科学合理的方式帮助包括失地农民在内的弱势从业群体再就业，这其中首要的任务就是明确非正规经济具有向正规经济转型的过渡功能。

伴随着农村城市化，失地农民往往先进入城市非正规劳动部门，他们希望非正规部门能成为进入正规部门就业的过渡——一个必经的培训基地。然而，由于我国就业制度的限制——两种劳动力市场的隔离，进入非正规劳动力市场的从业者极少有机会进入正规劳动力市场。这就要求政府鼓励正规部门创造非正规就业机会，创造灵活多样的就业方式，如：非正规就业由政府进行准入认定、规范从业范围、组建社区服务载体、开展日常管理，并配套提供参加免费培训、基本社会保险、减免税费、提供小额贷款担保等，确立非正规经济的过渡平台功能。我们确信，由非正规部门向正规部门的过渡会成为沿海农村失地农民完成就业的主要方向和发展趋势。

另外，城市化进程中的农村社区是失地农民的生活空间场域，其非正规经济活动主要包括：经营规模很小的商品生产、流通、服务的活动，如：微型企业、家庭作坊式的生产单位、以独立的个体劳动为基础的私营经济等。此类经济行为由于对行为主体的文化素质要求相对较低、成本低、风险小而成为维持失地农民经济生活的主要途径。它的特征是：在城市空间中具有随机性、流动性、临时性，从业者收入低、不受政策保护将导致从事非正规经济活动的失地农民的生活毫无保障、生活效率低下，以至于唯利是图丧失工作伦理。因此，使非正规经济活动规范化是当前沿海农村发展面临的紧迫问题。首先，政府需要给非正规经济活动正名，给它在发展国民经济、扩大就业中以适当的地位，并采取积极政策来扶持这一市场的发展，从而使失地农民可享受到相当部分的保障政策。其次，从事非正规经济的失地农民都渴望获得稳定而长久的经营场所，而不是打游击战的"练摊式"经营，因此，"入室经营"、规范场所空间也会受到失地农民的欢迎，这样不仅可以避免非正规经济活动对城市街区的破坏、对开放空间的蚕食，还可以让他（她）们有稳定的经营场所。另外，还应提倡失地农民的生活和行为遵循理性的法则，提倡失地农民平等、民主、契约、法律的经营模式，提倡失地农民诚实守法、信用公正、维护经济运行秩序和效率的"工作伦理"。

5.1.2 类正规经济的规模化建构

正规经济是指"除了生产活动之外的，相关的大规模和服务性的活动，它以大规模的资本主义生产模式为基础，也包括政府工作人员和其他高收入专业人士"[①]。城市化进程之中的沿海农村，其经济共同体组织具有类正规经济属性：它拥有几乎全部的土地非农转化资金，拥有村落中内聚力的核心组织——村一级的行政组织的领导，具有正规经济的资金积累与相对稳定的管理机构这两项基本属性。但是，由于此类经济共同体生长于农村这一特殊土壤，注定了它难以摆脱传统家族色彩，无法列入正规经济的范畴。因此，在文中我们将此类经济活动称为类正规经济活动（图5-2）。

图 5-2　青岛市后田村正规经济的规模化发展

农村城市化过程与其非农经济的形成壮大往往是同步进行的。在农村社区中，土地是最重要的资源，农村社区的非农化在很大程度上是土地非农化的过程，因而，拥有土地非农化的权力便成为积聚经济实力的关键。按国家政策规定，行政村具有变农用地为非农使用的初审权，这就意味着拥有农村非农化相关重要资源的支配权，而在农村的城市化过程中，村一级的行政组织一直是动用村落资源、组织村落活动、积累村落财富的主体，其集体经济的形成有相当比重直接就是土地非农转化的资金或土地非农使用升值带来的效益，这使得土地权强化了村行政组织及其活动的权威性与村民对其的依附性。其次，村行政组织既是上级行政权威认可的自治性村落组织，同时又是与村庄居民具有直接关系的合法权威性组织，村庄行政组织越强大，其集体经济就越发达。塑造以村行政组织为主导的农村经济共同体是当前情况下农村经济可持续发展的前提，是规范利用和开发农村农地非农化补偿金和相关资源的保障。另外，土地非农化带来的种种收益都与村民的村籍身份相挂钩，土地权在村籍身份的认定上往往大于其他任何身份，具有极大的封闭性。这种封闭性

---

① 王伟强. 非正规经济活动对城市中心区的影响［J］. 城市规划汇刊，2001（06）：52.

的主体构成又连带出一系列利益分享的封闭性。因此，如何科学地分配这一利益、加强利益平等共享是沿海农村城市化过程中类正规经济规模化建构的关键。我们认为可以关注以下几点：

（1）面临转型的沿海农村社区，自身"拟单位制"的建构是合乎当前失地农民意愿的。村落共同体可以依靠"拟单位制"来发展实力雄厚的社区经济，帮助社区治理团队拥有公共经济在市场竞争中的承受力，并可以以社区经济为基础，为从事此类经济行为的失地农民提供长期稳定的保障，创造失地农民类正规活动的施展平台、帮助失地农民树立创造生活价值的自信心。从而，推动包括居民福利在内的农村公益事业的发展。

（2）随着农村城市化的发展，沿海农村社区在外在景观和内在结构上变得越来越城市化，其中一个重要表现便是社区公共领域的扩展与公共物品的增加，一般经济共同体发展的越好，其公共领域分化程度就会越高，发展也会越完善。失地农民对这些公共服务的分享与依赖无疑会强化他们的心理认同及农村社区的内在整合，沿海农村可以以经济共同体公益事业的发展为依托，强化农村公共文化上的突出优势，加强文化的特色建构，提高经济共同体的文化含量。借助农村经济共同体的公共服务来激发失地农民的创新热情——创造标志性、个性的公共文化，加强农村地缘体的凝聚力，让失地农民在生活的场域内有引以为豪的东西、有相对稳定的传统，这是推动经济共同体发展的原生力量。

（3）面临转型的沿海农村社区是直接从单一性农业村落延续而来，在社区的非农化过程中，社区经济共同体无疑会存在一套难以摆脱乡土本色的经济积累机制，家族色彩浓厚，村民的非农化程度越高、家庭与家族性的经营管理越强势，这也注定了经济共同体的内在局限性。因此，加强公共经济的作用，且避免其家族色彩是经济共同体健康发展的必要保证。

（4）目前失地农民最适宜、最安全的公共经济趋于保守。保守的经济模式由于经营管理比较简单，对劳动力的吸纳非常有限，再加上经济共同体的公益作用，使得失地农民就业率没有多少提升，有的地区还出现了一定幅度的下滑。另外，失地农民传统的文化要素是经验、常识、习惯、家族血缘关系等自在因素，而在城市化过程中，失地农民的文化要素已向理性过渡，他们也需要理性、科学、契约、平等、创造性、主体性的自觉文化。由此，公共经济高速发展所带来的就业压力和文化因素的转变都要求失地农民必须投入到以文化转型、素质提高、生存方式和行为方式转变为主要内涵的文化建构中；要求政府和专家更多地为失地农民提供相关的技术文化帮扶、给失地农民宣传科学的经营思想；要求失地农民在经营、管理生产、服务等各种社会活动和社会运行中，学习运用准确的信息、通过精确的计算与预测来获取最大的效益；从而在思想层面保证公共经济的正常运作。

我国作为发展中国家，其城市化的力冲场域——沿海农村的发展应该确立经济可持续和文化自觉的战略意识，加大失地农民的素质提升力度，帮助他们明确非正规经济、类正规经济的正确发展模式，鼓励他们充分利用经济的文化化和文化的经济化来推动农村的城市化进程。

5.2 沿海农村城市化过程中农村与城市的社会互动协调

以户籍制度为代表的城乡隔离制度将中国公民明显分为城市居民和农村居民两个不同身份地位、不同福利权益的社会集团，形成了非常突出的二元社会结构。推进农村与城市的协调发展，必须统筹城乡社会的发展，帮助失地农民树立市民意识，推进从农村社区亚文化到新型社区文化的转型。

5.2.1 失地农民市民意识的培养

在城市化过程中，沿海农村失地农民面临着身份的转变和居住环境的变化，这种变化更多的是一种外在的改变。由农民到市民的转化过程并不只是简单的身份变换，也不是简单的居住状况的变动，而应伴随着观念、意识及生活方式的转变，应是一种内质转化的过程，从某种意义上说，这种内质转变比外在的改变更为重要。

城市化进程中的沿海农村面临农村向城市的转型，失地农民生活在这种过渡性质的环境里，他们一方面有机会了解、学习城市生活方式，转变思想观念和角色意识；另一方面，原有的农村生活习俗、思想观念又在不断影响着他们的观念转变和市民意识的形成，造成他们虽然长期受到城市文化的熏陶，能够具有某种模糊的市民观念，但这种模糊的市民观念又非常脆弱。而转变观念和树立新的市民意识、实现由农民角色向市民角色的转变，实际上是农民在城市生活中继续社会化的过程，在此过程中完成由农民角色向市民角色的转变。失地农民所习惯的乡土文化、思维方式和传统生活方式必将经历与城市文明碰撞、冲突到逐步适应、融合的过程。这就需要加强传统农村文化与城市文明的融合，用先进的城市文化塑造沿海农村失地农民的新观念和新市民意识。通过教育和城市文化的熏陶，潜移默化地改变失地农民的传统小农意识，逐步改变部分失地农民依赖出租屋经济、不思进取的食利生活方式；通过加强市民意识教育、培育市民观念、提高自身角色意识、树立规则意识，逐步促进失地农民观念和生活方式的转变，使沿海农村失地农民能够在服从国家整体利益的前提下，结合自身利益和眼前利益，从观念层面上转变为城市市民。

5.2.2 农村社区面临向城市社区转型

目前,我国正处于从传统农业社会向现代工业社会的转型时期,许多农村社区在城市化过程中面临着向城市社区的转型。虽然许多农村社区已经将"村委会"的牌子换成"居委会"的牌子,但从管理体制的角度来看,仍然延续着农村管理体制,形成了实际上的"城乡混治"局面(图5-3)。在实际操作中,由于体制不顺,乡镇领导和街道管理的地域交错、职责不清,农村社区存在着已转居的人员由街道办事处管理,可脚下的土地和房屋却由乡(镇)政府管理的现象,许多失地农民脱离了农村社区的自治组织,又没有被纳入城市社区的管理范畴,处于一种游离状态。这种行政管理权力的交错,不仅削弱了政府对此类农村社区行政管理权利的效力,也影响到失地农民的生活,导致农村失地农民市民化难度加大。可见,"农民市民化的关键在于处理好政府与农民的关系,同时,农民的市民化也是一个农民与政府的关系实现革命性变迁的历程……应当从农民市民化过程中国家权力的实现能力及其实现渠道的角度来看政府与农民新市民关系的变迁。"①

图5-3 青岛市西田村、东田村"村"改"社区"

由于农村城乡混合治理及农村相对封闭的利益共同体的存在,村民直接选出来的干部往往借社区自治的保护伞实行地方保护,在对出租屋和暂住人口的管理上排斥外来权力对社区事务的介入,造成社会治安管理的隐患。这种沿海农村的强烈排外意识对内是社区凝聚力的体现,对外却是城市管理和城市化前进的阻碍。因此,沿海农村城市化实现村委会向居委会的转变,应当按照社区居委会和城市社区建设的要求,扬长避短,做好改制的相关工作。应依据失地农民居住的自然地缘关系、社区的资源配置、适度的管辖人口和人们的心理归属感,建立新的城市社区居民委员会以及相关机构。原村委会最了解村民的现状,最了解村民的需要,它可以根据政府的规划方案,制订出操作性强的具体实施意见。在村委会改为居委会的过程中,应既尊重原住村民的观念意识,又要加强对原住村民的城市化教育,结合本村具体

---

① 郑杭生. 农民市民化:当代中国社会学的重要研究主题[J]. 甘肃社会科学, 2005(04):4-8.

实际情况，创造性地开展工作。应当借鉴和保留原村民自治的优良传统和宝贵经验，引入新的机制，建立多元主体的民主管理体制，贯彻民主公平参与的原则，突出居民在社区中的主体地位，真正实现居民的"自我管理、自我教育、自我服务"。

5.2.3 由农村亚文化到新型社区文化的转型

与农村社区封闭、静止的社会结构相比，城市社区是一个开放、富有弹性的系统结构。城市的集聚与扩散性以及城市居民的高异质性和高流动性使城市成为一定区域内不同层次、不同流派、不同地域文化的中心。城市文化所具备的社会性、融合性和开放性共同促成了城市社区文化的多元性。农村社区的文化是一种封闭的、传统的和单一的文化，城市化进程中的失地农民存在社会身份和社会心理上的双重矛盾，是一种典型的边际人，这种边际性，使得他们产生了茫然、失落、焦虑、冲突等消极的情感行为。

面临转型的沿海农村社区，作为一个相对稳定和封闭的小社会，传统的以血缘和地缘为纽带的社会关系网依然存在，村民在遇到村落文化与城市社区文化的冲突时，会从原有的经验和知识中寻求自我保护。失地农民在长期的交往过程中结成的丰富社会网络是无形的、看不见的，但对失地农民的生活稳定具有某种内在的影响，这实际上是一种亚文化。因此，虽然沿海农村失地农民受城市文明的影响，开始步入城市公共生活圈，开始接纳新事物、新观念，但是失地农民社会文化及社会心理带有很强的地方色彩，保留着血缘和地缘关系的固定性和封闭性，与现代市民的行为相比，表现为初级的形式，即城乡二元性和边缘性（图5-4）。

图 5-4 青岛市东田村的传统文化

沿海农村社区的亚文化也有着正面功能。作为一种社区意识，它本身就加强了沿海农村社区的组织性、有序性和稳定性，不仅在环境相对稳定的时候是有效的，在变化的时代中，也会成为社会、环境巨大变迁中的稳定因素。在转型时期，应有效开发利用沿海农村亚文化的正面功能，它能使沿海农村失地农民在城市化过程中仍能有所信守，并对维持社会稳定具有潜移默化的作用。在沿海农村的新型社区文化建设中，应加强传统优秀文化的保护，建设具有民俗特色的新型社区文化，使沿海农村自身的历史文化在发展的新陈代谢过程中，仍能保持某种特征的延续；应从结合村落地域特色的角度出发，将地域性的文化特色融入新的社区文化之中，一方面，打破沿海农村亚文化中的一些不良思想，如封建意识、封闭保守思想等；另一方面，继承农村优秀传统文化和吸纳城市文明中的积极因素，在吸纳农村传统文化的积极因素中形成具有特色的城市社区文化。还应通过社区文化教育，提高沿海农村失地农民的文化水平，弥补城乡二元体制下教育落后带来的差距；通过社区文化教育，培训沿海农村失地农民的职业技能，提高他们的就业竞争力；通过社区文化教育，提高社区成员的道德水平，形成良好的社会风气；通过社区文化教育，丰富人们的文化生活，改变不适合社区发展的生活方式、风俗习惯；通过社区文化教育，增强人们的社区归属感，增强社区的凝聚力。从而，全面提升失地农民的整体素质，帮助沿海农村失地农民完成从传统农民向现代市民的全面转型。

5.3 沿海农村城市化过程中农村与城市的区域空间互动协调

农村与城市的协调发展，除了在经济和文化领域外，很重要的一个方面就是区域空间的协调，主要指城市与农村的各种要素、设施在空间上相互交融、协同发展的过程。

5.3.1 农村与城市空间改造的和谐

我国的农村社区转型问题显然不能归咎于农村本身，它是在多种力量的共同作用下形成的，城乡二元结构是其根本。正是因为城乡二元结构的存在，对于农村社区这类特殊的聚落形式的城市化改造，不应进行大规模的"手术"，更不能简单将其"推倒重建"，尤其在对待保留有较好空间肌理的农村社区时，应该通过挖掘其空间的特质，充分认识这种变异的村落形态的价值，利用空间整理和空间渗透等方式，促成更广泛的有机空间体系的形成。

空间整理，是指对农村内部空间结构的重新梳理和逐步优化。关键在于以公共空间为核心，通过"街巷空间+公共空间"的组合进行农村社区转型的空间结构整理。在空间组织上，强调公共空间的地位，挖掘公共空间的场所文脉，围绕公共空间对农村内部空间存在的问题（如街巷狭窄、空间密实压抑等）进行重点处理。如对村内主要道路进行适当拓宽、建立社区内部的消防通道、增加街道绿化、改善公共卫生环境、对已有的公共空间进行整治美化等。同时，在一些主要的人流汇集处开辟新的公共开敞空间，从而在保持"街巷空间+公共空间"模式的基础上，强化公共空间的网络化发展，从而使密实封闭的空间肌理向有机开放的方向发展（图5-5）。

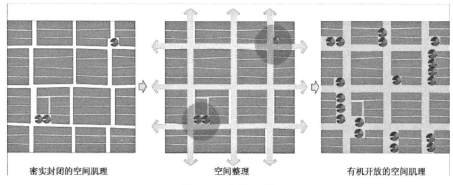

图 5-5 空间整理

在整理过程中，首先应保持混合功能的土地利用模式，避免机械地进行用地功能划分，人为割裂居民的交往；其次，整理应是一个渐进的过程，应先选择若干重点地段进行处理，并充分征询村民意见，让村民真正参与到改善自己生活空间的行动中来，获得满意的效果后，再逐渐推进。在这一过程中，村民应拥有足够的决策权，并享有最终的收益。

从边界开始空间渗透，是为了打破二元空间的对峙。农村与周边城市区域之间往往以征地界线或城市道路形成明确的边界，边界两侧的边缘地带具有明显的城乡二元特征，空间特征是突变而非连续的。为了逐渐缓解城乡二元的突变，促使农村封闭的孤岛式空间走向开放，农村与城市之间在生态空间、公共空间以及生活方式方面应当发生相互的渗透，渗透的理念就是基于此。从某种意义上说，农村社区改造的最终目的是帮助农村完成城市化转型，让失地农民彻底融入城市生活，使农村传统聚落空间成为城市空间一个独具特色的组成部分。一方面，尽管农村在城市区域的包围之中早已失去了原有的农业功能，但农业文明的传统依然根深蒂固；另一方面，大量外来的城市低收入群体对城市生活较低层次的需求并不能刺激失地农民生活方式的城市化转型，甚至对失地农民的生活环境造成了相当大的负面影响。因此，可以通过提高空间环境质量，提升农村社区空间渗透力，实现生态空间和公共空间的优化。

5.3.2 农村的开放空间改造

农村的内部空间结构也普遍存在不合理和不健康。空间结构不合理的内在表现为村中建筑的密集度、高度和脉络完善度与规模之间的矛盾。具体而言，沿海地区由于人地矛盾突出，农村社区空间拥挤、杂乱，是一个封闭的空间系统，系统能量、物质、信息的输入输出不畅，新陈代谢失调，导致藏污纳垢、病毒滋生。如何使其健康的发展，一个有效的办法就是形成系统与外界物质的交换。认识到这一点，我们可以形成一个思路——阳光是最好的消毒剂，让农村阳光起来，各种社会病毒自然可以得到抑制。而让农村"见光"，一个低成本且有效的办法就是"切割"和"抽疏"。所谓"切割"，就是通过道路的分级，将农村社区化整为零，形成一个个的小片；所谓"抽疏"，就是把过于密集的地方通过部分拆除，增建开敞空间，降低其密度。总体来说可以采用以下三种方式：

（1）开辟一些与城市道路快速对接的村中道路，方便警车、消防车、垃圾车、救护车的进入，农村社区的治安、消防、卫生等问题便可得到一定程度的缓解，同时其他的城市要素也能够在村内顺畅流通，加速"村融于城"。另外，形成一个较为开阔的廊道空间，使密集连片的农村社区分裂成几个相对开敞的"小片"。

（2）在村中核心位置开辟开敞空间，利用这些空间，创造优美的居住环境，为失地农民提供一定的活动设施，方便失地农民聚集活动，使社区成为保存本地传统文化的载体。

（3）以各个开敞空间为节点，开辟一些次一级村道至各"小片"的纵深处，进一步使农村"四分五裂"，提高各个部位的可进入性。这样居住系统就具备了合理的片区规模、完善的脉络和恰当的密度，便是一个合理健康的系统。这种方法的第一个优点在于通过少量的拆迁，改良农村社区的空间构造，有的放矢，切除病根。这种方法从形式上看，一是一种治标的方法，实际上能产生治本的功效；二是最大程度地保留了农村社区的特色。农村既是一种建筑景观，也是一种文化景观，它对于丰富城市的景观多样性具有积极意义（图5-6）。

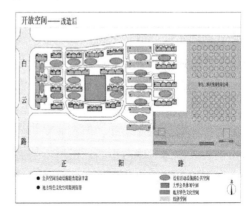

图5-6　青岛市东田村开放空间改造前后对比示意图

另外，从区域的角度看，城市是区域内的节点，农村则是分布在城市周围的腹地，合理的城乡空间应该是以各级城镇为主体，以农村为依托，通过城镇与农村之间的相互作用形成一个网络状的、开敞式的空间体系，使农村地域与区域空间得到有机融合，实现农村与城市空间一体化。农村的未来是从封闭走向开放的过程。面临转型的农村社区是其中的矛盾所在，它们既是村庄，又处在城市化的进程之中；既接受了现代都市文明，却又坚守着传统村落文化；既拥有混乱的空间形态，却又保留着有机的空间肌理；既不断自我封闭，却又期待走向开放。

公共开放空间属于非居住空间资源，这一资源的分配对于社会公平意义重大，特别是高密度居住地区，应重点关注开放空间分配的连续性和平等性，要对其布局、分配从平等公正上深入地考察，优化分配形式。开放空间要与居民日常生活更好地互动，要采取更为灵活、整体的方式。一方面鼓励建设社区公园，丰富失地农民的生活；另一方面建立社区环境与周边城市空间的良好关系，达到资源共享。将居住区开放空间作为有机系统来进行统一规划设计，让其有视觉和空间上的沟通、渗透、连续。正如《马丘比丘宪章》所指出的："不应当把区域空间当作一系列孤立的组成部分拼在一起，而是要追求空间环境的连续性；每一座建筑和空间都不是孤立的，而是连续统一的系统中的一个单元，它需要与系统中其他单元进行对话，从而使其自身的形象得以完善。"可以说，在任何社会的任何时期，连续性和平等性都是同等重要的需求。

5.3.3 循环式设计方法

农村城市化能否顺利进行，其中的设计环节是一个很重要的因素。要求设计方法应具有非常强的针对性，要充分考虑失地农民的居住主体地位。当前，在对沿海农村社区开发改造的实践中，我们发现了一些问题：

地方政府是农村社区城市化改造的计划者和决策者，具有极大的自主权；它们借助权力强制征收村集体及失地农民的土地，失地农民敢怒不敢言。

某些地方政府从自身利益出发选择开发商、与开发商形成利益联盟；其中不具实力的小型开发商居多，他们只顾眼前利益，尽可能降低投资成本，不择手段地谋求短期利润最大化。

失地农民及村集体是农村社区改造的承受者，但人们往往忽视了他们"主人"的地位；这种由地方政府强制力保证的均衡状态使得失地农民的利益遭到损害，他们正在逐步丧失话语权。

以上问题的产生我们归结为：各参与主体权责失衡→地方政府权力过于集中、失地农民丧失话语权→地方政府与开发商形成联盟→改造过程违规操作→利益分配严重失调→失地农民利益严重受损。因而，解决"各参与主体权责失衡"，改善失地农民的地位，让失地农民平等地参与决策是解决问题的根源。故本书从规划设计的角度出发，提出"循环式设计方法"，旨在为问题的解决提供有益的引导。

循环式设计方法是指：采用高度参与—合作型的模式确定政府和失地农民的关系，调动失地农民参与的积极性；调动政府、开发商、专业人士等多方力量，多方参与、合作协调、相互监督，并通过专业技术手段进行分析综合的设计方法。我们将这一循环式设计方法分为7个阶段：方案拟定、预测分析、方案优选、综合评价、设计结果、实施管理、评价反馈。其中各个阶段的发展顺序并不是绝对的，它们有交叉或重叠，并且设计的过程不是单一线性的，而是一个不断反馈、循环递进的系统运作过程。

1. 方案拟定

这一阶段首先进行实况调研，产生可行性报告，强化专家科学论证的可行性和失地农民的参与性。

2. 预测分析

预测分析是对规划设计造成的各种形式的改变进行分析评估，让失地农民平等地分享社会信息，并根据所得信息最终推断出包括失地农民在内的多元主体共同参与的科学评判结果，并将这一预测分析结果列入设计发展的依据。

3. 方案优选

对于形成的初步方案采用不同的形式进行筛选优化，强调除了依靠科学的评级和专业人士的评定外，失地农民的好建议也是设计评定的重要标准，从使用者角度出发是循环式设计方法的重要原则。

4. 综合评价

循环设计的整个发展过程都需要不断地评价优化，反馈各过程的缺失和不足。

5. 设计成果

设计成果的产生需要通过多方主体的广泛参与、对现代技术手段的科学运用、对设计的综合分析和评价比较而最终获得。

6. 实施管理

循环式设计方法与一般设计方法不同，以往小区建成使用也就标志着设计工作的结束，而循环设计方法是将小区改造完毕交付使用后的运营管理作为设计过程的延续，跟踪监测以获得再设计的信息资料。

7. 评价反馈

将在小区运营管理中获得的评价意见注入再设计的资料中，从而不断对小区进行完善和再建设。

从以上设计过程的分析可以看出，多因素、多目标优化的循环式设计存在着一种多学科的、多次往复的、多种方法交替的设计流程，其概念如图5-7所示。

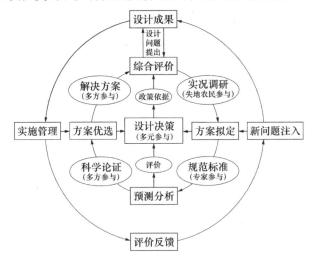

图 5-7　循环式设计方法示意图

"循环式设计方法"尝试改变目前农村社区城市化改造以政府、开发商为主导的设计模式，形成一种与失地农民之间建立协商机制、把专业人士的思想融入其中的多元参与的设计方法，它强调城市与农村的相互交融、协同发展。

5.4 沿海农村城市化过程中农村与城市的生态互动协调

绿色人居环境是人类在处理人与大自然关系中的一种理念环境，近乎一种理想状态。各种人类住区都有其一定的发展阶段、特定的社会经济条件及人群，农村社区与城市的生态协调应在各种约束下，通过可持续人居环境理念的指引，协调好失地农民生存环境、生态环境、生活环境及生产环境的关系。

5.4.1 生态建设方式

城市化进程中的沿海农村主要是作为沿海地区失地农民及外来人口等多元主体的聚居点，农村的城市化如果仅仅是将这类聚居点简单的改造为城市社区的形态，就是对原有生态系统的彻底重组。

"都市里的村庄"一词，曾长期被作为贬义词用来比喻陷于都市中的景观破败、治安混乱的农村。但事实上，对于城市生态环境而言，都市里的村庄却是一种美好的理想。一个景观优美、治安状况良好的都市村庄，无论对城市还是对村庄的村民来说都是有益的。对于城市，可以部分地实现田园城市的理想，提高城市的生态品质；对于村民，则可以避免迁徙，延续世代相传的村落文化。当然，作为生态城市的构成要素而被保留的都市村庄，需凭借生产方式的改进，使之符合生态城市的要求；并需要增加村民的经济收入，改善村民的生活水平。较为合适的方法便是改传统农业为生态观光农业，一方面可提高农业的产出，另一方面可改善村庄生态环境景观，进而完善城市生态景观系统。除了采用生态农业这种生产方式之外，都市里的村庄还必须改善村落居住质量。当然，在具体规划建设和管理的过程中，还必须采取切实有效的政策和措施，如恰当安排村民就业、将农村纳入城市整体并严格按规划进行建设管理和治安管理等。

其次，有些农村历经了千百年的发展历史已形成独有的地域文化特色，村庄的历史与传说、独特的村落空间形态和建筑形式以及与众不同的生活方式等，构成了颇具潜力的旅游度假价值，适于建立城市中的乡村民居度假村。而且，因其处于城市化的进程之中、地处城市内部或边沿，更具交通便利的优势。此类农村社区的城市化建设，可以以家庭式甚至自助式的宾客服务为特色，传承历史文脉的村落民居则是提供这种服务的最好空间场所。这些功能的实现，有赖于村落原有自然景观和人文景观的保持，即原有农业用地的适当保留、自然形态的适当维护、村落传统文化设施和文化活动的保护及延续等。以乡村度假村为目标的农村城市化的选择，除了要考虑其本身的价值与潜力之外，也要从城市生态和旅游布局的角度予以审视（图5-8）。

图5-8 青岛市城阳区云头崮村"村改社区"建设与生态观光建设

另外，将农村社区建设成为生态公园对于城市整体生态系统显然是最为理想的一种方式，可以发挥最大的生态效益，有利于提升城市整体形象。此种农村城市化方式有别于上述两种方式。改造后的空间环境形态和功能完全取决于城市的要求，原有的景观仅在自然特征这一点上会有所体现，是从一种自然到另一种自然的改造方式。当然，这种方式中改造对象的选择必须兼顾城市和农村两个方面的生态资源及环境特征。生态公园是为城市全体市民服务的，因而，所选农村的区位必须从城市整体角度考虑服务容量和服务半径。此外，农村的生态资源特征也必须符合城市生态景观体系的要求。

5.4.2 生态建设的可操作性

对适宜的沿海农村实施生态改造，在某些方面具有很大的优越性，在实践中也具有较强的可操作性。在通常的农村城市化实践中，需要考虑村民的安置、就业、文化及管理等方面的问题，以及随之产生的体制、用地、资金、人员职业培训等方面的矛盾和对城市的压力，虽然各地政府对农村的城市化改造纷纷给予了相当的优惠政策，但改造依然困难重重。而上述农村社区的生态改造方式却对城市要求甚少。都市里的村庄方式，由于村庄原有的用地属性不变、村民身份和就业甚至管理方式也可维持不变，既不存在安置问题，又不存在人员职业培训问题。对城市或政府来说，需要投入的资金只是出于城市整体利益考虑的农村形态的改造，而这远远低于通常农村改造"推倒重建"所需的资金投入。乡村民居度假村方式，可以采用成立股份制企业，由村民集体经营度假村的方式，实现全体村民的就地就业。村民转为企业员工后的职业培训也不用政府负担，而且村民的居住问题也无需政府投入，对政府而言，只需给予相应的政策支持。至于生态公园方式，村民的居住方面需要政府予以适当地安排，需要有一定的投入，但就生态公园对城市优厚的生态回报而言，理应获得城市较大的投入，对于村民的就业问题则可通过招聘为生态公园的员工方式得以解决，而且村民主要是从农民转为园丁，基本上不用进行太多的职业培训，不过，由于此种城市化改造方式事关村落的消亡和村民的整体迁徙，需要更为慎重的考虑。通常的农村城市化采取就地、就近或二者相结合的方式。虽然因此而改变了村民的生活方式，村落的空间形态也有某种程度上的移植，但村落的组织形式可以完全保留，村民的社会归属感和空间归属感得以维持，村落文化传统和历史得以延续。但是，如果将农村建设成为生态公园，则意味着原有村落的物质形态和文化将不复存在，因此，在生态公园的规划和建设中，应适当地保留村落历史文化、村落形态甚至村落片断，以更有利于农村城市化战略的顺利实施。

5.5 小结

农村城市化和谐发展的过程就是农村与城市的经济社会、人文自然、区域空间、生态环境等诸要素协同融合和互动发展的过程，必须从农村与城市的经济、社会、空间、生态等方面综合推进。本章对沿海农村城市化与城市发展的互动机理进行了研究，认为，沿海农村城市化应推动农村与城市经济协调发展，确立非正规经济过渡平台的功能，建构规模化的类正规经济。应推动农村与城市的社会协调发展，通过加强市民意识教育，培育市民观念，提高自身角色意识，建设具有特色的新型社区文化。应推动农村与城市的区域空间协调发展，统筹规划城乡基础设施建设，将区域空间看成一个整体，通过视觉和空间上的沟通、渗透，追求区域空间的整体性、连续性，并采用"循环式设计方法"，从设计层面探讨城市与农村的区域空间协调。应推动农村与城市的生态协调发展，通过可持续人居环境理念指引，协调好失地农民生存环境、生态环境、生活环境及生产环境的关系，使沿海城市与农村的生态环境有机融合，使城乡生态分割向城乡生态融合转化。

第六章 沿海农村城市化的力冲场域——"转型社区"

在我国社会转型期，社会经济条件对社区发展的影响表现尤为明显。在农村社区向城市社区转变的过程中出现了一类新型社区——"转型社区"，一种处于城市社区与农村社区之间的过渡社区。本章在对青岛市"转型社区"实证调查的基础上，对"转型社区"的定义、特征及社区居民的生活方式进行了描述和分析。

6.1 "转型社区"概念界定

20 世纪 90 年代以来"转型"概念备受关注，典型的诸如"经济转型""转型经济""转型城市"[1]。转型蕴涵了从一种状态向另一状态变化的意味，似乎每一个转型均会在可预期内实现从旧状态向新状态的跨越。但是，转型往往是不确定的，无法预知是否成功。前东欧、苏联等"休克疗法"的失败表明经济转型将是一个长期而渐进的过程，其成功取决于制度设计，也取决于文化、历史、社会和旧体制的"路径"依赖[2]。作为典型的"转型经济"，从计划到市场、从国门紧闭到改革开放，三十多年的快速发展使中国城市化进入快速轨道。"大国崛起"首先表现为"城市崛起"，城市化成为中国崛起的主旋律。城市作为转型经济新的积聚工具，为资本积累开辟途径，生产出新的城市空间，城市的每一个细胞正经历重构，这一点在"转型社区"表现明显。

6.1.1 "转型社区"定义

中国社会学家在进行社区研究时，通常按地域将社区划分为农村社区与城市社区，而没有对处于两者之间的过渡状态进行界定与研究。这种二元划分的办法带有很多缺陷：

首先，"二元"最初是对经济状态的一种划分。刘易斯在《劳动力无限供给条件下的经济发展》一文中系统地提出了经济发展过程中的二元经济理论。后来这种用以描述经济特征的做法被用来描述城乡二元结构，以此来对社区存在的两种极端状况进行划分。如果依据当时的实际情况，只有两种明显类型的社会状态，那么按照社会构成的特点来把社区分为城市社区与农村社区无可非议。但是，随着改革开放的发展，城乡绝然对立的二元状态已经被打破，城乡出现了一定程度上的融合。

---

[1] Wu, F.Commentary, Transitional cities [J]. Environment and Planning A, 2003, 35: 1331–1338.
[2] Wang, Y.P.Urban Poverty, Housing, and Social Change in China [M]. London, Routledge, 2004.

在城市化发展较快的地区,某些农村社区已经基本城市化,在这种趋势下,中国有的研究者提出中国的社会经济结构是由传统农业、农村非农产业和城市现代非农产业组成的三元经济结构①,因此,城市社区与农村社区之间应有一个第三过渡状态,一种介于两种社区之间的聚居状态。

其次,从社会发展的角度来看,社会发展的曲线应该是一个连续体。布洛克曾经认为"历史在本质上是个连续体,同时也是持续的变化"②。按照布洛克的观点,社区发展也应是一个持续的变化,从农村社区发展到城市社区的过程中,应该有一种过渡状态。

再次,从哲学意义上来讲,把社区仅仅划分为城市社区与农村社区是一种简单的二分法做法。二分法观点认为事物是对立与统一的,只存在两个对立面。这是一种形而上学的做法。而从量变与质变的规律看,农村社区到城市社区应该存在一个转化过程,从对立统一规律的发展看,农村社区与城市社区是既互为接近,又应存在一个中间的融合阶段。

现代社会是一种在分化和分化基础上不断的功能性重组。在这种背景下,要用二分法模式来描述这种分化及其造成的结构,不但显得较为简单、不合时宜,而且这种划分也更多的是与现代社会分化的初始水平相适应。我们也不能不同意如下结论:"无论二分法模型在描述古典自由主义时代方面具有什么样的相对价值,它既不能描述隐藏于其背后的力量,也无法描述新的社会结构。"③

"转型社区"一般位于城乡结合部和较发达的小城镇,"是在农村城市化过程中、农村社区向城市社区转型过程中,利用所处环境设施进行一定的社会活动,具有较长期的某种互动关系和共同文化维系力的人类群体及其活动的区域"④;是一个与农村社区和城市社区都相关的社区类型,与城市社区相比,它在更大程度上体现了对城市社区组织架构和制度化的借鉴,与农村社区相比,很大程度上遵循了继承和摈弃结合的路线;"转型社区"的活动主体是户口即将(或者刚刚)转为城市户口的农民⑤,还有一部分是城市户口的外来居民,剩下一部分是外来打工人员。

---

① 赵勇. 三元经济结构发展与城镇化[N]. 光明日报,1996.
② 潘宗亿. 布洛克历史思想的核心概念与方法[EB/OL]. 中国经济史论坛,2003. http://economy.guoxue.com/
③ 邓正来,J·C·亚历山大. 国家与市民社会[M]. 北京:中央编译出版社,2002:179.
④ 曹金波. 社会转型期中介社区发展现状研究——以湘北溪镇和庭场为例[D]. 长沙:中南大学,2004.
⑤ 在这里以居民而不是农民来称呼他们主要是由于农民的定义在这里已不再合适,按照李培林的总结,目前对农民的定义有三种说法:第一种是从职业的角度进行定义,与经济学的角度相同;第二种将是否拥有城户口作为农民的基本界定;第三种则从居住地来进行判断。本书认为,以上三种界定都不能合理的界定一个农民,各有缺陷,应该是三方面标准共同考虑,再加上生活方式的限定才能较合理的定义农民。农民是指身份为农村户口,长期或固定居住在农村,以农业劳动为主要职业,日常生活方式表现为与农村社区相符的一类群体;市民则是指身份为城市户口,长期或固定居住在城市,不从事农业劳动,日常生活方式与城市社区相符的一类群体;与此标准不相符合的则不是完全意义上的群体,是"半"农或"准"市民。而现实中,"转型社区"居民的身份已经模糊,难以用农民与市民来称呼。

"转型社区"可以成为研究当代中国农村城市化的核心场域,这里突出地展现了人群的交汇、功能的混合、观念的冲突、利益的博弈和制度的摩擦。"转型社区"普遍面临从乡村体制向城市体制转型,空间景观普遍面临改造或整治,社区转型的方向以及社区转型的路径如何等都是亟待从理论和实践角度进行深入研究的新课题。

6.1.2 "转型社区"的特征

"转型社区"一般位于城乡结合部和较发达的小城镇,与其他农村社区相比,这类社区居民在社会、经济和生活方式等方面更加接近于城市居民,受城市的影响最快、最深,其特点可以总括为亦城亦乡,非城非乡,具有区别于农村社区与城市社区的自身特色,主要表现在下述方面:

1. 农业用地向非农业用地转化。由于城市地域的扩大,"转型社区"的农业用地逐渐转向工厂、商店和住宅等非农业用地,社区地域边界模糊。

2. 单业农户向兼业农户或纯非农户转变。"转型社区"农户由传统的粮食种植转向农、工、贸一体化,农村经济从以第一产业为主向第二、三产业为主转变。

3. 农村生活方式向城市生活方式转变。由于"转型社区"居民与城市居民的经济收入和文化差别不断缩小,价值观念和生活方式也由乡村型向城市型转变。

4. 社区人口集中,由单一的村民向多元社区居民转变。"转型社区"的人口,同质性较强,居民由失地农民和外来人口组成,以失地农民为主,居民社会结构较复杂。

5. "转型社区"居民以已有的社会空间与社会网络为基础,比较顺利地实现着崭新社会变迁条件下的社会适应,实现着经济与社会的平稳过渡。

6.2 "转型社区"的经济状况

至 2005 年,青岛市城阳区已有 234 个"转型社区"完成村改社区[①]。城阳区后田社区是"转型社区"的典型,其非农产业非常发达。后田社区东临烟青一级公路,西靠青银高速公路,毗邻西田村和江家庄,南连东田村,北接前旺疃。全村土地 1324 亩,总面积 $1.2km^2$。目前后田社区有 1600 多人[②],属于一个中等规模的社区(图 6-1)。

---

① 数据来源:城阳区地方志编纂委员会. 城阳区志(1994—2005)[M]. 北京:中华书局出版,2006:62.
② 数据来源:后田社区居民委员会。

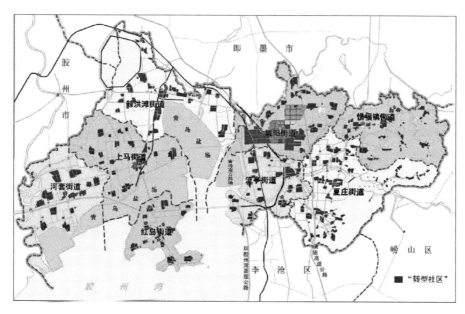

图 6-1 青岛市城阳区"转型社区"分布图

6.2.1 社区资源与社区经济

1. 社区地理自然资源

社区经济是一种小的区域经济，与其所在的社区区位有关。所谓区位（Location）即为某一主体或事物所占据的场所，具体可标识为一定的空间坐标。而经济区位则是某一经济体为其社会经济活动所占有的场所[1]。任何区位内必须拥有一定的自然资源，其区域空间上的地理自然资源是人们赖以生存的物质基础，也是影响区域内社会经济发展的重要原因。对于"转型社区"来说，能否合理地利用社区区位内的自然经济资源是社区经济发展的首要问题。总体来说，后田社区自然资源相对贫乏，但后田社区有其独特的地区优势，有适宜发展非农产业的优越的交通条件，这是其得以发展的重要因素（图6-2）。

2. 社区社会人文资源

社区的社会人文资源对社区的经济发展具有至关重要的作用。在20世纪90年代，城阳区各"转型社区"的基本情况相差不大，经济落后、城市化水平低下，但那时的后田村经济已经步入良性发展轨道。一方面，后田社区的农村教育和农民培训起步较早，1991年，建立后田村党员团员活动室和老年人活动中心；1996年，投资15万元建立后田村"田园书社"，藏书10余万册，阅览室可供40人同时阅读；2002年，新建文化广场和文化教育中心，对接受九年义务教育的本村学生，由村里统一交纳学杂费；1977~2004年，后田村有19人考上大学，17人考取中专，村委

---

[1] 郝寿义，安虎森. 区域经济学[M]. 北京：经济科学出版社，2001.

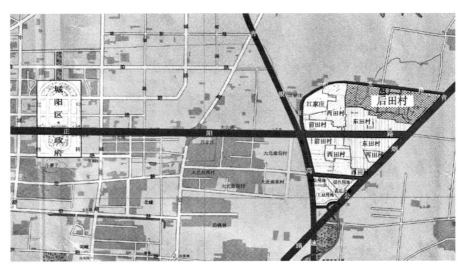

图 6-2　后田村区位图

会对考上大学、大专、中专的学生分别给予不同金额的奖励等①，这些举措提高了后田村民的整体素质。另一方面，后田社区地处交通要道，获得的社会信息较多，后田村民可以利用的社会资源丰富。此外，后田村民具有临海人民的冒险精神，敢于接受新事物，敢于接受挑战，敢于面对农村社区的城市化转型（图 6-3）。

图 6-3　后田社区文化广场

6.2.2　"转型社区"经济规模与产业分布

规模扩张和结构改善是生产力发展的重要标志，而资源禀赋和生产要素的配置方式及其比例则是影响生产力变动的基础因素。经过二十多年的努力，后田社区的经济总规模有了十几倍的增长，经济结构发生了根本性变化。2005 年，后田社区完成国内生产总值 9.2 亿元，居民人均收入 8200 元，社区可支配财力达到了 2210 万元；引进外资企业 25 家，合同利用外资 1258 万美元；有内资企业 17 家，固定资产 6500 余万元；发展个体工商户 80 余户②。在 20 世纪 90 年代以前，后田社区的个

---

① 资料来源：城阳区政协教科文卫体与文史资料委员会. 城阳村落［M］. 2005.
② 数据来源：后田社区居民委员会。

体私营经济还只限于商贸零售业和餐饮服务业，并且所占比重较小，随着政策的支持和进入条件的具备，现在，个体私营业主的人数占整个经营业主的绝大部分，并已经扩大到第二、三产业的多种行业中，创造的经济总量也占到了很大比例。与此同时，社区企业也在社区经济不断壮大中成长起来。现在从事个体私营经济的业主大都是在集体企业工作中积累了一定资金和经验的人。

6.2.3 "转型社区"经济的特征

1. "转型社区"经济的双重属性

"转型社区"经济"城市性"特征与"农村性"特征并存，这是"转型社区"经济最显著的特点。

从活动领域、参与市场和涉及行业领域看，"转型社区"经济也是多种特征并存的经济复合共同体。从社区经济活动涉及的生产与交换的范围来看，"转型社区"经济的开放性与地域性是互重的。后田社区的水库、粉房、矿泉水厂起初是立足于本社区居民生活的需要，当生产扩大到一定规模，市场交换范围逐步扩大，向社区外拓展已是必然趋势，必然导致社区经济的开放。市场交换范围的扩大导致了社区经济的开放性。社区经济中生产活动的本地性则使社区经济带有一定的地域特征，这种特征主要表现在社区雇工、运输、生产地点等方面。

从社区经济参与到市场中去进行交换的身份看，企业独立性与对社区的依赖性并存。20世纪90年代，为了获得政府的保护和政策的优惠，全国的许多乡镇企业流行"戴帽子"。后田社区的企业在发展过程中也采取了"戴帽子"行为——挂着集体的牌子，但实际上是个体投资、自负盈亏。这种"戴帽子"的行为为驻社区企业的运作带来了很大的方便，然而，社区企业在发展到一定阶段后必然走向更为广阔的市场，那时经济活动中身份的问题将会是一个特殊的难题。

从社区经济涉及的行业领域看，现代性与传统性共存。社区经济所涉及的行业种类既有与城市一样代表社会发展现代化程度的新兴行业，也有传统绵延数千年的行业。后田社区经济包括超市、网络服务场所、彩票投注站等，基本上已经涉及了代表现代社区经济的大多数行业。家具业则是后田社区传统行业的代表，社区中还有一部分人保留着这一行业的传统生产技术。在保留传统技术的同时村民们也引进了一些新的生产工具，在降低劳动强度的同时，提高了产品质量。

2. 个人发展促进的社区经济

后田社区的经济发展壮大是与个体经济的成长紧密相连的。据当地一位村委会干部回忆，在20世纪90年代初期，社区经济基本上是以集体企业为主。在20世纪90年代后期，集体经济的份额发生下降，个体私营经济逐渐壮大，比重几乎平分秋色。经济进一步发展之后，失地农民从事个体、私营的经济效益要明显高于在集体企业上班的收入，居民出于"经济理性"的考虑，转向了经营方式灵活、成本低、"比较效益"高的个体私营。这时，后田社区集体企业在效益逐渐低下、人心思动的情况下采取有效措施来改善经营状况，如采取转换经营机制、集体经济占有一定份额、给予企业更多自由等。

在社区经济发展的过程中，如果说转换经营机制为企业的发展提供了前提条件，那么考虑个人利益就是企业发展的催化剂。个人利益驱动乡镇企业的发展，出于个人"经济理性"的考虑是社区个体私营经济发展的终极原因，也是农民由"农"转"非"的理由。在目前生活状况下，失地农民更多的是考虑在现有条件下如何让个人发展得更好、过上更好的生活，也正是这种处于个人发展的"生活理性"推动了今天"转型社区"经济的发展。

6.3 "转型社区"的地域特征

"转型社区"存在于不同特征的区域：既分布在大城市周边，也孕育在大城市内部，实际上是不彻底的城市化状态，呈现出鲜明的地域特征。

6.3.1 "转型社区"的全方位扩张

人是社会发展前进中最重要的决定力量，"转型社区"的发展也离不开人。矿泉水厂、电缆厂、田福彩印厂、信号厂等为后田社区吸引了大量临近地域的打工者，外来人口的数量占整个社区总人数的20%左右。社区居民的生活"边界"领域在不断扩大。首先在地域上，"转型社区"得益于土地优势，采取了一种像"气球膨胀"的方式向四面扩张。以后田社区为例，历时十余年的发展，社区的"边界"领域已经远远超过了以前的范围，并在一些后田村年轻人的印象中开始变得模糊。其次社区的经济（及其领域）也在扩张，后田社区的经济总量相比十余年前已经有了成倍的增长，2006年，后田社区完成生产总值10.58亿元[①]，现在，后田社区非农产业门类基本齐全，社区企业的市场也不再局限于本地区，经济组织与外部的联系明显增多。

6.3.2 "转型社区"中心作用的凸现

伴随着"转型社区"非农经济的快速发展，"转型社区"中心作用凸现。以后田社区为例，社区拥有良好的生活服务设施，商贸中心、集贸市场、银行、信用社、交通与通信中心、网吧、饭店宾馆、医院和学校以及一些娱乐场所，能够很好地满足本社区及邻近社区居民的日常生活需要，社区发达的交易商贸使这里成为周边社区价格交易的"风向标"，后田社区服务中心的作用得到很好的展现。

---

① 数据来源：青岛市城阳区史志办公室．城阳年鉴2007［M］．济南：黄河出版社，2007．

6.3.3 二元格局的弱化

我国传统的城市以下的管理体制是由四级构成：市—县—镇—村，这也是全国统一的管理体制。由上往下级别越低、区域内的整体实力越弱、城市化程度越低、对下一级行政单位的辐射影响力也越弱。市、县被看成城市，镇、村被认为是乡，这也就是传统的城乡二元的划分，但"转型社区"作为一个"新的"经济生活共同体，已经慢慢影响到人们对城乡二元划分的看法。

从城市辐射的角度看，"转型社区"的出现使二元格局发生了变化。"转型社区"的城市化程度比其他邻近农村社区要高，存在一定"势差"。作为区域内的日常生活服务中心，其辐射能力已经超过了所属县城的辐射影响。同时"转型社区"的出现，也改变了只有市县才被称为"城"的说法，"转型社区"已经具有城市的初步雏形，可以被视为"城"。从传统的行政层次上来看，"转型社区"的行政级别属于乡镇一级。但随着社区经济的发展壮大，"转型社区"拥有了更多的话语权，逐步打破了行政级别的约束。"转型社区"的独特作用强化了城乡互动联系。这种联系由单向的乡往城流动，转变成了城乡双向互相流动（图6-4）。

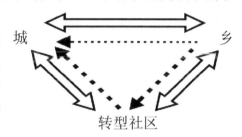

图6-4 社区居民流动图

注：实线表示现在流动情况，虚线表示过去流动情况，粗细表示流动频繁与否。

6.4 "转型社区"居民的生活方式

社会转型是社会发展过程中的一种突变过程，这种转型是全方面的，涉及社会各个领域的重大变化。如果对社会转型进行仔细的划分，可以概括为生产方式的转型与生活方式的转型。生产方式的转型是生产力的变革、发展，技术的更新；生活方式的转型则是日常生活态度、思想观念、行为方式的变革。研究"转型社区"居民的生活方式可以较好地揭示"转型社区"的深层特质。青岛城阳区东田社区是位于城乡结合部的典型"转型社区"，其非农产业非常发达，民风淳朴，农民失地后生活方式积极健康，具有一定代表性。

6.4.1 "转型社区"居民生活方式变革的影响因素

引发"转型社区"居民生活方式变革的因素是多方面的。

从宏观层次上看，国家经济的发展和社会多方面的促进是"转型社区"居民生活方式变革的前提条件。改革开放以来，我国经济快速发展，实现了由计划经济体制向市场经济体制的转变。束缚的解除使生产力得到极大发展，为居民生活方式的变革提供了物质准备。同时，随着城乡之间人口流动的加速，城市的生活方式逐步扩散到农村,"转型社区"成为第一接受领域,失地农民"克隆"着"城市人"的某些生活方式,公众社会的形成、各种媒体的引导和社会的多元化发展改变了"转型社区"居民以往的传统观念。

中观上,"转型社区"的出现为失地农民生活方式变革提供了实践土壤。各种新的生产关系的建立引发了人们生活方式的改变,"转型社区"基础设施的建设发展为这些生活方式的实现提供了条件。同时,"转型社区"的社区文化使生活在本社区内有着不同职业、社会地位和利益的人群协调起来,构建和谐的生活方式。

从微观上看,改革开放让各种思想观念、生活方式理念输入进来,在物质文化和精神文化的相互交流和碰撞中,为人们生活方式的形成和塑造提供了一个多元认同的基础。"转型社区"居民在物质条件得到改善以后,便有能力去追求、尝试他们所向往的多元生活方式,如今,社区居民的许多日常行为,如居住方式、消费方式等,已与城市居民无异。

6.4.2 "转型社区"失地家庭生活方式的多元实态剖析

前已述及,生活方式所涉及的领域相当广泛,本章对以下方面进行重点研究。

1. "转型社区"失地家庭结构的变化及其对居住模式的影响

"转型社区"失地家庭户数分布的变化可分为两个方面:家庭结构类型和户主的年龄[①]。以东田社区为例,由东田社区家庭组成情况统计[②]可知:失地农民户主年轻化趋势明显,1990年,东田社区户主年龄的峰值在50~59岁,到2007年,户主年龄的峰值在40~49岁;失地农民家庭分裂现象明显,1990年,三代家庭和多代家庭所占的比例分别为44%和2‰,到2007年,三代和多代家庭则分别减少至17%和1‰;子女已经成年的标准家庭增多,子女独立分户居住的夫妇二人家庭增多,青年单身、中老年单身家庭增多,残缺家庭增多,多种家庭结构出现,家庭分裂现象普遍(图6-5)。

(1)户主的年轻化趋势及其对居住模式的影响

东田社区户主的年轻化趋势导致少人口家庭和年轻户主家庭的数量迅速增加,造成大家庭内尊老爱幼的家长制度的缺失和家庭成员之间相互帮助、相互支持的可能性减小。这就要求增设与新的家庭结构相配套的服务性公共空间。如对院落空间的重视:院落是农村住宅的典型公共空间,是农民生产活动的核心场所。改造前后失地家庭住宅平面布局发生了一个明显的变化:较原始住宅,新的安置住宅缺少私密性的交往空间。因此,作为失地农民原生生活方式的过渡,考虑私密性家庭交往空间和完善的配套设施是新居住模式的必然需求(图6-6)。

[①] 日本住宅开发项目(HJ)课题组. 21世纪型住宅模式[M]. 陈滨,范悦,译. 北京:机械工业出版社,2006:4-6.
[②] 数据来源:调查问卷第六部分。

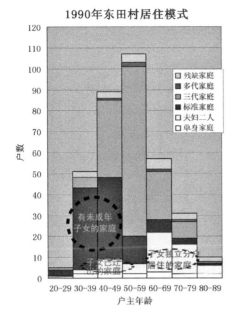
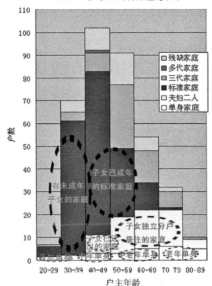

图 6-5　1990 年、2007 年东田社区失地农民家庭户数分布图[1]

图 6-6　王克玉家庭改造前后住宅平面图

（2）家庭分裂的普遍现象及其对居住模式的影响

农村城市化为多代家庭分裂创造了条件，本书对东田社区 2007 年改造安置过程中三代和两代家庭的分裂情况作了如下调研：选取这两类家庭中有代表性的两个家庭，分析他们安置前后的居住情况，发现这样一些现象：年轻家庭和老年核心家庭都认可各自独立的居住模式，多代家庭分开居住受到了失地农民的欢迎（图 6-7、图 6-8）。可见，在近 17 年的城市化过程中，东田社区居民的自主意识有了很大的提升，年轻人的独立意识增强，老年人也越来越不希望过分依赖晚辈。这些变化的缘由可归结为深入各个生活层次与领域的个体独立居住模式的社会趋势。因此，创造多元的家庭单位空间组合方式应该在"转型社区"的改造过程中给予关注。

---

[1] 数据统计来源：东田村委会提供。

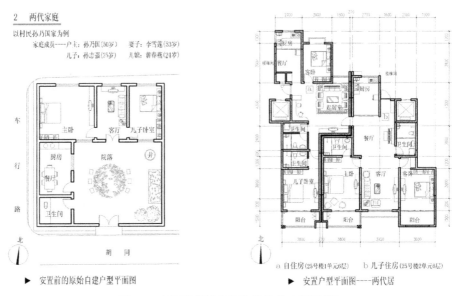

▶ 图 6-7 孙乃国家庭改造前后住宅平面图

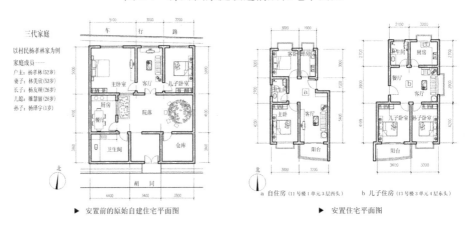

▶ 图 6-8 杨孝林家庭改造前后住宅平面图

2."转型社区"失地家庭全生命周期过程

一个家庭的生命周期是从一对青年男女结婚建立家庭开始,然后生育繁衍、抚育儿女成人,到这对夫妻生命结束、家庭解体为止的全部时间过程。家庭全生命周期(family life cycle)的每个阶段都用夫妻年龄和结婚时间的长短来表示[①]。

我国现阶段以 60 岁以上为划分老年人的通用标准。东田社区年龄在 60 岁以上的人能够享受村内发放的养老保险和各种老人补贴,书中将户主年龄在 60 岁以上的家庭归为老年家庭,将户主年龄在 18～59 岁之间的家庭归为中青年家庭。在东田社区长达 17 年的变迁过程中,东田社区中青年家庭和老年家庭的家庭结构都发生了重大调整。图 6-9 选取这两类家庭的代表——王长林家庭和迟克河家庭,记

---

① 日本住宅开发项目(HJ)课题组. 21 世纪型住宅模式[M]. 陈滨,范悦,译. 北京:机械工业出版社,2006:6-8.

录两个家庭从开始到现在各成员的主要生命周期过程，明确每个生活阶段的家庭组成。由图6-9可知，从1990年到2007年，东田社区迟克河和王长林家庭经历形成、扩展、稳定、收缩、空巢和解体6个阶段之后分别发展成为：高龄单身家庭（迟之德家庭）、夫妇俩人的家庭（子女单独生活——迟克河家庭）、刚结婚生子的标准家庭（迟延光家庭）、中年单身家庭（王长河家庭）、拥有未成年孩子的标准家庭（王长林家庭）和年轻单身家庭（王长峰家庭）六种家庭结构。

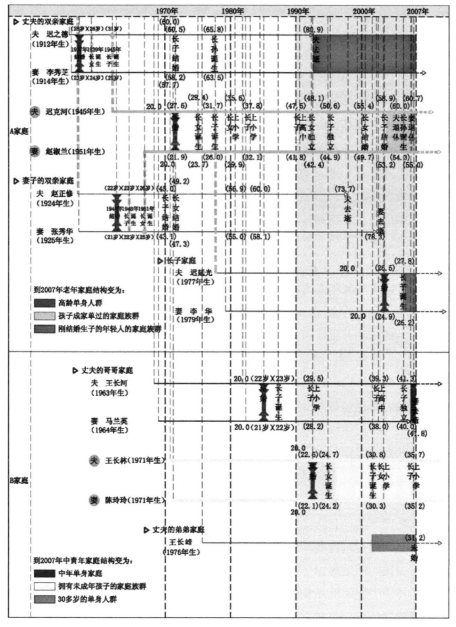

图6-9　东田社区中青年家庭和老年家庭全生命周期过程图——生活时间的记入[①]

---

① 中青年家庭（18～59岁）占社区总户数的比重为54.2%，老年家庭（60岁以上）占社区总户数的比率为21.7%。

3. "转型社区"居民的居住模式和养老模式

（1）多种家庭结构出现，每种家庭均体现出不同的居住意愿

对东田社区出现的多种家庭类型进行调查得出：不同的家庭都有不同的居住需求，年轻家庭追求有生活价值的居住模式，老年家庭则追求人际关系主宰的居住模式；不论是老年人向往的因一定血缘关系而共同生活的大家庭式居住模式，还是中青年人向往的因生活网络关系而共存的追求城市生活价值的居住模式，家庭内部人与人之间都逐渐建立起平等、自立的关系，家庭关系将向"自立的个人有意识选择"和"由于功能生活而共存"的方向发展。

（2）失地农民平等、自立家庭关系的逐步形成，其养老模式也发生着变化

东田社区居民在20世纪90年代以前主要以家庭为养老支柱，老人一旦丧偶或丧失劳动力，就会面临贫困和生活无着的极大风险。2000年以后，随着社区旧村改造的推进和失地家庭结构的变化，村社共同体经济的优势凸显出来，它们承担了相应的责任，利用自身的经济优势解决养老问题。与许多非农化村庄一样，东田社区集中大部分农地非农转化的补偿资金与相关资源，以此为基础大力发展社区经济；并以社区经济为基础，推动包括村民福利（如居民生活补贴、社区合作医疗、社区养老、社区助学等）在内的社区公益事业的发展。目前，东田社区已经实行医疗保险和养老保险。医疗保险金每人每年缴纳60元，其中个人出10元，村集体出15元，街道办事处出15元，城阳区出10元，青岛市出10元，养老保险金全部由村集体出资缴纳，金额为全区年人均收入的12%，2004年缴纳金额为人均624元[①]；另外，每年的春节、元旦、中秋节、父亲节、母亲节等节日，村内60岁以上的老人都会收到米面粮油等实物补助。可以看出，东田社区失地农民在村委班子的带领下正努力建立一个"拟单位制"的社区生活体系；这一生活体系是以行政村组织为框架、各成员与其从属的组织有着高度利益关联与社会心理凝聚的生活共同体。

家庭结构的变化是各种外力综合作用下必然发生的现象，失地农民家庭结构的种种变化已成为社区居住模式、养老模式改变的有力动因之一。从东田社区失地家庭结构的变化趋势可以看出：失地家庭的户主年轻化趋势和多代家庭的普遍分裂现象，将引发失地农民对私密性的共同空间和对各个生活层次、领域的个体独立居住模式的新需求；失地家庭全生命周期过程中多种家庭结构的出现，将推动失地家庭内部人与人之间平等、自立关系的建立和社区内新社会养老性质的"拟单位"型居住模式的形成。通过对这些新变化、需求的研究，为我们处理现实问题提供了理论支持，为解决现实问题做出了有益的探索。政府部门可以根据当前的实际情况，积极引导社区传统失地家庭结构向现代转型，并在社区的改造过程中充分考虑与这些因素相关联的居住、养老等方面的不同需求，为我国农村社区改造创造更好的社会

---

① 数据提供：城阳区政府。

环境，从而使失地家庭真正成为"转型社区"健康发展的坚实基础。

6.4.3 "转型社区"居民生活方式的特征

塔尔科特·帕森斯在分析传统社会向现代社会转变时，对人们的互动行为用五个模式变项来分析人们的互动特征。社区转变隶属于现代化变迁中的一个环节，因而可以用五个变项——生活方式、生活节奏、生活理性、生活行为和生活方式的转变来分析社区生活方式的特征。"转型社区"居民的生活方式具有以下特点：

（1）社区生活方式略显单调

"转型社区"居民的职业虽涉及第一、二、三产业，但职业门类分化较少；社区公共生活设施和娱乐休闲场所相对要少，可选择的活动方式不多；物质条件的改善只是让生活水平上了一个台阶，但没有改变"转型社区"公共设施的单一化。

（2）生活节奏加快

农村社区自身的生产特点决定了社区居民的生活节奏比城市社区慢。"转型社区"虽然由农村社区脱胎而来，但居民生活节奏方面已有了明显变化。非农经济的发展、市场意识的导入，都使失地农民生活节奏加快，生活的竞争意识也随之加强，社会个体的人逐渐具有了现代人的特点。

（3）社会生活中的"理性介入"

"转型社区"人口结构的复杂性降低了传统血缘和地缘的消极因素。社会交往的理性化、社会事务的选择性参与、自我个性开始体现，人与人之间正由以往的亲情关系、熟人关系向业缘关系转化，人际关系更多地表现了利益取向，失地农民已经开始"理性介入"社会生活中的事务。

（4）行为的多元价值取向与容忍差异

居民的异质化导致了居民思想观念、价值取向的多元化。"转型社区"居民来自不同的环境，从事着不同的职业工作，导致了多元化的行为。这种多元化的生活行为能在社区中存在，体现了"转型社区"居民的开放性与容忍性，与传统农村社区的狭隘性形成了鲜明的对比。

（5）尚未停止的转变

"转型社区"居民的生活方式从分化的角度来看还在进行，已经出现的生活方式没有完全定型，尚未进入一个分化明显的阶段，多种因素对社区居民生活方式的影响使居民生活方式的分化变得更复杂。从生活方式分化的阶段来看，"转型社区"居民生活方式的转变处于初级阶段，梯度转移还在继续。

6.5 小结

"转型社区"以微观的形式揭示了我国农村城市化过程中的一些倾向，"转型社区"居民以已有的社会空间与社会网络为基础，比较顺利地实现着崭新社会变迁条件下的社会适应，实现着经济与社会的平稳过渡。首先"转型社区"经济的"城市性"特征与"农村性"特征并存，"转型社区"已经完成了从传统的农业社会经济结构向现代的非农社会经济结构的转变。其次，"转型社区"得益于土地优势，采取了一种像"气球膨胀"的方式向外四面扩张，社区的"边界"领域已经远远超过了以前的范围，社区的经济（及其领域）也在成倍扩张，伴随着"转型社区"非农经济的快速发展，其中心作用凸现。再次，从"转型社区"失地家庭结构的变化趋势展开研究：失地家庭的户主年轻化趋势和多代家庭的普遍分裂现象，将引发"转型社区"对私密性的共同空间和对各个生活层次、领域的个体独立居住模式的新需求；失地家庭全生命周期过程中多种家庭结构的出现，将推动"转型社区"内部人与人之间平等、自立关系的建立和社区内新社会养老性质的"拟单位"型居住模式的形成。通过对这些微观视角的研究，为我们处理现实问题提供了理论支持。

第七章 构建沿海"转型社区"的整合机制

农村城市化涉及方方面面,有着多样性和复杂性,它要求相关的决策体系和工作机制具有高度的综合性。当前我国处于社会转型的加速期,调整和创新城市化整合机制已经成为社会稳定和发展的迫切需要。"转型社区"——我国农村城市化的微观缩影,其整合机制作为一个综合的有机系统,由资源整合机制、服务机制、制度规范机制、自治参与机制、文明创建机制和心理调节机制等六大子机制组成。

7.1 建立沿海"转型社区"资源整合机制

7.1.1 资源整合的内容及原则

1. "转型社区"资源的种类

社区资源是社区内可以掌握、支配和动员的各种物质资源和非物质资源,是客观存在于社区内的所有资源的总称,泛指用以协助社区解决问题、满足社区居民需要、促进其成长的一切动力因素。[①]

(1)根据资源在"转型社区"的城市化建设、在"转型社区"服务中的地位和作用可分为三大部分:物质资源——主要包括社区建设的资金投入、社区内各类公建配套设施和群众活动场所,组织资源——主要指社区范围内的单位和各级党组织、群众组织与社会团体,人力资源——主要指在社区内工作或生活的每个成员。

(2)根据资源的提供者划分,"转型社区"资源可分为社区内政府资源和社区内社会资源。社区内政府资源是由居(村)委会或政府部门提供,包括那些属于居(村)委会或政府所有、居(村)委会或政府管理的公益性场所;社区内社会资源则为所有社区成员拥有的或可以提供的资源,包括社区单位、社区民间组织和社区居民为社区内所有居民提供的资源。

2. "转型社区"资源整合的必要性和重要性

社区资源整合指将社区相关的社会资源相互协调成为一个整体使之成为社区掌握、支配和动员的资源的过程和状态。简言之,即将社会资源整合成社区资源的过

---

① 李伟梁. 城市利益关系的社区调整及其发展趋势——以武汉市社区建设"883行动计划"为背景的社会学分析[D]. 武汉:华中师范大学,2007.

程和状态，或者说将居民、驻社区单位、社区组织和政府等不同主体所拥有的各类资源整合在一起[1]。"转型社区"的资源整合是将社区居民（以失地农民为主体）、驻社区单位、社区组织、居（村）委会、政府等不同主体所拥有的各类资源加以整合，它包括对现有资源的合理利用与协调安排，也包括对社区潜在资源的开发。社区资源是社区发展的基础，社区资源能否充分整合利用是影响社区发展的重要因素。伴随"转型社区"的城市化建设，一方面，相对于社区居民日益增长的物质文化生活需要，社区资源供给的相对有限性显得日益突出；另一方面，大量的社区资源长期闲置，得不到充分整合和有效利用，造成了社区资源的严重浪费。通过"转型社区"的资源整合，有利于丰富和增加社区建设的人力、物力和财力，也有利于提高社区现有资源的使用效率和利用程度，从而更好地为"转型社区"城市化建设服务。

3. "转型社区"资源整合的原则

（1）内外结合，以内为主

"转型社区"资源整合，一方面要坚持内外结合的原则，要从社会上获取相关资源，将其转化为社区建设的可用资源；要从社区内部挖掘资源，将分散和闲置的内部资源加以整合利用；另一方面要坚持以内为主的原则，从总体上说，"转型社区"内部的资源是有限的，但如果能充分地加以整合利用，使资源总量达到最优水平，就可以最大限度地满足社区建设和社区发展的需要。

（2）因地制宜，挖掘特色

在"转型社区"资源整合过程中要根据社区的实际情况充分挖掘有特色的资源，加以协调整合。优美的生态环境、良好的硬件设施、大型的驻社区单位等都是"转型社区"建设中可以利用的特色资源。社区如果没有明显特色的资源，就更需要进行合理规划设计、充分挖掘现有的分散和闲置的社区资源，将潜在资源变为外显资源，使资源劣势变为资源优势。

（3）互利互惠，普遍受益

"转型社区"居民之间、驻社区单位之间及社区居民与驻社区单位之间的资源整合都必须坚持互利互惠原则，通过资源交换实现资源互补、互利双赢。针对驻社区单位的资源共享、共驻共建行为，政府和居（村）委会要制定制度化的措施，予以规范、鼓励和引导。"转型社区"资源整合还要坚持普遍受益的原则，也就是社区资源经协调整合后要有利于社区建设的开展，有利于社区服务的发展，最终使全部或大部分居民从中受益。

（4）共驻共建，广泛参与

共驻共建的含义有两个方面，一是指驻社区单位参与社区建设，二是指社区居

---

[1] 李立纲，谷禾. 城市居民社区资源共享研究[J]. 云南社会科学，2001，(05)：13-17.

民个人参与社区建设；但一般来说，多指前者，尤其是指驻社区单位在物质资源上的共享共建。与共驻共建不同的是，广泛参与则多指社区居民的广泛参与。同为社区成员，社区居民在资源整合上的责任其实比驻社区单位更大些。"转型社区"资源整合应以共同目标和共同需求为纽带，强化驻社区单位和居民的共建共享意识，充分整合社区的各类资源，实现服务资源共享、服务设施同建、服务项目联办、服务活动合搞，最大限度地提高"转型社区"资源共享程度。

7.1.2 青岛市城阳区"转型社区"资源配置情况现状分析

1. 社区政府资源

社区内政府资源的提供者是居（村）委会或政府部门，提供的公共资源泛指那些属于居（村）委会或政府所有、居（村）委会或政府管理的公益性场所，包括公共活动资源、公共服务资源和公共管理资源。

（1）公共活动资源

加强公共设施建设是青岛市城阳区"转型社区"城市化建设的重点工作，但是目前城阳区公共设施整体分布呈现不均衡状态。

在医疗公共设施的配置方面：2005 年底，城阳区共有区、街道办事处所属公立医院 7 处、市管医院 1 处、私立医院 2 处、急救分中心 4 处，共有床位 1258 张，平均每千人拥有床位 2.8 张；全区共有社区卫生室及厂企保健室（医务室）704 家，乡村医生 821 名，平均每千农业人口拥有乡医 2.2 名。在教育公共设施的配置方面：2005 年底，全区各类中小学校（园）达到 208 所，在校（园）人数 77930 人，教职工人数 6186 人，包括 18 所普通中学、2 所职业学校、66 所小学、122 所幼儿园。在文化体育设施配置方面：2005 年底，全区社区文化教育中心建成率达 100%，其中，一类文化教育中心建成率达 30%，二类文化教育中心建成率达 33%，三类文化教育中心建成率达 29%；全区 8 个街道办事处均建立了设施完备、门类齐全的体育活动中心，100% 的社区有固定的体育活动场所和体育设施，30% 的社区建起了档次较高的健身房，并配有健身器材，全年向群众开放。在商业资源配置方面，至 2005 年底，城阳区先后建立了城阳商厦、太阳城商场、青岛国货城阳购物中心、喜盈门超市、城阳商贸城、家佳源购物中心和利客来超市等，这些商业大部分集中在城阳区中心（图 7-1）。[①]

城阳区经过十几年的硬件设施建设，取得了一定的成绩，但不同城市化程度的"转型社区"公共设施配置存在较大差异，公共设施分布不均衡的情况突出（表 7-1）。

---

① 资料来源：城阳区地方志编纂委员会. 城阳区志（1994-2005）[M]. 北京：中华书局，2006：214，609-684.

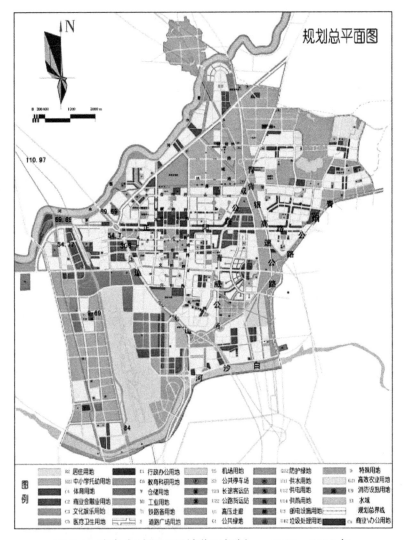

图 7-1 青岛市城阳区区域分区规划——2002~2020 年

城阳区各街道部分公共活动资源情况一览表（2005 年数据）[①]　表 7-1

公共活动资源	街道名称	城阳街道	流亭街道	夏庄街道	惜福镇街道	棘洪滩街道	上马街道	河套街道	红岛街道
幼儿园（所）		19	19	20	9	16	16	13	10
小、中学（所）		15	8	12	10	13	8	9	9
大学/职业学校（所）		—	—	1	—	—	1	—	—
其他医疗机构（个）		5	—	2	—	3	4	—	—
图书室（个）		33	3	4	5	2	21	1	18
大型商业设施（所）		5	2	—	1	1	1	—	—

① 资料来源：城阳区地方志编纂委员会．城阳区志（1994-2005）[M]．北京：中华书局，2006：214，609-684．

目前采取的措施：当地政府加强对"转型社区"内各类公共设施的规划建设。2007年，城阳区委、区政府在社区工作会议上提出要建设功能比较完善的五大社区中心，即社区行政中心、社区警务中心、社区服务中心、社区文化体育中心和社区卫生中心；相关职能部门如卫生系统、教育系统、文化体育部门、司法民政部门等应根据《青岛市居住区公共服务设施配套建设指标体系》，结合"转型社区"公共设施现状配置水平和发展需要，制定以各自业务职责为主的"转型社区"城市化发展落实计划。此外，2007年3月，针对社区商业分布不均等问题，青岛市政府出台了《青岛市社区商业配置标准（试行）》，旨在进一步促进社区商业的发展与完善。

（2）公共服务资源

2007年底，由青岛市城阳区规划局、建管委、房地局对1994年后划归街道的公共服务设施情况进行摸底，由区政府调拨的公建配套用房（规划局和房地局有登记的部分）基本用于公共设施建设，公建配套用房基本合理使用。但也有部分公共设施被用于商业用途。在部门利益驱动下，一些学校和文化馆以资金不足为由，擅自将公共设施中的部分用房出租盈利，使公共设施不能发挥应有的服务效用。

目前采取的措施：当地政府落实责任单位，由区规划局、建管委、房地局对1994年以后划归街道用于公共服务设施的情况进行情况摸底，由区机关事务管理局负责规范设施配置及督促使用到位。建立"转型社区"综合信息平台以确保社区资源的服务效能。成立社区事务受理中心，如城阳街道的东田社区，设置了呼叫、接访两个分中心，24小时受理社区事务，呼叫分中心包括东田热线、社区实时信息系统、手台对讲三个部分，其中，东田热线与20家社区服务单位和60多家社会咨询单位建立联系，成为解决失地农民日常生活难题的指南[1]；建立信息化平台，当地政府提出加强"转型社区"信息化建设的工作要求，建立社区属地化的人口信息采集、维护、交换机制和信息管理体系，实现存量信息"一次采集、多次使用"、增量信息"一方采集、多方使用"，通过梳理和整合全区各类服务热线，为社区居民和各类组织提供便捷、高效的服务，实现各类服务资源的共享，初步构建起反应灵敏、处置有方、管理高效、服务优质、保障有力的工作机制。

（3）公共管理资源

1990年以来，青岛市开始探索新的政府管理体制，理顺条块关系，目的就是为了更优化配置现有管理资源。但由于历史上条块的分割，导致资源不能流通，造成了很大的浪费。体现在：条与块的矛盾，"转型社区"的基础是街道、居（村）委会，而社区管理的许多职能在市、区，这样就出现管理权限多数集中在条上，而责任却集中在块上的矛盾；"转型社区"组织工作的社区服务导向与社区经济基础薄弱的矛盾，虽然街道的社会工作导向越来越明显，但是由于工作经费的日趋增加和鼓励

---

[1] 数据来源：东田社区居民委员会。

"转型社区"经济发展的相关政策的制定,使得街道的党政干部把更多的精力放在办企业、管企业、跑关系、争税源上,无法将所有精力投注在社区公共事务的管理中。

目前采取的措施:当地政府加强对公共管理资源的整合,推进"转型社区"行政管理的完善。从 2005 年城阳区地区系统财政分配具体比例(表 7-2)可以看到,地方政府财力分配进一步向街道倾斜,以提高公共财政在"转型社区"建设中的投入,保证社区资源的拥有量,其中,农业、基本建设、科技三项、文科教卫、抚恤和社保等资金的投入比例占整个地区财政灶内总支出的绝大部分。城阳区政府通过推行城管、工商、房管、环卫、公安多网协同的"转型社区"管理模式,实现"转型社区"管理全覆盖,加强街道的综合协调权。目前,青岛市正在进行的社区党建和社区城市化建设试点工作,在条块关系上作了很大改革,各行政职能部门派出机构将自觉接受街道办事处的综合协调和监督管理,驻社区单位在"转型社区"社会性、群众性、公益性工作方面将自觉接受街道办事处的指导和协调,做到"覆盖"在服务中实现,"条块"在双向中结合,"共享"在整合中体现,"双管"在互动中落实。

2005 年度城阳区财政灶内支出情况[①] 表 7-2

项目	灶内支出(万元)	比重(%)
基本建设费用	2530	1.96
科技三项费用	3187	2.47
文教科卫支出	34198	26.46
城市维护费支出	25628	19.82
农业支出	8735	6.76
抚恤和社保支出	4320	3.34
行政及事业支出	27252	21.08
其他类	23417	18.11
总计	129267	100

2. 社区社会资源

"转型社区"内社会资源是指为所有居民拥有的或可以提供的资源,包括社区单位、民间组织和社区居民三方面。

(1)社区单位资源

经初步调查,城阳区"转型社区"居民普遍反映,虽然不少社区单位资源近在咫尺,但有关部门宁可闲置也不对公众免费或低偿开放(图 7-2)。

---

① 资料来源:城阳区地方志编纂委员会. 城阳区志(1994—2005)[M]. 北京:中华书局,2006:392.
注:2005 年度"企业挖潜改造支出"未统计,故本表格未出现。

图 7-2　后田社区文化活动中心和青变集团职工俱乐部都处于长期闲置状态

目前，当地政府正尝试采取种种措施来改善这种状况，大致分为三种形式：一是整合行政资源，要求区属单位对"转型社区"适当开放，实现条块资源的衔接。如教育局下发专门文件，要求系统内的学校要积极向"转型社区"开放资源。据目前统计，全区已经有 26 所小学、中学、职校的场地资源在双休日、节假日以及日常特定时段向社区居民开放。二是以党组织建设为切入点，通过社区党建联席会议、党支部共建、社区学校等形式，加强与"转型社区"单位的交流，在互利互惠的基础上，发挥各自资源优势。三是双方以各自资源优势为基础寻求利益结合点，实现资源共享。

（2）民间组织资源

民间组织是"转型社区"城市化建设的重要力量，是以"转型社区"成员为主体，以服务社会、活跃社区生活为目的的。到 2007 年底，城阳区共有民间组织 189 个，其中社区民间组织 142 个[①]。社区民间组织已经成为承接政府职能、完善社区公共服务功能、推动和谐社区建设的重要力量。

城阳街道后田社区老年协会通过开展丰富多彩的社区文化活动，定期组织社区书画、剪纸等艺术作品展和太极拳、武术、腰鼓队等体育活动，吸引了外来务工人员踊跃参加，京剧、舞蹈等活动使社区文化气息更加浓厚，社区文体民间组织成了广大居民的文化休闲乐园（图 7-3）；城阳区积极动员组织法律服务机构人员成立法律援助服务协会，帮助失地农民解决在就业、法律维权等方面遇到的问题，同时，通过"法律法规政策宣传进社区"活动，解决矛盾纠纷 20 余起，使民间组织真正成为联系政府和群众的纽带；城阳区通过培育发展社会义工协会，组织全区 4.2 万名志愿者和社区义工开展义工服务，2007 年以来，共组织各类公益活动 32 次，为社区居民义务服务 3000 件次，并与慈善协会积极联合，实现慈善和公益资源整合，打造爱心飞扬公益品牌，针对"转型社区"居民服务需求多元化的发展趋势，重点发展服务型社区民间组织，不断调整服务形式和服务内容，积极开展多角度、全方位的服务。

---

① 资料来源：青岛市城阳区社区民间组织的现状与对策 [EB/OL]. 山东民间组织信息网 . http://mjzz.sdmz.gov.cn

图 7-3 城阳区居民广泛参与的丰富多彩的社区文化生活（牡丹花会）

目前，城阳区"转型社区"民间组织在发展过程中仍然面临着许多困难，如活动经费不足、活动场所不足、内部管理问题等等。

当地政府采取的措施：一方面，充分发挥各单位、各部门职能优势，在推行社区养老服务、完善社会救助、保障社区安全、美化社区环境、搞好社区卫生、繁荣社区文化、深化社区教育、壮大社区志愿服务队伍等方面，加大社区民间组织培育发展力度。税务部门对公益类社区民间组织在政策许可的范围内减免税收费用；劳动部门优先给社区民间组织从业人员提供公益性岗位、解决劳动保险和养老保险等；动员组织街道、社区为社区民间组织提供免费或者低偿活动场地、资金和设施等方面的必要资助，为社区民间组织发展提供便利条件。另一方面，在不违背国家法律法规的前提下，适当降低社区民间组织登记门槛。结合地方实情，对能够为居民提供急需服务的、居民愿望迫切的公益性民间组织，在注册资金和政策上开辟绿色通道；对符合登记条件、由于规模较小而没有登记的社区民间组织，纳入登记管理；对居民自发组织的文体类民间组织，尚达不到登记条件的，做好备案登记，为社区民间组织发展创造宽松环境。

（3）社区居民资源

"转型社区"人力资源只有在适用的行政推动方式下才能真正发挥效用。目前，城阳区"转型社区"管理机构提供的可供居民参与的事项还较少涉及社区公共权力的运作，失地农民缺乏足够的社区参与热情。一些希望参与"转型社区"事务管理的人们往往带有较强的目的性和功利性。失地农民缺乏通畅的参与渠道，常常是社区管理机构通过召开居（村）委会，布置、传达任务，或者是政府有关部门提出要求，由街道和居（村）委会组织居民实施。失地农民参与社区事务缺乏一套详细、规范、操作性强的程序，具有一定的随意性（图 7-4）。

"转型社区"发展的内在动力来自于社区人力资源的利用。一个人的能力越强，控制的资源就越多，"转型社区"城市化建设中的一个重大课题是如何使社会中的骨干分子在社区中依然活跃，这样才能将社会资源引入"转型社区"，使"转型社区"居民的生活变得更有活力。

图 7-4 社区居民有组织参与社区环境整治与无组织的放任自流

目前,"转型社区"的建设发展主要是由政府即行政权力的推动所造就的居民参与,仍是以动员性参与为主,社区参与的广度和深度还远远不够。以志愿者活动为例,在政府报告中一直都把志愿者活动作为居民自发参与社区建设工作的典例,而事实上,志愿者参与活动往往是组织上的要求,从发动到组织到参与的人都是按照政府事先安排好的程序执行。在这种所谓的志愿者活动中,由于社会组织的自主性功能缺失,往往导致"转型社区"居民缺乏参与的主动性,致使社区建设的潜在人力资源难以挖掘,内在参与动力难以产生。

7.1.3 沿海"转型社区"资源整合存在的问题

我国由于行政管理体制和行政区划等原因,"转型社区"与周边社区之间、"转型社区"与城市之间未能有效地实现资源共享,不同的"转型社区"公共社区配置水平参差不齐、差距很大。突出表现为以下三对矛盾:

1. 沿海"转型社区"社区意识一致性与社区资源主体多元化之间的矛盾

社区意识作为现代公共意识的一种,是社会群体及个人对社区在心理上的自觉感受与认同。"转型社区"意识包括对"转型社区"概念的理解,"转型社区"发展与失地农民生活关系的认同,对社区发展的内容、社区运行技术、社区发展目标的了解和认识,对社区参与和分享的理解等。参与"转型社区"城市化建设的行为主体是多元化的,其中包括上级政府、作为政府派出机构的街道办事处、居(村)委会、驻社区单位、民间组织、失地农民和其他外来居民。在"转型社区"城市化过程中,他们都把"转型社区"发展作为共同的追求目标,对社区建设的现实行动直接表现为资源的投入。

但是,在沿海"转型社区"资源日益"部门化""私有化"的情况下,在具体活动中,由于各资源主体对社区的责任不同、能力不同,最终的表现形式也不同。政府力图减少对"转型社区"城市化建设的直接干预,力图保证城市社会秩序的稳定;居(村)委会作为法定的自治组织,希望通过满足政府和失地农民两方面的需要而增强其独立性和自主性;驻社区单位的目标追求较为单纯,即通过"转型社区"建设建构优良的社区环境，并在可能的情况下释放社会性责任；民间组织对"转型社区"建设的企盼是改善社区环境、增进社区民主；至于失地农民和其他外来居民则因其需求的不同而对社区建设持不同的态度。

2. 沿海"转型社区"行政管理体制与社区资源统筹能力之间的矛盾

政府在沿海"转型社区"城市化建设过程中发挥着关键的作用。特别是在当前驻社区单位缺乏参与"转型社区"建设的热情、社区民间组织不发达、失地农民对政府的过度依赖的情况下，政府更应该发挥积极的作用，担负起推动各社区城市化建设的重任，成为沿海"转型社区"资源统筹的主体。

以青岛市为例，目前，青岛市城阳区"转型社区"工作的统筹权属于区委、区政府领导层，设有分管的区委副书记和分管区长，具体的操作部门分散在区委办、区府办、区委组织部、区公安派出所、房管办事处、劳动服务所、工商所和地段医院、各街道等。以"转型社区"的城市化规划工作为例，正常的思路是：教育、卫生、文化、体育等部门根据"转型社区"服务配置需要，结合各自工作实际，提出各自的"转型社区"发展计划，再交由建设部门，根据区实际情况进行平衡整合，最终确定社区改造整体规划。而现实情况恰好相反，各"条块"之间缺乏沟通，各有各的方案，并以自定方案作为市区考核街道工作的硬件依据实施下去，由于条块分割，街道在落实这些硬件指标时必然出现问题，最终导致规划落地时间的延后或者是无法实施。

"转型社区"管理中存在的问题不是行政力量不强，而是管理体制不完善。需要进一步整合行政力量，充分发挥"转型社区"管理体制对社区建设事半功倍的杠杆作用，以社区管理资源整合的有效性来提高统筹"转型社区"各类资源的质量和水平。

3. 沿海"转型社区"公共资源的需求与政府供给之间的矛盾

经初步调查，沿海"转型社区"公共资源的需求与政府供给之间存在以下矛盾：（1）调拨途径的多样化导致公共设施底数难以摸清。（2）原有公共设施缺乏统一规划，造成资源布局不合理。长期以来公共设施的配置在计划经济模式下，按照条线予以调拨，缺乏"以人为本"的理念，不能实现按需求合理分配资源。（3）公共资源利益部门化，形成资源共享的壁垒。由于公共资源按条线分配，使得大量公共设施掌握在条线手中，把公共资源看作是部门资源。（4）基础资料不完备，不利于公共设施的管理和有效使用。如在近期青岛市城阳区有关部门对各社区公建配套用房的清理中就出现了账目不清的情况，一些通过其他途径调拨给街道、社区的用房目前还不能摸清底数。

总之，"转型社区"城市化建设的上级政府是决策者，街道办事处是执行政策者，居（村）委会则是服从者，失地农民是在严密的组织约束下主动或被动地参与上级发动的社区建设。当前，强政府、弱社会的格局是"转型社区"资源难以充分发挥有效作用的根本原因。

7.1.4 沿海"转型社区"资源整合的对策思考

"转型社区"建设的过程既是不断获得社区资源的过程，也是社会资源重组的过程。在"转型社区"城市化建设中，需要从社区意识的树立、社区发展的规划、社区行政管理体制的改革和社区人力资源的充分利用等方面着手，使"转型社区"资源产生整合效应。

1. 树立"转型社区"资源提供者的社区意识

现代意义上的社区管理应该是通过建立社区成员共同遵守的行为规范，通过等级化的行政管理系统，来履行社区管理职能。然而，目前，我国沿海"转型社区"之间缺乏横向联系，条块分割严重，公共资源配置不均衡，社区内部缺乏相应的民间组织，失地农民社区参与缺乏积极性。因此，在"转型社区"城市化建设过程中，必须树立所有社区资源提供者的社区意识，使他们充分履行社区义务，有效发挥社区资源应有的作用。

（1）政府的社区意识

政府在沿海"转型社区"建设上的制度"缺位"以及在经济发展上的"越位"，最根本的原因是社会制度目标动摇和文化价值理念错位。因此，政府要明确自己在"转型社区"发展中的角色和职责，在社区建设的不同领域和不同阶段，适当地进退，发挥应有的作用。当前，政府在"转型社区"建设中的主导作用应表现为倡导、动员、支持、监督、评价和推广经验，即用政策去促进社区建设、资源聚集和社区发展。

（2）民间组织的社区意识

民间组织在"转型社区"城市化建设中的作用主要为联系各自的成员以及社区居民，参与和支持各种社区活动。经验表明，民间组织作为社区发展的第三部门，将在"转型社区"建设中发挥越来越重要的作用。因此，必须强化民间组织的社区意识，充分调动"转型社区"民间组织的参与积极性，使其融入社区发展的整体网络结构，发挥各自的优势作用。

（3）驻社区单位的社区意识

驻社区单位既是资源的提供者，又是社区环境的分享者，因此，驻社区单位必须提高社区意识，提高社区发展的资源投入意识和分享意识，协助"转型社区"做好资源积累和整合工作，为"转型社区"的发展发挥应有的作用。

（4）失地农民的社区意识

失地农民的社区意识包括分享—参与意识、主人翁意识和互利互惠—共同发展意识。也就是失地农民要意识到"转型社区"的发展涉及每个成员的共同利益，社区的每个成员对于社区的发展都负有义不容辞的责任和义务。"转型社区"发展的各项事业旨在满足失地农民的需求。因此，只有建立在所有失地农民积极参与的基础上，"转型社区"才能健康有序的发展。

2. 加强有利于发挥沿海"转型社区"资源作用的社区发展规划

实践证明，良性的社区发展必须有一个立意长远、综合协调的规划来指导，这是社区发展的客观需要和历史必然，它体现了"以人为本"和社会经济协调发展的规划走向。目前，在我国"转型社区"城市化建设中，从行政管理机制上来说，上至民政部，下至基层政府派出机构街道办事处，从来都没有制定过一个完整意义上的社区建设和发展的规划，全国各地区都是以各自实际、各自模式开展着"转型社区"的实践，没有统一的发展计划。沿海地区应根据各个城市经济发展不平衡的特点，因地制宜、分地区、分步骤地规划"转型社区"的城市化建设，对"转型社区"资源进行总体布局和有效整合。

（1）制定沿海"转型社区"发展总体规划

立足沿海"转型社区"各自的实际情况，对社区发展水平和发展要素进行分析，对社区未来发展走势和发展过程中遇到的问题、矛盾进行预测，对一定时期内社区发展的总体目标、整体框架和主要项目进行系统的计划和设计，并要有相应的财政预算，从而确定适合的"转型社区"管理模式和管理幅度，避免造成因社区管理力量分布不均衡而导致社区资源的浪费，使沿海"转型社区"的资源布局具有科学性、可靠性、长期性。

（2）加强沿海各地区"转型社区"针对性计划的落实

沿海各省市、地区在落实"转型社区"的规划时，要注意与经济和社会发展计划相衔接、相匹配，要注意规划要求与总体目标、整体框架相协调、相一致。"转型社区"资源的规划要具有实效性，避免短期行为，要充分考虑各社区的基础条件，有计划、有步骤、分阶段地逐步推进，还要抓住自身特点，合理配置现有资源，有效利用人力、物力和财力资源，合理地建构"转型社区"服务网络，有计划地建设失地农民的生活服务设施，促进各种资源的整合。

（3）注重沿海"转型社区"居民的共同需求

作为"以人为本"的"转型社区"规划建设，在"自上而下"偏重"转型社区"宏观物质空间布局的同时，应更多关注失地农民的具体社会需求；在追求整体经济效益、强调公平的社会发展的同时，应更真切地体现人文关怀；在规划方法上应由"自上而下"转为"自下而上"，通过历史研究、实地调查、民意探测、专家讨论、公共论坛等多种公众参与方式，让失地农民真正参与到与他们生活环境息息相关的规划、政策的制定过程之中。

3. 建立有效统筹沿海"转型社区"资源配置的社区管理体制

规范"转型社区"组织与管理体制是加强"转型社区"资源整合的重要基础，应该通过转换政治职能，理顺街道办事处和各"转型社区"自治组织内部及其相互之间的关系，建立一个有效统筹"转型社区"资源配置的社区管理体制。

（1）通过设立专门的牵头部门，以改变目前沿海"转型社区"工作缺乏统筹管理的局面，"转型社区"资源配置工作，如教育、卫生、建设、商业等相关职能部门的条线规划都由这个部门总负责，并通过制定一个协调整合的运作制度，把"转型社区"内的公共设施统筹规划、统一布局、统揽配置。这样能够减少重复建设、提高资源利用率，确保"转型社区"建设的各项工作都能落到实处。

（2）不断完善沿海"转型社区"的行政管理体制，合理划分现行街道办事处的行政管辖区域，科学配置不同层次的公共设施资源，对区内"转型社区"现状和规划分区的边界进行适当调整，使街道行政区划边界与规划分区边界基本保持一致，使各新的街道一级行政区划面积和人口比率相近；不断完善信息化工作平台，通过"一网覆盖"，使分散于各部门、各机构的数据信息得到综合，进而实现条块信息资源的共享和优势互补，同时，及时汇总和反馈失地农民的需求，通过信息直接交流机制使社区居民参与得以实现；探索"转型社区"公共设施资源的社会化运营机制、贯彻"以人为本"的原则、依靠合理的空间发展布局和城区功能定位、制订等级分明、功能明确的社区公共服务配套设施规范标准。

（3）加大非政府资源的整合力度。要在"转型社区"规划实施的过程中确保非政府组织和私人部门的参与，调动非政府资源。公共需求的无限性与多边性是绝对的，公共服务的稀缺性也是绝对的，而政府的能力与职能却是有限的。政府管得太多，民间组织不能发育，社会资源得不到充分利用，最终会造成社会整体资源的浪费，并且容易造成民间对政府的过度依赖与不满。市场化已经为民间力量的成长提供了可能，他们有能力为公共事务提供必要的资源。

（4）建立沿海"转型社区"资源的沟通机制

政府在内部分权、放权改革的同时，必须进一步开展和社会组织平权的改革。政府应该正确地发挥其社区指导作用，指导"转型社区"如何进行社会性整合。如通过制定相关政策，引导驻社区单位的服务向"转型社区"开放，并鼓励驻社区单位及个人以资金、房产、设备、技术、信息、劳务等形式积极主动向"转型社区"提供资源，形成驻社区单位参与"转型社区"建设的共建共享机制。以"转型社区"为纽带，在自愿互利的前提下，打破"转型社区"之间、行业之间的界限，打破所有制之间的界限，加强"转型社区"资源的横向联系和沟通，使"转型社区"资源在相互配合的过程中实现自身的发展。

4. 充分开发利用沿海"转型社区"的人力资源

（1）充分挖掘"转型社区"人力资源

政府应确立一种基本的价值观念，即人是资源的概念：居住于相对固定地域、彼此间拥有建立在地缘关系基础上的、比较深刻的连带性的人群中间，所蕴藏的共同行为的潜力，被看成十分宝贵的组织资源和发展资源，"转型社区"的发展需要充分利用人力资源来为社区失地农民谋取共同利益。当失地农民能够有效参与和管理社区发展时，社区人力资源的巨大价值就显现出来，社区发展的目标在很大程度上就会实现。社区人力资源还需要更充分的空间、更广泛的挖掘、更激励的方式，让更广大的一般居民都体现出资源价值，这既是社区发展、社区建设取得成功的更深的基础，也是民本主义在社区发展中更深刻的体现。因此，政府部门应该把有意识地培养失地农民参与能力作为"转型社区"资源整合的目标之一。

（2）精心设计"转型社区"居民参与活动

参与程度的不同反映了社区居民对社区活动的不同责任，在某种程度上也反映了他们对社区活动的不同贡献。要强化"转型社区"的凝聚力，可以通过社区参与活动的精心设计来促进失地农民之间的互助和联系。要注重深度参与的可能性。深度参与并不是简单的管理社区建设项目和决策，而是参与社区建设项目的各个环节，包括意愿的表达、项目计划的确定、计划的执行、项目结果的评估等。在活动内容上，应从失地农民的实际需求出发，贯彻"以人为本"的原则，开展广泛深入的调查，既要了解失地农民的需求，精心细致地做好联络和配置工作，尊重自主选择，又要掌握失地农民的特点，根据所能提供的服务时间和专业特长对服务资源进行最优化配置，要充分发挥政府的宏观指导和推动作用，形成有利于合理调动失地农民参与积极性的资源整合。

7.2 健全沿海"转型社区"服务机制

7.2.1 "转型社区"服务的内涵

1. "转型社区"服务的内容

社区服务是在政府的倡导下，为满足社区成员多种需求，以街道、居（村）委会的社区组织为依托，具有社会福利性的居民服务业。"转型社区"服务的内容十分丰富，范围非常广泛，根据服务对象的不同，大致可分为三类。

（1）以社会福利服务为主要内容的面向老年人、残疾人、优抚对象、贫困户、失地农民等社会特殊群体的服务。福利服务是"转型社区"所承担的以维护社会稳定为目标的公益性服务，是沿海"转型社区"最普遍的社区服务形式。

（2）以便民利民服务为主要内容的、面向全体社区居民的服务。这类服务是随着我国第三产业的发展而发展的，应当按照市场化模式来运作，但应是低营利性质的。

（3）面向驻社区单位的社会化服务，这类服务应当完全由市场来决定。"转型社区"应根据驻社区单位的性质、规模以及对社区服务的需求，设置专门的服务机构为其提供服务。

2. 现行多中心供给的"转型社区"服务

多中心体制意味着地方组织为了有效地进行公共事务管理和提供公共服务，实现持续发展的绩效目标，由社会中多元的独立行为主体要素（个人、商业组织、公民组织、政党组织、利益团体、政府组织），基于一定的集体行动规则，通过相互博弈、相互调适、共同参与合作等互动关系，形成多样化的公共事务管理制度或组织模式。①

"转型社区"服务多中心供给体制的精髓在于，不同形式的社区服务供给组织，依据相互独立、分工合作、优势互补、适度竞争的原则，为失地农民提供更多的社区服务选择机会，尽可能满足失地农民的多样化需求。随着沿海地区农村城市化的发展，"转型社区"服务的供给主体逐渐分化为政府、企业、私人和社会团体，各供给主体都在追求以独立、成熟的姿态向社区居民提供服务。那么，不同主体在提供社区服务方面发挥了哪些作用？不同主体在市场经济中扮演什么样的角色？为了回答这些问题，本章对青岛市城阳街道"转型社区"的社区服务进行了调查，分析政府、企业、私人和社会团体在沿海"转型社区"服务组织中的角色与功能（图7-5）。

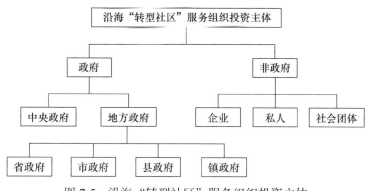

图7-5 沿海"转型社区"服务组织投资主体

（1）政府为投资主体

当前，我国政府在沿海"转型社区"服务组织建设中扮演了重要角色，政府通过下拨资金、制定优惠政策等手段来促进"转型社区"服务业的发展。各级政府在"转型社区"服务组织中投资的项目、资金比例和规模等都是不同的：中央政府的投资主要集中在较大型的福利服务设施建设上，例如民政部通过下拨资金建设养老院、福利院等，当然，这些服务组织也需要地方政府筹集相应的配套资金以完成最终的投资建设；省政府、市政府和县政府的投资额和投资方向也有所差异，它们主要是通过相关事业单位层层下拨资金，建立社区卫生站、社区教育机构和社区文化组织机构等；山东沿海的小城镇经济比较发达，镇政府有能力投入资金建立社区居民所需要的服务，如社区治安和消防、医疗卫生服务、固体垃圾的收集和处理等。

（2）企业为投资主体

企业是市场经济的主体，其投资活动是一种生产经营活动。在"转型社区"服务业中，企业主要承担的是生产者的角色。企业生产主要有两种方式：一是独立生

---

① 孙柏瑛. 当代地方治理——面向21世纪的挑战［M］. 北京：中国人民大学出版社，2004：79.

产，这种方式与政府的联系不紧密；二是与政府合作，这种方式可以通过承包政府的社区服务项目、获得特许经营权等来进行生产，这有利于企业取得较为稳定的收入来源，也有利于获得政府的政策支持。但不论采取何种方式，企业的主要目标是收益最大化。因此，企业是否投资"转型社区"服务业，以及投向哪个项目，是以市场为导向，最终取决于服务项目本身的财务效益。

（3）私人为投资主体

私人作为投资主体具有范围广、投资数额小、灵活性强等特点。私人作为投资主体同企业作为投资主体一样，以利润为投资目标。经初步调研，目前私人投资兴办的社区服务主要是以个体工商户为主，主要的社区服务形式有小饭馆、小超市、商店、私人诊所、家政服务公司、职业介绍所等。

（4）社会团体为投资主体

根据我国1998年9月颁布的《社会团体登记管理条例》，社会团体是指中国公民自愿组成，为实现会员共同意愿，按照其章程开展活动的非营利性社会组织。社会团体作为投资主体，是指以非营利性社会公益事业为投资对象的投资者，其投资行为的最主要特征就是投资目标的多元化。社团投资主体以满足投资者一定的价值偏好为投资目标。社会团体在建设"转型社区"服务组织时，主要是以资金和实物投资为主，服务对象主要是社区内的弱势群体。如"幸福工程"是以贫困母亲为服务对象，采取"小额贷款，直接到户，滚动运作，劳动脱贫"的救助模式。[①]

7.2.2 "转型社区"服务现状——以 H 社区为例

1. H 社区城市化改造概况

H 社区位于青岛市城阳区城阳街道，东临烟青一级公路，西靠青银高速公路。2004 年初，H 社区开始大规模拆迁改造，拆迁面积达 14 万 m^2，2004 年底完成住宅楼主体改造，居民全部回迁，社区规划总占地面积 37.6 hm^2，其中安置住宅 24 座，总建筑面积 7.76 万 m^2，绿化率达 44%，安置居民 460 户，安置套数为 968 套，平均每户居民两套住房[②]。按照政府的部署，H 社区率先建立了农村社会基本养老保险和医疗保险制度。从 2006 年起，社区内男 60 岁、女 55 岁以上的老人每月享受福利 500 元，社区内每年每户发放集体福利 300 元，每户每月经济困难补贴 200 元，每户每月老年补贴 50 元；对升入高中或中专以上的学生给予 400~2000 元的升学奖励；2004 年，有 799 人参加养老保险，有 1399 人参加医疗保险，参保率分别达 89% 和 96.7%。社区每年教育补贴 15 万元。2006 年，后田社区医疗保险投保比例达到 98%，政府、村集体是医疗保障政策的重要资金来源[③]（图 7-6）。

---

① 孙光德，董克用. 社会保障概论 [M]. 北京：中国人民大学出版社，2000.
② 资料来源：城阳街道建委。
③ 资料来源：后田社区居民委员会。

H社区改造前

H社区改造后

H社区（后田村）改造情况：
总用地面积：376000 m^2
住宅用地面积：77600 m^2
安置住宅面积：77616 m^2
开发住宅面积：26000 m^2
开发商业面积：25600 m^2
安置套数：968 套

图 7-6　H 社区城市化改造

2. H 社区服务需求与满足状况

为把握 H 社区服务的整体情况，本书以 H 社区居委会成员、居民积极分子、小社团成员为调研对象，针对社区公共服务、社区环境卫生、社区治安的满意度情况展开调研。共发放问卷 160 份，得到有效问卷 110 份。调查结果如下：

（1）失地农民的生活需求状况

依据调研可知：H 社区失地农民生活所面临的最大困难是没钱看病，占总数的 34.54%；其次是没有工作，占总数的 17.27%；再次是缺少公共活动空间，占总数的 14.55%。分析其原因主要有以下几点：随着我国城市社会保障体系的逐步推进，最低生活保障制度基本建立，而医疗保障体系还处于早期发展阶段，由于失地农民收入普遍不高，一旦生病，特别是大病，"巨额"的医疗费用会使失地家庭陷入经济困境；其次，据调查，H 社区失业人员占社区居民总数的 16%[①]，而 17.27% 的失地农民认为社区生活中最大的困难是没有工作，这些数据表明社会保障只是最低的生活保障，拥有一份工作，才能帮助失地农民走出困境走向富裕；另外，失地农民老龄化严重，H 社区被征地的老年农民数额比较大，他们在村集体经济的帮助下，日常物质生活需求得到保障，精神生活匮乏，活动空间被商业空间侵占（表 7-3）。

表 7-3　"社区生活中最大的困难"情况调研（N = 110）

调查内容	设置选项	频数	百分比（%）
社区生活中最大的困难是	邻里关系紧张	4	3.64
	社区环境卫生差	8	7.27

---

① 资料来源：后田社区居民委员会。

续表

调查内容	设置选项	频数	百分比（%）
社区生活中最大的困难是	治安状况不好	11	10.00
	子女教育资金缺乏	14	12.73
	老年人缺少活动空间	16	14.55
	没有工作	19	17.27
	没钱看病	38	34.54

（2）社区环境与安全满意状况

调查数据显示（表7-4），60%的居民认为环境状况良好，30.9%的居民认为环境状况一般，只有9.1%的居民认为环境状况很差；40%的居民认为治安状况良好，48.2%的居民认为治安状况一般，11.8%的居民认为治安状况很差。"转型社区"作为农村城市化建设的力冲场域，政府部门对社区建设的投入较多，经过近十年（先后两次改造）的建设发展，H社区环境面貌大为改观，传统落后的农村社区已经变成配套设施齐全、环境优美的城市社区。同时由于下岗失业人员和流动人口的涌入、人口老龄化等诸多问题都需要在"转型社区"得到解决，使社区治安问题成为居民最关心、最敏感的问题。社区治安秩序的好坏直接影响居民的生活和社区的建设与发展，因此，采取各种措施实现社区治安的综合治理，维护社区的安定团结，让失地农民真正能够安居乐业。

社区环境卫生、社区治安的满意度情况（N=110）　　表7-4

调查内容	设置选项	频数	百分比（%）
您认为本社区的环境状况如何	环境状况良好	66	60
	环境状况一般	34	30.9
	环境状况很差	10	9.1
您认为本社区的治安状况如何	治安状况良好	44	40
	治安状况一般	53	48.2
	治安状况很差	13	11.8

3. H社区服务总体状况

本书参照《城市居住区设计规范》GB 50180—93（修订版）、《青岛市居住区公共服务设施配套标准研究报告》及其他相关规范，对社区公共服务设施配套中共性的、主要的影响因子进行归纳分类。将H社区公共服务设施作为研究对象，将其分为8类：教育设施、医疗设施、文化体育设施、商业服务设施、金融邮电设施、社区服务设施、行政管理设施和市政公用设施。

表7-5对H社区周边的商业服务设施进行了统计：有1家在建的大型超市、12家杂货铺、10家美容、美发店、18家餐饮店、7家酒吧KTV等，从综合的超市到

杂货铺、餐饮店等零售商业形式再到美容美发等一系列服务型商业都发展迅速。但整体来说，H 社区内的社区公共服务设施相对缺乏，特别是就业服务、教育、敬老院等福利设施明显偏少；医疗卫生设施缺乏，居民对小区医疗设备及医生的信任度不高；社区内设有活动中心，但规模较小，文体设施相对缺乏。

H 社区服务设施配套现状调查情况　　表 7-5

类别	项目名称	服务内容	服务对象	组织形式	投资主体	备注
教育	幼（托）儿园	保教学龄前儿童入学	普通居民	单位	政府	1 所
	小学	6~12 周岁儿童入学	普通居民	单位	政府	1 所
	中学	12~18 周岁青少年入学	普通居民	单位	政府	—
医疗	卫生服务中心	综合医疗卫生服务，如门诊、出诊、保健、临时病床等	普通居民	单位	村委	在建
	卫生站	医疗、体检、日常护理、计划生育、卫生宣传等	普通居民	单位	村委	1 处
	药房	药品专卖及综合店	普通居民	个体	个人	3 处
文化体育	文化活动站（会所）	书报阅览、文娱、健身等主要供青少年和老年人活动	普通居民	单位	村委	1 个
	居民运动设施	健身设施	普通居民	单位	村委	1 个
		集中文化广场等	普通居民	单位	村委	1 处
商业服务	各类商业服务设施	小超市（杂货铺）	普通居民	个体	个人	12 个
		餐饮	普通居民	个体	个人	18 个
		美容、美发店	普通居民	个体	个人	10 个
		照相	普通居民	个体	个人	3 个
		休闲娱乐（茶吧、酒吧 KTV）	普通居民	个体	个人	7 处
		药店	普通居民	个体	个人	3 处
		电器维修	普通居民	个体	个人	5 个
		复印	普通居民	个体	个人	3 个
		网吧	普通居民	个体	个人	7 个
		书报	普通居民	个体	个人	2 处
		文化用品	普通居民	个体	个人	1 个
	超市或肉菜市场	农贸市场	普通居民	单位	村委	1 处
		大型综合超市	普通居民	个体	个人	在建
金融邮电	银行分理处	储蓄及金融业务办理	普通居民	单位	政府	1 个
	邮政所	邮电综合业务，包括电报、电话、信函、包裹、兑汇和报刊零售等	普通居民	单位	政府	—

续表

类别	项目名称	服务内容	服务对象	组织形式	投资主体	备注
社区服务	社区服务中心	家政服务	普通居民	个体	个人	—
		就业指导	普通居民	单位	村委	—
		老年活动站	普通居民	单位	村委	1个
	居委会	居民自我管理	普通居民	单位	村委	1个
	物业管理及业主委员会	建筑与设备维修、保安、绿化、环卫、智能管理等	普通居民	单位	村委	1个
行政管理	街道办事处	街道行政及各类事务综合管理	村委	单位	政府	1个
	派出所	户籍治安管理	普通居民	单位	政府	—
	治安点	治安管理联系	普通居民	单位	村委	1个
	市政管理机构	区域供电、供水、雨污水、绿化、环卫及管理和维修	普通居民	单位	政府	—
市政公用	公共厕所	—	普通居民	单位	政府	1个
	垃圾收集点	—	普通居民	单位	村委	有
	居民停车场、车库	机动车与非机动车停放	普通居民	单位	村委	1/0.5
	公交始末站	—	普通居民	单位	政府	有
	各类基础市政设施	集中供暖、燃气、水等	普通居民	单位	政府	齐备

7.2.3 沿海"转型社区"服务中存在的问题

近年来,我国沿海"转型社区"服务发展迅速。政府对"转型社区"的投入逐年增大,村级组织可以使用越来越多的财政资金来改善社区的公共服务设施;私人机构、农民合作组织以及信贷机构的增加,丰富了"转型社区"服务的品种,也扩大了居民对社区服务的选择空间。但总的来说,我国沿海"转型社区"服务所面临的形势还很严峻,较城市社区,"转型社区"不同服务机构在提供社区服务方面还没有有效的整合,还存在以下问题。

1. "转型社区"服务机制面临的"四个制约"

(1)性质模糊的制约

"转型社区"服务体系从一开始就定位于社会公益性服务。但在实际运作中,社区服务中始终是三种成分并存,即福利性公益性的无偿服务、部分公益性的低偿服务和营利性的有偿服务同时存在,甚至在同一个社区服务点上共存。随着"转型社区"的城市化建设发展,"转型社区"服务的使命也在悄悄地发生变化,从单纯提供服务转变为提供服务和服务岗位。大量希望在"转型社区"中找到服务岗位的失地农民，在提供服务时是要求有营利的，而且"转型社区"经济经过街道自有经济到税源经济的转变，现在又作为街道经济的一个生长点，注重投入产出的投资人显然不会同意"非营利"。这些因素汇集到一起，自然就提出了"转型社区"服务重新定位的问题，"转型社区"服务不能没有公益性，但也不能只有公益性。

（2）需求变化的制约

"转型社区"社区服务作为社会保障服务体系的一部分，内在地被限定在基本生活需求的层次。这一层次的服务说到底，也就是为特困人群，尤其是贫困失地农民提供服务。然而，"转型社区"中按阶层划分居住的格局越来越明显，不同阶层之间在需求层次、支付能力和服务的提供者层次上，都存在着很大的不同。许多社区中都已出现"三个世界"，即户主年龄大多在 55 岁以上的老年阶层，户主年龄在 20~35 岁的青年阶层和户主年龄在 35~55 岁的中青年阶层。老年阶层相对不富裕，对低层次的、无偿的社区服务仍有一定的需要；青年阶层已有能力通过市场来满足自己对服务的需求；中青年阶层相对富裕，他们看重的首先不是服务价格，而是质量，甚至品牌，他们对社区服务的实质性追求也主要在于便利而非价格。

（3）政府角色定位的制约

目前，在我国沿海"转型社区"，政府包揽社区服务的现象仍相当突出。各个街道的社区服务基本上都由街道和居（村）委会操办，资金来源无论是市、区政府的财政拨款还是街道自己的创收，根本上都是国家资金，大量服务提供者也是公务员或事业编制的专职人员，志愿者虽然贡献了很大的力量，但不足以维持社区服务的常规运作。政府完全包揽"转型社区"服务不但对"转型社区"服务机制的建构有影响，而且对政府自身也有不利影响。完全靠"自上而下"推进的"转型社区"服务，不易贴近居民需要，容易造成有服务无需求，有需求无服务。"转型社区"服务中的营利性服务更不适合政府自己办，因为这会造成政企不分，甚至与民争利，影响政府形象和政府的正常运作。

（4）体制的制约

目前，大多数社区机构不是独立的法人组织，一般隶属于街道、居（村）委会，机构使用的土地房屋和设施往往由街道、居（村）委会提供，机构的运营费用由政府补贴，这样的"转型社区"机构体制是缺乏效率的，是不适应市场经济发展要求的。此外，我国对"转型社区"服务机构的非营利性还存在认识上的障碍，许多社区机构不能正确处理营利与非营利的关系，不能正确处理有偿服务与无偿服务的关系，严重阻碍社区服务体系向社会化、产业化发展。

2. "转型社区"服务的供给渠道不畅，供给能力不强

当前，"转型社区"居（村）委会更多是在政府的指导下，依靠政府的财政资金或者自筹资金，为社区居民提供具有普适性的公共服务，如协助政府办理公共卫生事务、兴修道路、自来水供应等，而政府负责的公共服务更多是由其直属部门来提供，但这些部门的资金匮乏、与"转型社区"的关系较弱，甚至具有垄断性，导致政府负责的公共服务不能得到有效的实施，导致能与失地农民服务供给有效对接的失地农民合作组织、民间公益组织不能发展壮大，从而影响了"转型社区"居民对社区服务需求的表达和社区服务的实现。

3. "转型社区"服务的社会公正性不足

"转型社区"服务的社会公正性在于普适性的公共服务要有政府财政保障，在于社区服务要扶助失地农民这个弱势群体。但大量数据显示，很多社区服务项目须由失地农民自己出资，如义务教育中的学校兴建、公共卫生中的疫情通报等；"转型社区"本来就有限的村集体资产和居民自筹资金大都用来填补政府本该负责的公共服务经费缺口；失地农民将本该用于扩大再生产或改善生活质量的钱投入到本该免费享受的公共服务上，从而，严重影响了沿海"转型社区"服务的社会公正性。

7.2.4 健全沿海"转型社区"服务发展的保障机制

沿海"转型社区"服务的发展应着力从机制建设、队伍建设、网络建设及多元化建设四方面入手，推动"转型社区"服务向规范化、制度化、系统化的方向发展。

1. 建立健全的沿海"转型社区"服务运行机制

（1）建立完善的沿海"转型社区"服务投资融资运行机制

沿海"转型社区"服务的资金筹集应该是多渠道的。一方面，政府应提供一些硬件设施的建设资金，提供一些减免税的优惠政策，包括利税返还政策、某些部门的减免税政策、政府资金支持政策等。另一方面，要发展"转型社区"服务，还应争取银行和各种基金会的支持，应走以服务养服务的路子。

（2）建立健全沿海"转型社区"服务的评价和监督机制

由于我国"转型社区"服务是由政府自己来搞，政府对"转型社区"服务缺乏有效的质量监督，仅通过一些行政的评比来监控，只重视提高不重视普及，导致"转型社区"服务的发展不平衡。为了避免社区服务出现"盲区"，在实际工作中，我们可以借鉴西方国家的一些做法，制定严格的行业标准，先普及、后提高，对"转型社区"服务采取严格的制裁和监督措施，避免出现两极分化的现象。同时，把知情权和监督权交给"转型社区"的居民群众，倾听失地农民的呼声。

（3）健全规范的沿海"转型社区"服务政策法规

沿海"转型社区"服务要健康发展，就必须健全社区服务的法律法规。目前，我国关于社区服务的法规、条例还很不健全，"转型社区"作为城市社区的特殊类型其社区服务的相关政策法规几乎空白。易于操作的社区服务政策是沿海"转型社区"服务发展的一个很重要的标志。我们应借鉴国外一些好的经验，规范"转型社区"服务业的发展，不仅要有完善发展社区服务业的有关条例和办法，还要加强行业管理，制定行业的管理办法和章程。

2. 加强沿海"转型社区"服务队伍的建设

（1）加强沿海"转型社区"服务的专业人才队伍建设

社区服务队伍应该知识化、专业化和职业化，这是做好"转型社区"服务的组织保障。"转型社区"服务质量和服务水平的提高有赖于社区服务参加者的专业技术水平和其所具备的工作伦理、社会价值观，社区服务者应当具有一定的专门知识和熟练技术，应当具有一种爱岗敬业的精神。

（2）扶持和培育民间组织

民间组织代表的是市民社会。随着市场经济的发展，经济本身的自律性在加强，各种行业协会规范着经济的发展，这些协会已经成为国家法制管理和行政管理的助手。政府对民间组织的培育一方面要扶持，另一方面要加强对这些组织的管理，制定相应的管理办法，实行注册登记制度，对民间组织进行普遍性的认证。

（3）重视沿海"转型社区"志愿者队伍的建设

目前，沿海"转型社区"服务的志愿者人数偏少，参与度不高，而且志愿者的服务内容比较单一，扩大志愿服务队伍对提高"转型社区"服务水平至关重要。首先，加强对志愿者服务的引导，提高"转型社区"服务工作者的素质，使他们充分掌握动员、组织社区服务的本领，不拘一格，动员社会所有成员参与社区志愿者服务。同时，"转型社区"社会工作者要采取切实措施，制定实施细则和奖励办法，使社区的志愿者服务制度化、规范化和长期化。街道的社区工作者应把本社区的居民需求情况和志愿者所能提供的志愿服务情况输入电脑，并根据志愿者的特长和所能提供的志愿服务时间及时安排志愿者的服务。政府部门应对经常参加"转型社区"服务的志愿者给予奖励，并应大力宣传，使之成为一种光荣的社会风尚。

3. 建立"转型社区"服务的社会支持和服务网络

（1）建立健全的资源共享机制

建立沿海"转型社区"的资源共享机制，应健全社区利益机制、需求机制，增强共建单位的社区意识。利益机制是"转型社区"建设的推动力，社区居民、驻社区单位利益实现的程度直接决定其参与社区建设的态度和行为，在参与社区建设中实现的利益越多，他们的态度就越积极，社区资源就越开放，"转型社区"建设就越向前发展。健全利益机制，就是要使参与"转型社区"建设的各方利益得到最大限度的实现，达到利益共享、互惠互利。需求机制是把"转型社区"内的各方紧密地联系在一起，互相依赖、荣辱与共，通过相互需要的满足，把社区内各个不同的分子组成利益相关的共同体，从而形成社区的认同感、归属感和和谐共建的社区意识。"转型社区"应为驻社区单位和失地农民提供良好的外部服务，承担环卫、绿化的工作，帮助解决子女入托、入学等问题，驻社区单位应开放社区资源，达到资源共享。

（2）拓展沿海"转型社区"服务的领域

在现代社会中，人们的社会支持网络或强或弱地存在着。在这些关系网中，家人、亲戚属于首属关系，其他的则属于次属关系。人们在遇到困难、需要别人帮助时往往首先想到的是首属关系网络，然后才是次属关系网络和社会正规的服务机构。在"转型社区"服务中我们应加强次属关系网络的建设，形成社区内稳定的人际关系和支持网络，如邻居关系、街坊关系以及各种网络的支持关系等；要加强对"转型社区"服务工作者的培训，强化他们的社会活动能力，培养他们编织社会关系网络、组织社会支持网络的能力，充分发挥非正规社区服务的作用；另外还要加强社区居民的民主、平等、自主、公平意识，发挥"转型社区"内的网络式管理功能，充分调动居民潜在的互助能力，注重"感情储蓄"，讲究回报意识，一个人为社区、为别人做出了贡献，他对社区和别人来说就有了"感情储蓄"，这种"感情储蓄"就会成为"转型社区"互助的基础，成为社会资本的组成部分，一个"感情储蓄"丰富、资本雄厚的"转型社区"必定是一个人际关系和谐的社区。

4. 建立多元互动的"转型社区"服务

（1）建立多元化供给模式

随着我国农村城市化的发展，"转型社区"居住主体的日益多元化，面对社区居民需求的差异性和多样性，任何一个组织都只能承担有限功能，而不能大包大揽。因此，推进服务供给主体的多元化是满足"转型社区"居民需求、发展社区服务的必由之路。

政府应按照以人为本、分工合理、社会公正、权责对等原则制定政策法规，建立社区服务准入制度、相关优惠制度和社区服务监管办法。有偿服务面向全体社会成员，通过市场机制提供产品和服务，主要是私人物品，如家政服务、美容美发、快餐配送、代换煤气、日用百货等，允许企事业单位和个人提供产品和服务，推进"转型社区"服务组织的实体化和经营化，促进社区服务的产业化和规范化。低偿服务和无偿服务则面向失地农民等社会特殊群体和弱势群体，采取市场机制、行政机制、志愿机制等相结合的运行机制，一部分公共产品和服务由国家提供，国家直接生产或是出资购买，如社会保障、公共安全、医疗卫生等；一部分由企事业单位和个人提供，国家给予财政补贴、税收减免等，鼓励企事业单位和个人提供产品和服务，如公共交通、老年人服务等。同时，制定相关政策，要求或鼓励企事业单位和个人提供志愿性服务等，通过社会共建解决资金不足、人员不足、服务质量低等难题。

（2）建立以需求为导向的社区服务发展模式

社区服务作为一种半公共产品，具有福利性、公益性、地域性、相对流通性等特征，流通的领域相对局限于社区范围内。社区服务的发展应以人为本，在遵循市场规律的前提下,采取市场调节和行政指导相结合的方式,引导居民参与社区服务的需求表达、公共决策、服务的实施和提供等,根据居民需求和社区需求发展社区服务,避免造成无效供给或低效供给。

转型期,"转型社区"间的分化和居民的贫富分化,决定了低收入社区和低收入群体是公共服务关注的重要需求单元。推行个性化的社区服务,要以满足低收入人群和失地农民群体的需求作为基础和重点,完善最低生活保障制度,建立社区医疗基金和互助基金,积极开展劳动技能培训和失地农民就业工作,为全体居民提供平等的学习和就业机会。

7.3 创新沿海"转型社区"制度规范机制

7.3.1 制度规范机制创新的原则

一般认为,经济社会的发展都是在一定的制度框架中运行的,良好的制度框架能有效地推动社会发展,而落后的制度框架反而会成为经济社会发展的障碍。制度本身需要不断调整和完善,需要用效率更高的、更合理的制度替代效率低的或者已经陈旧失效的制度,以适应形势的变化,符合发展的要求。改革开放以来,广东、福建、浙江、上海、山东乃至渤海湾的整个中国沿海地区区位优势、开放优势、先发优势明显,沿海农村发展步伐较快,因此,迫切需要对新形势下原有束缚农村城市化发展的户籍、就业、产权、财税和社会保障等制度进行修改和完善,建立起有利于"转型社区"发展的新的制度框架。在推动沿海"转型社区"发展的制度创新时要注意把握以下四个原则:

1. 坚持长期性

改革开放以来,城乡二元结构开始解体,城乡隔离状况逐步被打破。但是,由于我国农村城市化存在的问题是结构性、体制性矛盾尖锐化的结果,这就决定了促进"转型社区"的建设发展是不可能一蹴而就的,这一过程必将任重而道远。

2. 坚持策略性

对现行的影响"转型社区"发展的各项制度及时梳理、分门别类、分清轻重缓急,因地、因事、因时制宜地采取不同对策。对时过境迁、不合时宜的制度及时废止,对缺失的制度抓紧建立健全,对不完善、不合理的制度抓紧完善。

3. 坚持系统性

制度机制的创新是一项涉及面广、配套性强、触及利益层次深的系统工程。在推进制度机制创新的过程中,不是静止地、孤立地推进,而是要运用动态的、联系的、发展的观点考虑创新;不是局部、个体的,而是从全局、整体上来系统权衡考虑。

4. 坚持实效性

要通过制度机制的创新，使各种生产要素能在城市与农村之间合理配置，使各种设施合理布局，使"转型社区"居民与城市市民共同拥有各种发展机会。

7.3.2 "转型社区"制度规范机制创新的主要内容

1. 创新行政管理体制

推进行政管理体制创新，应突出发挥政府经济调节、市场监管、社会管理、公共服务等职能，积极调动企业、市场、社会在农村城市化过程中的作用，为"转型社区"经济社会各项事业创造更加良好的发展环境。

（1）合理划分行政事权

地区政府应建立和完善与"转型社区"生产力发展相适应的社区政治、经济、文化、社会管理体制，不断强化对社区的服务管理职能。在农村城市化过程中，不同层级的政府职能定位各不相同，中央、省级政府重点在于宏观决策和调控，着眼全局、推动全局，其特点主要在于宏观性、调控性和间接性；省以下地方政府主要在中央、省级政府的决策、方针、政策框架下，立足本地的实际，制定具体措施，推动本区域的农村城市化。

（2）推进县（市）级政府管理体制创新

在"转型社区"发展过程中，县（市）政府地位重要、作用特殊，县（市）政府管理体制创新是整个政府管理创新工作的重点。县（市）政府应加强与省级、市级权力下放政策的衔接工作。沿海地区经济社会发展快，利益矛盾冲突多，县（市）级政府处在各种矛盾的中心，必须尽快创新社会管理体制，变被动为主动。

（3）加快乡镇（区）政府管理体制创新

乡镇（区）政府直接面对"转型社区"居民，职责重要，特别是在经济体制改革进一步深化和农村城市化不断加快的形势下，乡镇（区）政府管理体制创新迫在眉睫。改革乡镇（区）政府管理体制要坚持"小政府、大服务"的原则，强化自身管理和服务指导意识。

（4）推动"转型社区"民间组织创新

近年来，我国沿海农村社区在经济快速发展的推动下产生了一些民间中介组织形式，但是，这些民间组织还不能适应失地农民参与的大市场竞争。推进"转型社区"民间组织的创新首先要大力推进政企分开，其次要加强典型示范和教育培训，努力提高失地农民进入市场的组织化程度。

2. 创新产权制度体系

从经济增长角度看，经济产权主体不能人格化，产权边界模糊，是剥夺"转型社区"居民权益、阻碍其经济发展、影响政治稳定和社会繁荣的症结。制度性障碍是最直接的影响因素，其中产权制度是制度体系的核心问题。因此，建立归属清晰、责权明确、保护严格、流转顺畅的现代产权制度是"转型社区"集体资产不断增值、居民收入水平不断提高的关键。

（1）整合"转型社区"全部资源的产权制度创新

整合"转型社区"全部资源的产权制度就是通常所说的社区股份合作制。主要途径有以下几个方面：加快推进和完善集体经济组织产权制度改革，优化社区股份合作制企业的管理体制改革，增大社区股份合作社的开放度；淡化福利配股，增大现金购股，发挥集体股的优势，从管理制度上健全对集体股的管理；组建社区产权流转市场等。

（2）非农用地制度创新

伴随城市化、非农化的高速发展，我国沿海"转型社区"非农土地增值较快，它是失地农民的财富来源。目前，沿海地区失地农民的这部分资产所有权与收益权严重失衡。因此，必须规范创新非农用地制度，以保护失地农民权益，要建立土地股份合作制，对非农用地确权确股，要对本社区非农用地进行合理规划。

3. 创新要素流动体系

优化配置生产要素是沿海"转型社区"经济发展的基础和源泉，而实现要素优化配置必须通过要素合理流动来实现。推进沿海"转型社区"的城市化建设，必须创新社区资源配置方式，通过高效有序的生产要素流动，实现资源的合理利用。

（1）创新劳动就业制度

在沿海农村城市化进程中，农民将逐渐失去他们赖以生存的生产资料——土地，农村劳动力的就业成为一个无法回避的现实问题，必须妥善解决。要深化户籍制度改革，建立统一的、可流动的户籍管理制度；要坚持积极推动农村城市化的发展战略，推进"转型社区"产业结构和就业结构的同步优化。

（2）创新投融资制度

创新投融资制度主要有以下几个方面：引导社会资本，大力发展具有地方特色的产业，使产业素质整体提高；吸引外来资本，大力开展招商引资工作，迅速发展外向型经济；争取金融资本，积极鼓励龙头企业在境内外上市，支持农村小额信贷机构发展，规范信贷行为；扶持科技企业发展，鼓励外出失地农民返回创业，加强对"转型社区"劳动力的技能培训；构建科技推广平台，加强信息基础设施建设，加强面向三产的综合信息服务平台建设，建立跨部门的信息交换与共享体系。

（3）商品流通体系创新

沿海"转型社区"要以特色的块状经济和外向型经济为依托，大力发展专业市场，形成"以特色产业为依托、以专业市场求发展、以规模效益为目标"的产业—市场互动发展格局，并发挥专业市场引导生产、搞活流通、促进消费的重要作用，带动"转型社区"的经济发展。同时，把专业市场的升级与旧村改造、产业发展、交通发展结合起来，提高市场对区域商品流通的吸纳力和辐射力，提升区域经济实力，进而提高失地农民的收入。

4. 创新社区社保体系

一般来说，社会保障制度具有三项基本功能：一是缓解社会成员生活风险，解决社会问题，保持社会稳定；二是作为一种国民收入再分配的机制，调节收入分配，促进社会公平；三是改善民生，增加消费，刺激经济增长。建立完善的社会保障体系，把社会保障的各项功能充分发挥出来是"转型社区"经济发展和社区文明的重要体现。

（1）养老保险

"转型社区"建立养老保险体系应遵循实事求是、政策引导、重点推进的原则。要根据本社区的经济社会发展情况制定切实可行的社区社会养老金领取标准；要制定鼓励特殊群体参加养老保险的政策；要做好社区社会养老保险宣传工作，提高社区居民的参保意识，完善社区社会养老保险机制。

（2）失业保险

由于各类建设征占土地，大量农民被动失地，失地农民就业问题变得非常突出。应将失地农民逐步纳入城镇社会保障体系，保险资金的筹集由个人、集体、政府三方负担；应对失地农民的就业观进行教育，建立市（区）统一的就业管理和服务体系及就业信息网络，加大对失地农民的再就业培训，提高失地农民的就业能力。

（3）医疗保险

"转型社区"医疗保险主要指农村合作医疗。农村合作医疗制度是帮助失地农民抵御重大疾病风险的重要保障。推进"转型社区"合作医疗建设要以失地农民大病医疗统筹为主，多种形式并存，要健全社区组织管理机构，要多方筹措资金、建立合理的支付制度，同时还要加大农村合作医疗的宣传教育力度。

（4）最低生活保障

建立"转型社区"最低生活保障、完善低保制度体系主要从以下几方面入手：科学测算，准确界定本社区低保对象；结合本地实际，提高"转型社区"低保标准；考虑把因征用地由农业户口转为非农业户口，且未获得安置而出现生活困难的家庭纳入"转型社区"低保范围；加强政策引导，构建多层次的社会救助体系；建立"转型社区"低保资金保障机制；采取多种方式加大"低保"政策的宣传力度。

在农村城市化过程中，要把解决失地农民就业和社会保障问题放到重要位置。在努力转变失地农民就业观念的同时，集体经济组织以及乡镇（区）政府要尽可能地为失地农民提供更多的就业岗位；要进一步深化"转型社区"养老保险制度改革，扩大社区现有农保和新型合作医疗覆盖面；要积极探索"转型社区"社会保障和城市社会保障接轨的有效渠道。为"转型社区"向城市社区过渡打好基础。

7.3.3 "转型社区"制度规范的特色——村规民约的作用分析

村规民约是"转型社区"制度机制的特色组成部分，也是"转型社区"制度机制创新的一个切入点。下面选取青岛市城阳区 J 社区作为调研对象，探寻村规民约在"转型社区"制度整合中的重要作用。

1. 村规民约所具有的社会整合力及其优势

村规民约是"转型社区"自治背景下居民进行自我管理、自我教育、自我服务的自治制度规范。它强调居民除依法享有国家宪法和法律赋予公民的基本权利外，还享有本社区规定的权利，居民除了履行宪法和法律规定的义务外，还必须履行本社区规定的义务①。也就是说，村规民约既包括与居民生产生活密切联系的法律内容，同时结合本社区的实际又进行了适度的延伸和发展。它熔法律、道德、礼仪等要素于一炉，其社会整合力具有不可替代性。

（1）村规民约是农村社区各阶层利益冲突的"缓冲器"

村规民约作为居民自我管理、自我教育、自我约束的行为制度规范，是居民自身的创造物，是居民共同利益的表达机制，体现了社区居民的意志和利益。由社会分化所引发的各种错综复杂的矛盾通过村规民约的制定与实施得以调整。社区居民自治制度的法治和契约民主特性决定了它具有这样的整合功能。②

（2）村规民约兼容传统和现代两大特征

维护农村社区的日常生活秩序仍然是制定村规民约的主要目的，社会生活的历史延续性决定了传统村规民约的某些内容和原则在今天依然具有现实影响。同时，村规民约作为社区自治制度化、规范化的表现形式必然受到国家现行法律、法规精神的引导。《中华人民共和国村民委员会组织法》第二十条规定："村民会议可以制定和修改村民自治章程、村规民约，并报乡、民族乡、镇的人民政府备案。"可见，村规民约既反映传统，又体现了现行法律、法规的精神；既能与宏观的国家政策相适应，又体现了村落的特点，在理论上是一种传统与现实、宏观与微观、普遍与特殊巧妙结合的社会控制规范③。村规民约作为一种制度整合机制，既能符合"转型社区"社会生活的实际状况，又为国家行政权力在新的历史条件下渗入基层社会提供了一个巧妙的渠道。

（3）村规民约具有民主契约特性

在（商品）市场经济以至整个人类社会发展的历史中，用契约取代身份的实质是人的解放，是用法治取代人治，用自由流动取代身份约束，用后天奋斗取代对先

---

① 赵佳维. 村规民约：村落整合与发展的一种机制［D］. 浙江：浙江师范大学，2006.
② 林少敏，郑晓珍. 中国农村社会结构的分化与村民自治制度的秩序整合［J］. 中共福建省委党校学报，1996（10）：62.
③ 罗家云. 一个哈尼族村寨社会控制的实现方式研究［M］. 昆明：云南大学出版社，2001.

赋资格的崇拜①。契约是调整社会关系的手段，充分发挥契约关系的社会调节功能是我国社会健康、良性发展所不可缺少的。从行政性整合走向契约性整合是当代中国社会政治民主化进程的必然诉求。通过居民利益协调产生的村规民约是全体居民之间达成的一种契约，它确保社会生活的各个方面尤其是涉及全体居民共同利益的社区事务按规范行事。因此，村规民约作为一种契约性规范，是农村社区社会关系的稳定器、调节器，是社会有序化的重要工具。在由传统"身份社会"向现代"契约社会"迈进的进程中，村规民约所具有的民主契约特性也与农村社区制度整合的特点相符合。

（4）村规民约是促进社区集体经济发展的重要机制

村规民约能够使社区财务状况的混乱局面得以改善，实现社区财务的规范化管理。以 J 社区为例，以村规民约为依据，设计、组建的监督机构——社区监督委员会具有以下职能：社区监督委员会支持社区两委（社区党支部委员会、居民委员会）正常工作，向居民宣传、解释社区事务、财务运行情况，及时消除居民对村两委工作的误解，及时向党支部、社区委员会等组织反映居民对社区事务管理的意见和建议。社区监督委员会在社区财务管理中起到沟通和桥梁的作用。因此，社区监督制度作为社区的一项规约，能够成为一种社区自我化解矛盾、协调居民关系的自主运行机制，使社区内各项公共事务尤其是社区财政得以理顺，从而为社区集体经济的发展奠定良好的基础。

2. 村规民约建设中存在的问题

治理运作的制度化是村规民约发展的客观要求。但村规民约作为一项前所未有的民主实践，具有开创性和复杂性，实践活动往往会与理想的制度安排发生偏离，因此，在村规民约的建设中也存在一些问题。

（1）建制主体不合法、制定程序不规范

《中华人民共和国村民委员会组织法》第二十条规定："村民会议可以制定和修改村民自治章程、村规民约，并报乡、民族乡、镇的人民政府备案。"可以看出，居民会议是村规民约唯一合法的制定主体，但要在面临转型的农村社区中贯彻这一规定实为不易。

社区很多规约是少数干部提议，交由社区两委会议或社区两委扩大会议讨论通过而制定的。社区两委扩大会议主要是在社区两委的基础上召集居民代表而形成，居民代表定期走访住户，此制度能在很大程度上保证居民代表对基层民意的真实传达。但由于定期走访制度并没有实施上的细则规定，居民代表的联户制度无法从根本上保证真实民情的上传。而规约提议者（即村干部）恰恰是政府意图的最好领会者，村规民约草案的提出，实际上就是在政府部门支持下进行的。这种村规民约，

---

① 袁祖社. 社会生活契约化与中国特色公民社会整合机制创新［J］. 天津社会科学，2002（06）：37.

对于信息和知识相对缺乏的失地农民来说，则是一种制度性的范本，在进行民意表决时，失地农民很难突破这些事先约定的框架。因此，如果村规民约制定主体不合法，就很难保证村规民约符合民情民意，而且极易造成干群关系紧张，不利于社区秩序的稳定。

此外，《中华人民共和国村民委员会组织法》第二十条仅规定了村规民约应由村民会议通过、报乡（镇）人民政府备案，并没有其他明确的可操作性规定。也就是说，村规民约的制定无章可循，这就导致居民会议制定村规民约只是走过场，最终还得由社区居民委员会拍板决定。由于制定主体不合法，制定程序不规范，民意表达不充分，就会挫伤居民参与制定村规民约的积极性，就会导致居民认同力下降，使得村规民约难以发挥其应有效用。

（2）村规民约与国家法律的偏离

国家一直希望能通过国家法律有意识地塑造普通民众的生活，从而将每个公民的行为都纳入预定的轨道。因此，国家法在被"引入（乡土社会）之初就含有浓厚的改造民间的冲动"[①]。新中国成立以来，国家法凭借国家权力的强制推行，已经开始伸展到中国社会的基层。然而用一套代表"普遍国家意识"的理想化标准去应对基层社会充满"地方性"的日常生活难免会出现问题。事实证明，国家施于农村的法律，未必都切合农村的实际。国家法的运作在许多方面并不能很好地满足失地农民在秩序方面的需要和解决他们的实际问题。而内生于居民生产、生活实际的村规民约则迅速地填充了应由国家法律调整的范围。出于"有效""管用"的考虑，政府对村规民约中某些合理不合法的规定作出了一定的让步，并对某些规定予以认可。

在国家厉行法治的大背景下，村规民约做出顺应国家法的调整具有必然性。在建构法制现代化的过程中，国家法代表了社会前进的方向，无论村规民约具有怎样的合理性，其与国家法仍然不是同一层次。因此，在促成国家法和村规民约良性互动与对接的过程中，应当以国家法为价值取向，对涉及村规民约和国家法的问题做出实事求是的变通和灵活有效的处理。

（3）村规民约的执行手段重经济处罚，缺乏终极保障措施

村规民约制定的目的在于保护并实现居民自治权。村规民约体系大部分内容都能符合社区自治的制度精神，但也有一部分内容，在制定时受到官本位思想、人治思想及长期以来行政管理模式的影响，重管理、轻自治。其结果是村规民约执行的目的明显倾向于社区组织对居民的管理，而缺乏自治精神下对居民自治权的应有保护，缺乏批评教育的有力措施和适当形式。村规民约中有些条文不是对居民权利的保障和对公共权力的限制，而是强调对违反规约的相应惩罚，尤其是经济上的处罚。

---

① 赵晓力. 中国近代农村土地交易中的契约、习惯与国家法 [EB/OL]. http://www.guoxue.com/

7.3.4 村规民约在沿海"转型社区"中的实践——以青岛市 J 社区为例

J 社区（图 7-7）位于正阳路与青银高速公路交汇处，正阳支路南北穿社区而过，东转 1 公里直通烟青一级公路。总面积 0.54km²。2004 年 8 月，J 村改为 J 社区，有居民 284 户，人口 839 人。1994 年以来，J 村在正阳支路西侧建立了占地 288 亩的工业园区，先后投资 2000 余万元进行规划建设，达到水、电、路等"七通一平"标准。到 2004 年，共引进外资企业 3 家，实际利用外资 300 万美元；内资企业 5 家，实际利用内资 2000 万元。发展个体工商业户 22 家。2004 年经济总收入 3920 万元，人均收入 5208 元。①

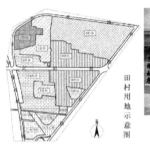

J 社区改造前

J 社区（江家庄）改造情况：
总用地面积：104559.2 m²
总建筑面积：123232 m²
住宅面积：114532 m²
商业网点面积：8700 m²
总户数：1172 户

J 社区改造中

图 7-7　J 社区城市化改造

1. J 社区村规民约的内容、形式

根据村规民约在"转型社区"制度机制建构中的作用，可分为两类：一类是基本规约，即社区自治章程，是沿海"转型社区"近年来创造的一种较完整的综合性规约，居民形象地称之为"小宪法"，它规定社区自治的基本制度，起着保障社区自治权落实的作用。主要包括居民委员会选举办法、居民议事规则、居民委员会工作制度、财务管理制度、社区事务、财务公开制度和民主评议制度等。另一类是专门规约，即各种单项规约，它规定居民自我管理的具体办法，规范社区干部和居民日常行为，主要包括社区居民自治、国家政策、治安秩序、精神文明建设等方面的具体规约（图 7-8）。

本书对 J 社区的村规民约进行梳理和归纳，其内容主要表现为以下几方面：

---

① 资料来源：城阳区政协教科文卫体与文史资料委员会. 城阳村落 [Z]. 2005.

（1）落实社区居民自治制度

社区自治章程是根据社区居民自治和法治精神，结合本社区实际，按照村规民约制定的基本原则、基本制度及居民权利义务的自治规范。当前"转型社区"主要的政治活动集中体现在社区居民自治章程的贯彻落实上，具体表现为对民主选举、民主决策、民主管理、民主监督等民主制度的规范化及贯彻实施。

图 7-8　J 社区村规民约展示牌

通过对 J 社区村规民约的考察，我们发现，J 社区涉及居民自治的各类制度并未以"章""节""条"的形式形成统一章程，而是将民主选举、民主决策、民主管理、民主监督四个环节中所涉及的规章制度分别加以规定。在这些规章中，规定的最为详尽的是社区事务管理和监督制度。在民主选举的环节中，因为 J 社区所归属的城阳街道会给予相应的指导和帮助，城阳街道在工作指导过程中会制定相应的操作规程，所以，在 J 社区规章中未见具体涉及民主选举的内容。另外，J 社区村规民约的内容根据本社区集体资产庞大的实际情况，主要集中在民主决策、民主管理和民主监督三方面。

（2）贯彻和落实党的其他政策、国家法律

村规民约是落实党的政策、执行国家法律的一种有效形式，它将党的政策和国家法律在形式上具体地内化为社区居民的公共行为准则，从而保证政策和法律在社区的贯彻、实施。在 J 社区的村规民约体系中，对落实计划生育管理、普及义务教育、保护集体土地资源、落实服兵役制度、禁止土葬等都做出了详细的规定。

（3）维护生活、生产和经营秩序

作为实行自我管理、自我服务、自我教育的社区居民自治组织，在 J 社区居民委员会整理成册的规章制度中，有很多内容涉及了社区生活秩序和生产秩序的维护及保障。如对居民户口变动管理有专门规定，不偷盗、不打架斗殴、不寻衅滋事、不赌博、不毁损他人财物等内容都写入了公约，并特别针对本社区居民将私有房屋出租给外来人员的情况制定相应规章，要求房屋出租户自觉管理好外来人员、督促其履行本社区的相应规约，并制定专门的外来人口管理办法，从而加强社区治安工作，为营造稳定祥和的社区秩序提供制度保障。

（4）加强精神文明建设

J社区的居民公约中有大量涉及社会主义精神文明建设方面的内容。如提倡爱党、爱国、爱社会主义；提倡邻里团结、相互帮助、互谅互让；提倡家庭和睦、孝敬老人、爱护儿童；提倡反对封建迷信；提倡讲卫生、讲文明、自觉搞好家庭卫生、保持房前屋后整洁卫生、垃圾集中倒进垃圾箱、美化生活环境等。

任何一种规范都有一定的形式，规范的形式包括了规范表达的方法、体例、结构等内容。在体例和结构上，基本按条文式"一、二、三"的顺序排列，将规约划分为财务管理、外来人口管理、建房管理、户口变动管理等具体而专项的细则；在表达方法上，J社区的村规民约统一采用了书面形式，制定出来的章程除了集中整理成册外，还分发至户。

2. J社区村规民约的制度特征

费孝通先生曾经指出："文化本来就是人群的生活方式。在什么环境里得到的生活，就会形成什么方式，决定了这人群文化的性质"①。在居民自治背景下形成和生长的J社区村规民约，虽受到了当前法律法规的引导而愈益彰显其现代性，但它同时也具有很强的地方性，体现着本社区公共生活特有的丰富内容。在法律法规及传统乡村生活逻辑等多种因素的交互作用下，具有以下特征：

（1）形式理性化

与纯粹自然生成的传统村规民约相比，现行的J社区村规民约大多参照国家法的立法技术制定，向着由零散到综合、专项到典章型的趋势发展，具有较高的系统性和规范性，体现出一种形式理性化倾向。从内容上看，J社区村规民约大都与国家有关法律、法规和政策保持一致；从制定程序上看，村规民约的草案一般都由社区居民委员会提出，由居民大会或居民代表会议讨论并根据审议意见进行修改，经出席会议半数以上成员表决同意后生效，生效后的村规民约还须报街道审查备案。

（2）权威制度化

作为维护村规民约的主要力量，J社区居民委员会在推行社区居民自治的过程中，正在发展成为一种制度化的权威。首先，这种制度化体现在社区委员会的产生上，居民委员会由全体居民选举，其选举的程序、当选的条件、罢免的理由及任期都由《村民委员会组织法》加以规定。其次，居民委员会的工作职责和工作方法在事前加以明确，社区委员会成员述职考核制度、报告制度、误工补贴制度等都使社区委员会的工作日趋制度化。

（3）乡土性与现代性的融合

"乡土生活（始终）是富于地方性的"②。村规民约一方面以或公开或隐蔽的方

---

① 费孝通. 费孝通文集[M]. 北京：群言出版社，1999: 176.
② 费孝通. 乡土中国. 北京：商务印书馆，1987.

式传承了带有浓厚乡土色彩的内容；另一方面，为了适应"转型社区"失地农民生活的实际需要，又进行了新的乡土化改造，在基层民主制度的推进中形成和生长的J社区村规民约融入了大量现代的价值观。J社区村规民约兼容了传统和现代两大特征。

3. J社区村规民约的形成、生长机制

（1）村规民约在推进基层民主制度的进程中融合了国家的意志因素

经考察，J社区相关规章制度的制定是具有一定的民意基础的，在一定程度上是J社区全体居民共同意志和利益的体现。村规民约的内容体现了"转型社区"的经济形态和人们的民主自治理念，如J社区旧村改造公开招标投标制度深刻体现了现代化民主进程和市场经济规则对"转型社区"的影响。不同于传统乡村社会带有明显宗族色彩的村规民约，J社区的各项规约都随着具有中国特色的社区基层民主制度的发展而发展。

一般来说，制度作为一种协调人们之间社会关系和社会行动的规则，可以分为两种类型：一种是内在制度，指某一群体内随经验而演化的规则；另一种是外在制度，指由统治共同体的政治权力机构自上而下地设计出来、强加于社会并付诸实施的规则①。J社区的自治制度，既是一种随经验而演化来的内在制度，又是依靠政治动员自上而下强行贯彻的外在制度，这样，大量的国家法律通过村规民约转化为社区的公共行为规范，国家意志得以渗入。

（2）村规民约具有内生性

在一个依然保有若干乡土特征的社区里面，日常生活所固有的逻辑与体现一种处处以个人为单位的现代逻辑，两者之间往往不相契合，以至法律在许多方面不能很好地解决居民的问题。而为居民们所了解、熟悉、接受乃至视为当然的内生规则则更多地介入了乡间生活，它们像是常识存在于生活中，是人们之间进行社会交往和解决问题的重要手段。

如J社区户口变动的管理规定就出自于居民内在的生活逻辑。按《中华人民共和国婚姻法》第八条的规定：男女双方登记结婚后，根据男女双方的约定，女方可以成为男方家庭成员，男方也可以成为女方家庭成员。按照我国户籍管理的相关规定，登记结婚的男女双方有自愿保留原户籍的自由，也有到对方户籍所在地入户的权利。然而，看似简单的法律条文在"转型社区"的实行中却出现问题。"嫁出去的女儿，泼出去的水"农民已经习以为常。J社区户口变动管理第三条规定：本社区女性凡因婚嫁，已办理登记手续或已举行婚礼仪式的，从登记之日或举行婚礼次日起，都应把户口迁入对方户口，若不迁出的，归为挂靠户口，不享受任何待遇。J社区作为一个拥有丰厚集体收入来源的"转型社区"，拥有该社区户籍即意味着每

---

① [德]柯武刚,史漫飞.制度经济学：社会秩序与公共政策.韩朝华译.北京：商务印书馆,2000.

年能从社区集体收入中获得可观的分红。因此,严格控制本社区居民的数量符合社区的集体利益。

可见,J社区村规民约中仍有不少内容源自居民日常的生活逻辑。在"转型社区"这个特定的聚落里,居民们日常生活中的知识渐渐发展成清晰明确的规约,进而成为社区的公共行为规范——村规民约,具有内生性。

4. J社区村规民约的运作机制

自上而下的各种推进力量是村规民约得以执行的有力保障。随着时代的变迁,传统的权威正在不断地弱化,而居民委员会作为一种新的权威形式,它的存在与发展使正在丧失的社区公共权威得以补充,也为村规民约的实现和执行提供了必要的支持。另外,村规民约涉及的社区精神文明建设的大部分内容都须依靠社区舆论的力量得以贯彻执行。

J社区村规民约涉及精神文明的内容是绝大多数居民所共同推崇的道德规范、文明准则。在一个以失地农民为主体的社区共同体中,违反大家共同遵循的道德规范、行为准则将受到共同体的排挤。J社区村规民约的运作机制与其强大的集体经济有关。村规民约确定了个体对于社区的归属关系,由于这种归属关系的存在,个体成员的权利才得到承认,个体才有资格要求共同体对其生存提供支持、给养和保障,比如划分住房宅基地、承包土地、接受公共物品分配、接受服务和福利。在一个集体资产较雄厚的社区,社区所拥有的对居民身份的界定权已经能在很大程度上保证各项规章制度的贯彻执行。

7.4 完善沿海"转型社区"自治参与机制

7.4.1 "转型社区"居民自治的内容

村民自治是指在农村社区的居民自己组织起来,实行以民主选举、民主决策、民主管理、民主监督为核心内容的进行自我管理、自我教育、自我服务的一种政治参与形式,它是实行直接民主的一种基本形式[①]。"转型社区"居民自治的主体是全体社区居民;自治的区域是与失地农民生活联系十分紧密的社区;自治的内容为本社区内的公共事务和公益事业;自治的目的是使居民在本社区范围内实现自我管理、自我教育和自我服务,并处理好与失地农民利益密切相关的公共事务,从而保证国家对农村基层社会的有效治理。

1. 民主选举

民主选举是指村民委员会的主任、副主任和委员由民主选举产生,任何组织或

---

① 宿一兵. 村民自治制度建设中存在的问题与对策[EB/OL]. http://www.chinarural.org/

者个人不得指定、委派村民委员会成员①。"转型社区"居（村）民委员会主任、副主任和委员，由居（村）民直接选举产生，居（村）民委员会每届任期三年，其成员可以连选连任。社区内年满 18 周岁的居民，不分民族、种族、性别、职业、家庭出身、宗教信仰、教育程度、财产状况、居住期限，都有选举权和被选举权。"转型社区"内每个成年的居民都享有直接选举居（村）委会干部的平等权利。

2. 民主决策

民主决策是指涉及村民切身利益的事项，必须由村民民主讨论，按多数人的意见做出决定。"转型社区"涉及居民利益的问题，居（村）民委员会必须提交居民会议讨论决定。居民会议的决定，由 15 周岁以上的居民过半数通过，或由户代表的过半数通过。这些规定赋予了"转型社区"居民民主决策的权利，并提出了"转型社区"居民行使民主决策权的组织制度形式——居民会议或户代表会议。

3. 民主管理

民主管理是指对村内的社会事务、经济建设、个人行为的管理，要遵循村民的意见，在管理过程中吸收村民参加，并认真听取村民的不同意见。在贯彻落实社区民主管理的过程中，全国多数农村社区以制定村规民约或村民自治章程的方式实行村务民主管理，大部分"转型社区"仍延续这一做法。

4. 民主监督

民主监督是指由村民对村民委员会的工作和村内的各项事务实行民主监督。在"转型社区"实践中，失地农民的民主监督权利主要有三种制度形式：一是通过定期召开居民会议或居民代表会议，听取和审议居民委员会的工作报告，对居（村）民委员会的工作进行评价和监督；二是通过召开居民会议或居民代表会议形式，对居（村）民委员会干部的工作能力、业绩、作风以及其他行为进行民主评议，进而对不称职和违法乱纪的居（村）委会干部进行罢免；三是建立社区事务公开制度，居（村）民委员会须以社区事务公开栏或召开居民代表会议的形式，及时把各项收支、主要工程项目预算决算、各种征收提留、宅基地发放、计划生育指标、干部任期目标责任等与居民切身利益相关的各类事项予以公布。

7.4.2 "转型社区"自治参与机制的价值意义

1. 是以人为本建设"转型社区"的要求

在国家政治的视角下，现代国家政府的正当性和合法性来自人民意愿，公民参与可以提高政府的代表能力和回应能力，公共组织及其所参与的网络应该在尊重大多数人意愿的基础上通过合作和共同领导来运作。因而，在"转型社区"城市化建设中，必须坚持以人为本的思想，保证失地农民共享发展的成果。当前，我国"转

---

① 《中华人民共和国村民委员会组织法释义》第二条：村委会的性质和任务，来源于：觅法网，http://www.341aw.com/

型社区"的城市化建设主张发展社区经济以改善失地农民的生活条件,但主要着力点在于通过"转型社区"的城市化建设做出对失地农民城市生活的长远预测,提高失地农民的生活满意度,形成对"转型社区"价值的重视,抵消市场经济对失地农民边缘化的负面作用。这是我国以人为本建设"转型社区"的必然要求。

2. 是多中心治理的选择

在政府治理的视角下,20世纪90年代以来,一种新的公共管理理论——治理理论逐渐兴起,服务型政府受到推崇,不再强调政府单方面控制、支配和干预社会活动,而是提倡政府与社会的合作,"更少的政府,更多的治理",强调自上而下的管理与自下而上的参与相结合的多中心管理主体安排,并提出满足公共需要的政策和项目可以通过集体努力与合作得到最具效益且最负责任的实施。多中心是治理理论的核心观点和本质特征,但是"多中心治理"的概念对政府管理来说并不是颠覆性的,而是建设性的,在于多中心体制下各中心之间的均衡,国家或政府依然在这个复杂系统中扮演着关键性的角色。俞可平教授以定县、邹平和江宁为例,对中国农村治理的历史和现状做了比较系统的个案研究,指出中国的乡村治理是一种政府主导的治理模式,治理结构的多元化和治理主体的精英化仍是今天中国乡村治理的重要特征[1]。"转型社区"是乡村社区的城市化过渡状态,多中心治理理论同样适用于"转型社区"。

3. 是"转型社区"双重治理的基础

社区自治具有面向政府和居民、行政与自治交织的"层缘"特性[2]。在新体制下,"转型社区"处于国家与社会之间,社区干部扮演着政府代理人和居民当家人的双重角色。政府希望社区干部有效地贯彻落实政务,居民则希望社区干部为居民提供良好的服务。如果广大居民不能积极参与、加强监督,社区干部责任的天平就会倾向政府,长久下去就会失去居民的信任。因此,动员失地农民积极参与社区自治,对完善"转型社区"的组织功能、完成社区双重治理以及加强政府和社区居民的联系具有重要作用。

4. 是"转型社区"居民发展权力的体现

从居民自身的角度看,"转型社区"居民自主参与社区经济和社会项目的决策、实施、利益分配、监督及评估,是居民不可剥夺的权利。在"转型社区"中失地农民属于弱势群体,他们的发展不仅要体现在收入的增长上,更要体现在权利保障方面,这种发展不是外部嵌入的,而是内生的。"转型社区"的城市化建设是资源整

---

[1] 俞可平,徐秀丽. 中国农村治理的历史与现状:以定县、邹平和江宁为例[M]. 北京:社会科学文献出版社,2004.
[2] 所谓"层缘"是指一个组织所处的社会层以及所面对的社会关系、权力关系和权利义务关系。由于各类自治组织所处的社会层不同,其"层缘"也不相同。如调解居民纠纷的组织,面对的是社区内的邻里关系和居民关系,因而其自治的"层缘"在社区内部;而从事社区治理的自治组织处于社会与政府交界层,具有一面面向社区,一面面向政府的"双重面向"的"层缘"特征。社区自治则具有自治与公共治理的双重性。

合的过程，提倡社区居民充分参与并发挥积极性和创造力、坚持社区居民自治，并通过失地农民的积极参与找到每个"转型社区"急需解决的问题、提出解决方案，这是社区居民的共同利益所在，也是"转型社区"居民发展权利的体现。

7.4.3　青岛市城阳区 D 社区"转型社区"自治参与现状

D 社区（图 7-9）位于城阳区正阳路与烟青公路交会处北侧。2004 年，全村有 390 户，1291 人，D 村自 2004 年 6 月实施"村改社区"。①

图 7-9　D 社区城市化改造

1. D 社区的管理制度

（1）社区组织领导体制

社区党支部是社区各种组织和各项工作的领导核心，党支部书记是社区里的"一把手"，主持社区全面工作。居民委员会是社区居民会议和居民代表会议日常工作的执行机构，社区居委会主任在党支部的领导下主持社区居委会的工作。社区党支部与社区居委会的关系是领导与被领导关系。

（2）社区事务管理

社区事务管理实行党支部领导下的社区居民自治。主要组织机构有：党员议事会、居民会议、居民代表会议、居民议事会。管理的主要事项有：社区财务管理和财务公开、社区集体资产管理、承包合同管理、居民负担管理、印章管理等。

（3）社区干部管理

社区干部管理制度主要有：年度目标责任制、民主评议制度、诫勉制度、审计制度、回避制度等。根据精干、高效、减轻集体和群众负担的原则，两委成员交叉

---

① 资料来源：城阳区政协教科文卫体与文史资料委员会. 城阳村落［Z］. 2005.

任职,共设 5 职,其中党支部成员 5 人,居(村)委会成员 3 人。

(4)社区居民管理

在党支部的领导下,由居民委员会依据国家法律、法规,结合 D 社区实际,制定了村规民约,实现了社区居民的自我管理、自我教育、自我服务。D 社区村规民约的主要内容有:精神文明建设、土地管理、规划建设管理、社会治安管理、电力管理、计划生育与人口管理、合同管理等七个方面。

(5)社区成文的管理制度

目前,D 社区成文的管理制度有:党支部目标责任书、三会一课制度、党支部组织制度、民主评议干部制度、民主生活会制度、政务管理制度、财务管理制度、民主理财和时务公开制度、民主议事制度、居民代表会议制度。

2. D 社区的组织体系

(1)党组织

D 社区党支部基本情况:党总支下设 3 个党支部,共有党员 48 人,其中 60 岁以上 18 人,40~60 岁 22 人,30~40 岁 8 人,无 30 岁以下的党员。

D 社区党员议事会基本情况:根据城阳区党委的要求,党员人数在 20 人以上的社区都应推荐产生党员议事会。目前,D 社区党员议事会由 3 位党组织成员和 2 位普通党员组成。

(2)社区居民自治组织

"转型社区"居民委员会的主要职能是办理本社区的公共事务和公益事业,调解民间纠纷,协助维护社会治安,向上级政府反映居民的意见、要求和提出建议;D 社区居民委员会由主任、副主任和委员共 3~7 人组成(图 7-10)。

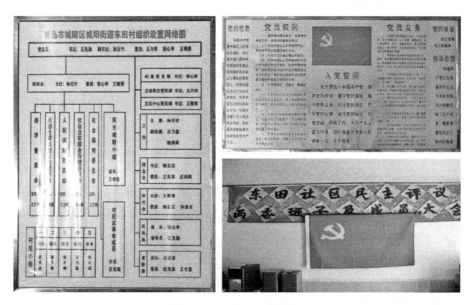

图 7-10 D 社区组织体系

根据《村委会组织法》关于村民自治的规定，村民会议应是村民自治系统中的最高权力机构。但从 D 社区实际情况来看，社区很少甚至基本不召开村（居）民会议，即使是换届选举这样的重大事项，也是以户代表的形式参与，居民会议处于"虚置状态"，而居民代表会议的活动较为正常，调查中，80% 的居民知道居民代表会议的职责[①]。

（3）社区群团组织

D 社区群团组织有团总支、妇代会和民兵连等。在社区建设中，团总支发挥着一定的作用，如组织社区的中青年人培训、学习科技致富本领等。妇代会的工作重心主要是协助社区"两委"做好计划生育工作，由于 D 村是典型的"转型社区"，居民的生育观念已与城市人无疑，社区内基本上无超计划生育的现象，社区计划生育的管理多是一些日常性的工作，在活动方面，妇代会也发挥着积极的作用，如妇代会组织的社区秧歌队、"功夫扇"表演队、"双球舞"表演队等。在 D 村撤村改居后，民兵组织便担负起社区的治安保卫工作。

（4）集体经济及组织

"转型社区"是农村城市化进程中各种矛盾的聚集点，劳动力就业、失地农民社会保障、基础设施建设、环境卫生、社会治安等问题异常突出，这些问题的管理没有纳入城市管理的范围，目前，这些问题都由村集体来负责，因此，村集体如果没有足够的经济实力是难以想象的。在 1995 年以前，D 村村集体经济处在原始积累的初期，集体资产约 320 万元，产权界定、管理和利益分配等方面的矛盾都还没有暴露出来。但在"村改社区"过程中，一方面征地补偿款迅速增加，另一方面村委会利用村庄改造的优惠政策，如出售集体房屋、出租商业网点、厂房、招商引资企业的税收返还等，集体资产呈几何级数膨胀，短短十几年，集体经济规模达到 2200 万元左右[②]。

（5）中介组织

D 社区的中介组织基本上是改革开放以后发展起来的，组织形式有：村民调解小组、计划生育协会、老年协调委员会、老年协会、老年体育协会、老龄工作委员会、老年学校、巾帼文明服务队（包括"功夫扇"文艺表演队、"双球舞"文艺表演队、武术培训班、秧歌队、老年门球队、锣鼓队）等，分为以下几类：

公共事务社团组织：如计划生育协会、红白事理事会、老年人协会等。这类组织是在村"两委"的支持下成立的，它们在不同的领域内担负自我管理、自我服务、自我教育的职能。文化组织：由文体爱好者组成，是社区居民实现"自我娱乐、自我表现、自我教育"的一种方式，这类组织不定期展开民间文艺活动、业余体育活动。社区内的宗族组织、宗教组织：宗族组织以血缘和地缘关系的结合为纽带，以

---

① 数据来源：调查问卷第五部分。
② 数据来源：东田社区居民委员会。

谋取和维护家庭、家族利益为目的，以家法、族规为约束机制。

3. D社区居民的自治参与情况

（1）社区居民自治参与的类型

本书将D社区居民按精英理论划分为社区精英和普通居民两大类，社区精英中又分为体制精英和非体制精英。社区干部作为当前中国政治体制的产物，被称为体制精英，他们对社区的政治生活起着主导作用。他们素质的高低也在很大程度上影响着基层民主的发展。作为社区的体制精英，他们在社区重大事务中总是扮演着组织者和竞选人的角色，积极参与本社区的各项重大事务是其利益所在，也是其自我价值的体现。D社区的体制精英包括5名现任党支部成员（其中3名兼任村委会干部），约占村民人数的0.4%。非体制精英与普通居民的区别主要在于政治社会影响力的有无，而与体制精英的不同则主要在于影响力来源的不同以及身份的明晰性和群体的组织性。"转型社区"非体制精英的影响力源于村落社会中的文化认同和利益联系。非体制精英主要是那些在一定范围内具有影响的局部精英，如经济富裕户、在企业中担任一定职务的职员、返乡定居的退休干部和社区能人等，他们是社区事务监督和民主决策的主要参与者。这部分人实际上是围绕在公共权力外围的一个政治性精英群体。D社区的非体制精英约有45人[①]，约占村中人口的3.5%。在D社区，普通居民约占社区总人口的96.1%，是社区中的主体，他们的参与方式主要是选举参与和私人接触，参与动机主要是利益的维持，他们一方面表现出对公共权力和公共参与的冷漠，另一方面表现出对扩大参与的渴望。

（2）社区居民自治参与现状

本书通过问卷调查的方式来了解D社区居民参与社区治理的状况，问卷共设计了16个问题。

在社区居民参与社区治理方面，设置了居民参与社区治理的意向性评价、参与社区治理的频率及志愿性、参与社区治理的类型等几个问题。在意向性上，选择"参与社区治理""不参加""无所谓"的分别占31.5%、22.7%、45.8%[②]，这说明当前D社区居民参与社区治理的程度不高。之所以会产生这种情况，一方面是社区刚刚转型，社区事务主要集中在就业、社保、计划生育等内容上，另一方面针对参与社区治理的主要活动——"社区选举"，失地农民把目光主要集中在那些有能力、有实力、能够切实为他们带来利益的社区精英身上，人员基本固定。在参与的频率选项上，选择"参与""偶尔参与""不参与"的分别占7.6%、68.9%、23.5%，在是否参与过志愿性社区活动上，选择"经常参加""很少参加""不参加"的分别占

---

① 数据来源：东田社区居民委员会。
② 数据来源：调查问卷第五部分。

10.3%、60.5%、29.2%[①]。在参与社区治理的类型方面，设置了"经济性活动""政治性活动""文化娱乐活动""其他"四个选项，回答的结果是除了"文化娱乐活动"人数较多外，其余的基本无人填写。

从以上数据可以看出，D社区居民对社区治理的总体参与程度不高，这是我国沿海地区农村城市化过程中存在的普遍问题，产生这种状况的原因，可以从以下三个方面考虑：

首先，许多地方政府将经济发展作为政府的首要任务，认为只要给失地农民一定的经济补偿就可以解决问题。其次，社区治理在管理体制上表现出强烈的行政化色彩，社区居委会的自治功能没有有效地发挥出来，社区自治形式化色彩浓重，社区居委会的工作得不到有效监督，失地农民自治参与的制度环境和文化环境不完善。再次，居民自治参与的层次较低。改革开放以来，我国沿海农村城市化道路实行的是一种跳跃式发展思路，在短短三十年的时间里，沿海农村非农经济呈现了突飞猛进的发展态势，然而，伴随沿海农村非农化、城市化的高速发展，失地农民的思维方式、价值取向、生活方式远远跟不上城市化的发展速度，甚至在一定程度上还成为城市化发展的障碍，特别是在"转型社区"，社区居民小富即安、不求发展、思维保守、缺乏诚信意识和法制观念，已经成为居民提高自身参与程度的严重障碍。

7.4.4 完善"转型社区"居民自治参与的方向和途径

自觉的政治参与是政治现代化的标志。在"转型社区"的城市化建设中，必须改进动员方式，从政府、居（村）委会、社区居民三个不同的层面创造条件，扩大居民自愿有序的公共参与，维护"转型社区"的政治稳定。

1. 政府层面

尊重失地农民的主体地位，鼓励失地农民参与，并不是要减轻政府的责任，解构政府的权威，而是对政府治理提出了更高的要求，不仅仍然需要政府尽职尽责地完成自己的使命，而且要求政府在民主与法制的轨道上与失地农民打交道，合理运用政府的权威，促进失地农民的参与和自治，保障失地农民的权益和自由。透明公共的信息是良好治理的条件。"转型社区"的决策开放包括政务公开和参与决策。这要求政府必须采取开放的态度，认真倾听失地农民的意见，积极回应失地农民的需求，及时公开政策措施、行政信息，畅通失地农民表达意见的渠道，与基层群众建立良好的沟通关系。

非政府组织（NGO）是为了解决市场失灵和政府失灵而产生的服务公众的非营利社会组织，也称"第三部门"[②]。在"转型社区"的政府行政力量与社区自治

---

① 数据来源：调查问卷第五部分。
② ［澳］欧文·E. 休斯. 公共管理导论［M］. 北京：中国人民大学出版社，2001：95-126.

力量的连接和转换过程中,需要大量的社会非政府组织和社区非政府组织。当前,我国社会正在由国家集权的"整体性社会"向社会自治的"公民社会"转变,多元主体的治理格局正逐步形成,NGO发挥作用的空间越来越大[①]。可以说,我国的"乡村建设"与"农村城市化建设"是NGO参与推动的重建和改造运动。以D社区为例,在农村城市化建设中配合政府发挥作用的NGO包括三类:第一类是国家正式制度安排的群团组织,如妇联、共青团、工会、科协等组织。这些组织有政府的强大支持,组织机构健全,在农民中有较高威信。第二类是发育程度较高的民间公益组织和慈善组织,如希望工程、中国扶贫基金会、中国慈善总会等,这类组织自主性强、实力雄厚、专业水平较高,是弥补政府和市场不足的重要力量。D社区所在的青岛市城阳区,其农村城市化建设取得了一些成绩,在国内具有一定的影响力,应当充分利用这一优势,吸引国内外NGO的参与,通过项目实施,改善"转型社区"公共产品供给状态,改进公共产品的供给方式。第三类是草根性的民间协会,如以科技和经济服务为组织的专业协会和行业协会。这类组织一般与失地农民利益联结比较紧密,发展势头较好,但是制度化程度不高,内控机制不健全。因此要建设良好的运行机制,增强其生命力,逐步扩大其覆盖面。

2. 社区层面

"转型社区"居民委员会是社区居民自我管理、自我教育、自我服务的基层群众性自治组织,它的主要职能是办理本社区的公共事务和公益事业,调解民间纠纷,协助维护社会治安,向人民政府反映社区居民的意见、要求和提出建议。"转型社区"的社区层面居民自治可以从两个方面予以改进:一是建设社区集体经济组织,形成"党支部+居(村)委会+经济合作社"的格局。其中党支部作为领导核心,居(村)委会负责社区公共产品的提供,集体经济组织负责按经济规律发展生产。二是聘任社区事务助理,实行"居(村)委会主任+社区事务助理"的"议行分离"的结构。借鉴美国"市经理"的做法,在尊重居(村)委会主任的法定地位的基础上,不拘一格选聘人才,保证社区居民自治各项决议的实施。

"转型社区"居民参与社区事务决策的途径主要有居民大会、居民代表会、居民议事会和事务公开等。据初步调查,D社区在实践中有两个问题没有很好地解决:一是居民代表会与居民大会的议事界限和权力关系不够明确;二是居民议事会的地位不够清晰,居民日常事务的参与渠道不够畅通。提供的建议是:一要发挥居民代表大会的作用,使之成为居民议事的主要渠道。社区居民大会可以定期召开,议题是对居(村)委会的工作报告进行评议、就涉及全社区的重大事项进行表决、选举和罢免本社区居委会成员、修正和否决居民代表会决议等。居民代表则可以根据居

---

① 贾西津. 中国公民社会和 NGO 的发展与现状[EB/OL]. http://www.wiapp.org

住地域按比例推举，每五至十五户推举一名，把居民的直接参与变为对居民代表的联系和监督。二要用好居民议事会这一形式。居民议事会即是规范程度较低的居民代表会议。居民议事会可以通过对各种社区精英人物，包括对爱提意见的"刺头人物"的吸纳，让各方面的意见都有充分表达的机会，这有利于平衡各方利益，从而有效提高社区事务决策权威性，居民议事会形成的决议再交由居民代表会或居民大会表决，就可以解决居民议事会对社区组织的约束力较弱而导致社区组织的不良行为无法控制、社区资源动员能力的损害等问题。

在"转型社区"治理中，政府、社区和社区居民三重权力只有在协同一致的情况下才能达成"善治"状态[①]，当他们互相冲突时必然会产生负面效应，降低治理效率。因此，在实现社区治理转型的过程中，多元化的分权和竞争是不可缺少的，而加强合作和协调，减少冲突和对立更为重要。社区党支部是联系上级政府、社区组织和社区居民的纽带和桥梁。加强基层党组织建设、发挥好领导核心的作用、整合社区内各种权力资源、协调社区各种利益关系，是提高居民自治效率的关键。要通过党员的先锋模范作用和党支部对居（村）委会、社区组织的领导，提升党支部的权威；要改进党支部的领导方式，善于把党支部的主张变成失地农民的意愿，通过居民民主议事来达到组织目标。

3. 社区居民层面

"转型社区"居民参与应是多层面、多渠道、多形式、全方位的。由于"转型社区"居住主体日趋多元化，他们所面临的问题、感兴趣的事务、关注的对象各不相同，只有组织丰富多彩、形式多样的参与活动才能满足社区居民的多元化要求，如老年合唱队、治安巡逻队、戏剧兴趣社、民俗演示队等。应从社区的客观实际和发展需求出发，把社区成员的共同需要放在首位，通过社区成员普遍关心的热点和难点问题扩大社区成员的广泛参与。社区自治组织可以经常就社区成员普遍关心的问题召开社区听证会，如社区可针对外来人员租房的管理召开听证会，把听证会的日程和议程事先张榜公布，使广大居民畅所欲言，从而做到集思广益。

"转型社区"居民的参与行动，在很大程度上依赖社区精英的引领。在社区干部选举中，居民常抱怨"选来选去还是那几个人"，因此参与热情不高，社区精英的缺乏是居民自治收效不佳的重要因素。解决的途径：一是从外部移植，形成县级（区）部门选派机关干部进入"转型社区"帮扶制度，如机关选招优秀大学生驻社区工作一年，既增加他们的基层工作阅历，又将新思想、新观念带入社区；二是"社区居民教育"，从内部培育，即把居民中的致富能手、社区居民党员、社区干部作为培养对象，培植社区内部精英。同时，鼓励外出务工的成功人士回社区创

---

① 徐勇. 治理转型与竞争——合作主义[J]. 开放时代，2001（07）：25-33.

业,鼓励城镇退休的干部回社区居住等方式,改变社区高素质人才"净流出"的状况。

社区内部的老龄协会、红白理事会以及运销协会等群众组织,一般由社区精英领头,与社区居民的联系十分密切,是居民参与社区事务的重要平台,具有较强的草根性,对社区自治具有重要的影响作用。对这类组织要坚持"积极鼓励,大力扶持,正确引导"的方针,先发展再规范,先扶持再引导,从人才、资金、设备等方面给予适应补助,及时调查研究,总结经验,帮助建章立制,提供技术指导,引导这类组织不断成长,使之成为社区居民参与的载体。[1]

7.5 完善沿海"转型社区"文化创建机制

7.5.1 文化对沿海"转型社区"发展的影响

文化与人类进步之间的联系是毫无疑问的,本节将探讨这一广袤领域中的一个局部,即文化与"转型社区"发展建设的联系,从文化对"转型社区"经济、政治和生活方式三个方面的影响来进行分析。

1. 经济文化的价值观与沿海"转型社区"经济发展

一般认为,经济文化是指在社会经济实践中发生的,以经济价值取向为核心,以蕴涵于主体意识中的心理结构、价值观念、行为模式为基础,包括相应的经济组织、结构、体制、制度及经济产品在内的文化系统。价值观是文化的核心,因此,本节将主要围绕价值观与经济发展的联系进行论述。

马里亚诺·格龙多纳(Mariano Grondona)认为[2],价值观体系包括现实的与理想的类型,理想类型可分为有利于经济发展的价值观和阻碍经济发展的价值观两种。现实的价值观体系总是处在运动中,且优劣兼备,如果它们朝着有利的价值观体系运动,它们就能推动经济的发展,但如果是朝相反方向运动,就会使经济发展的机会缩小。马里亚诺·格龙多纳认为现实的价值观体系包含着看法相对立的20种文化因素,这20种文化因素包括:对人的信任、道德规范、财富观、竞争观、公平观、工作价值观、教育、时间观念、理性、世界观、权力观、生命观、民主观等。

针对价值观对沿海"转型社区"经济的影响,笔者于2008年对青岛市城阳区X社区(图7-11)做了实地调查,X社区位于青岛市城阳区,东临烟青一级公路。全村土地1245亩,总面积0.83km²。2004年,全村有380户,1160人[3]。本节对40户

---

[1] 毛寿龙,李梅. 三农问题背景中的村民自治[J]. 天津行政学院学报,2005(03):25-30.
[2] 马里亚诺·格龙多纳,塞缪尔·亨廷顿,劳伦斯·哈里森. 经济发展的文化分类[M]. 北京:新华出版社,2002.
[3] 资料来源:城阳区政协教科文卫体与文史资料委员会. 城阳村落[Z]. 2005.

农户进行了问卷调查，按人均纯收入将他们分为两个层次：低收入户和高收入户，从价值观（生产经营观、职业观、教育观等）与民主政治意识等方面进行比较。下面选取其中的一组个案：

图 7-11　X 社区城市化改造

个案 1：户主李某，男，53 岁，城阳区 X 社区居民，初中文化，在 1979 年改革开放之初经商成为个体户，依靠科学技术，潜心研究牡丹种植技术，成为 X 社区第一批富裕起来的人。家庭成员有妻子、女儿和儿子，女儿大学毕业已出嫁，有一份稳定的工作，儿子也已成家，在城阳区经营两间店铺。李某因思想观念新、致富点子多、带富本领强、有一颗热忱的公益心，在社区拥有较高的声望（图 7-12）。

图 7-12　个案 1 及其厂房

个案 2：户主迟某，男，43 岁，城阳区 X 社区居民，小学只读了一年。家庭成员有户主及其母亲，户主未婚配，无不良嗜好，家庭生活靠村里的福利补贴维持，在该村属于特困户（图 7-13）。

两户主最大的区别在于他们迥异的价值观。李某具有很强的市场意识和获取市场信息的能力，能够随着市场而改变经营方向和模式，明确知道自己应该做什么，以及在未来要达到什么样的目标。而迟某则未对现在和未来的生产生活做过任何规划，完全接受了依靠福利补贴的生活方式。正是两人完全不同的价值观决定了二者会有完全不同的生活状态。

图 7-13　个案 2

在 X 社区 40 户的调查中还发现，那些受教育水平相对较高的农户，其经济状况比受教育程度低的家庭要好，在就业意识、子女教育等问题所体现的价值观上也能与社会发展的状况相适应。据调查，X 社区共有 1160 人，具有高中及以上文化程度的人口不到总人口的 10%，这不到 10% 的失地家庭经济收入基本上都高于社区平均水平[1]。X 社区的居民价值观具有"经济文化"的特征，这一特征影响着社区经济的发展。在经济与价值观这两个变量中，一方的变化会反过来影响另一方。因此，改善沿海"转型社区"落后状况就是要提高失地农民的受教育水平，提高他们的文化素质，进而使他们的价值观朝着有利于经济发展的方向转变。

2. 政治文化与沿海"转型社区"基层民主

沿海"转型社区"的全面发展，除经济文化发展外，政治文化（主要表现为实现民主，即社区自治）的发展同样重要。作为文化的一个子系统，政治文化的发展能提高失地农民的自治能力与政治参与能力，进一步塑造基层民主。"转型社区"政治文化主要是以家族文化为核心的。近代以来，各种政治思潮对家族文化形成了一定的冲击，这种冲击在中国城市社区和"转型社区"中表现出不同的力度。在城市生活的各个方面，现代家族文化与传统家族文化已有很大不同，而在"转型社区"，家族文化的外部形态和内部逻辑均比城市社区保存完整得多。家族文化仍是研究沿海"转型社区"政治文化的一个必不可少的视角，它对当代中国沿海"转型社区"居民自治有着极其重大的影响。

家族与宗族文化对"转型社区"基层民主的塑造具有重要影响。主要表现在两个方面：一是在居（村）委会选举中，家族意识仍在自发地发生作用，影响着居民

---

[1] 数据来源：西田社区居民委员会。

的投票行为；二是家族的力量影响着居（村）委会干部的公共管理行为。X社区家族意识在居（村）委选举中的影响主要表现为：居民在选举中自觉或不自觉地把选票投给本房或本族的居（村）委会候选人，使"自家人""本房人"的家族房派意识发挥着无形的作用，选举时在本家族中拉选票、提候选人的事时有发生；X社区家族文化对居（村）委会干部公共管理行为的影响主要表现为：当发生房族内与房族间纷争时，一般由族内有威望的老人主持解决，居（村）委会干部处理社区事务时也不得不考虑家族问题，他们之间权力的平衡影响着"转型社区"的稳定，也影响着"转型社区"基层民主的实现。

另外，在承认家族文化一定程度上影响居民自治与社区正式组织权威的情况下，还应该看到，"转型社区"在短期内实现完全的现代民主是不现实的，亲族之间的社会互助协作也是一种有效的社会资源，它在一定程度上弥补了当前失地农民自治体制的缺陷，保证了"转型社区"内部的和谐稳定。政治文化再造不是完全消解家族文化，而是将家族文化融入社区居民自治之中，使家族的权威人物与精英以"民主自治"的形式参与到"转型社区"事务的管理中，共同实现沿海"转型社区"的基层民主。

3. 文化与沿海"转型社区"居民的日常生活方式

从某种意义上说，人类文明的演进，就是生产方式和生活方式不断进步的过程。"而一个社会的生活方式状况既取决于它的全部物质文明和精神文明条件，又同该社会中人们以价值观为核心的主体性条件相连（沙莲香，1998）。"在西方社会学界尤其是美国社会学界，大都把生活方式视为广义的文化，并把它置于对各种不同文化及其各方面差异探讨的框架内。科塞在其所编的《社会学导论》中就将文化解释为"一整套代表一种生活方式的共同思想、共同的风俗习惯、信仰和知识"；认为"文化是一个社会可以传递的生活方式"[①]。

"转型社区"内失地农民的社会生活方式涵盖他们的一切生活领域，主要包括失地农民的劳动生活方式、闲暇生活方式、消费生活方式、交往生活方式和家庭生活方式等。随着沿海"转型社区"劳动生活方式的非农化变革，失地农民的消费生活方式也在一定程度上发生着变化。这主要表现在居民的消费水平、消费结构、消费观念、消费习惯等方面。劳动生活方式的改变也影响着失地农民从事闲暇活动的时间。在现代社会，闲暇活动具有重要的社会功能和文化价值。如果失地农民有更多的时间参与丰富的闲暇活动，就有利于提高他们获取信息与适应社会发展的能力；此外，休闲活动能扩大失地农民的社会交往范围，并使他们获得情感的满足，能促进家庭关系和社会人际关系融洽。社会交往是社会生活方式的重要组成部分，城市先进的通信和交通工具缩短了人们之间的距离，使广泛、便捷的交往成为可

---

① [美]刘易斯·科塞. 社会学导论[M]. 天津：南开大学出版社，1990.

能，这有利于拓展失地农民的交往空间，丰富失地农民人际关系的内容，使社会人际关系日趋多样化、复杂化。家庭生活和家庭关系是社会生活和社会关系的基础，很大程度地影响着社会的发展，"转型社区"家庭的完善和家庭关系的和谐，是社会进步和社会稳定的重要条件和基本保证。

通过上述分析，我们可以看到，文化与生活方式的重要意义在于，生活方式作为文化构成部分，受到文化的渗透与影响，可以说有什么样的文化就有什么样的生活方式；同时失地农民文化的再造也影响着沿海"转型社区"失地农民新生活方式的形成。

7.5.2　当前沿海"转型社区"文化现状分析

"转型社区"的文化状况需要放在整个农村社会的一般类型中来了解。一些社会学家提出了几种可用于说明农村社会一般特点的新的理想类型，最为著名的是美国社会学家萨姆纳（Sumner）和雷德菲尔德（Redfield）提出来的"民俗社会（folk society）"或是"俗民社会"。他们认为"民俗社会"具有以下几个特点：① 规模小、人口少，在这样的社会中，人口最多"不会超过彼此直接相识的范围"；② 有较大的封闭性，很少与外界交往；③ 人们之间的交往和信息交流主要是通过面对面的和通过口头语言进行的，而不是间接的通过非口头语言进行的；④ 社会成员有极大的同质性或相似性，不仅同代人如此，而且代际之间也基本如此，因而使这样的社会很少发生什么变化；⑤ 社会成员对集体有强烈的归属感，相互间关系密切；⑥ 无复杂的劳动分工，生产具有自给自足性；⑦ 传统和习俗在社会中具有重要的地位，人民的生活与行为方式都受传统和习俗的支配并形成较传统的模式；⑧ 整个社会是以家庭为基础组织起来的，而不是以个人为基础组织起来的，个人在这样的社会中地位不突出（雷德菲尔德、萨姆纳，1947）[①]。在沿海"转型社区"中，上述特点一直存在，虽然某些方面发生了变迁，但总体来说，沿海"转型社区"还是一种"民俗社会"。沿海"转型社区"的文化也需要在"民俗社会"这一背景下进行理解。

1. 不利的"经济文化"

从体现和支撑精神文化方面的外部表现分析 X 社区的经济文化状况。

当前我国沿海的大部分"转型社区"还处于"民俗社会"时期，在这种情形下，失地农民的"经济文化"就显得非常贫乏，如果按照马里亚诺·格龙多纳对价值观体系中影响经济发展、看法相对立的 20 种文化因素的论述，我们会看到，沿海"转型社区"的经济文化基本上处于促进经济发展与阻碍经济发展这两极中极为艰难的一极——阻碍经济发展（或者说是使经济发展停滞）。

---

① 萨姆纳，雷德菲尔德. 民俗社会 [M]. 浙江：浙江人民出版社，1988.

"转型社区"失地农民思想保守、观念陈旧、小农意识思想严重、接受新生事物的能力相对较弱。就 X 社区失地农民而言,主要表现为:在受教育水平上,X 社区共有 1160 人,其中,具有高中及以上文化程度的人口仅有 80 人,初中文化程度的人口 198 人,小学文化程度的人口 704 人,尚有文盲或半文盲 178 人,平均受教育年限不足 6.5 年,这与全国人均受教育年限(8 年)相比,差距十分明显[①]。在财富观上,由于农地非农化,失地农民被动地"沦为"了城市居民,但他们的财富观并没有改变。在 X 社区,无论是个体户、外出打工者,还是年老体弱者,很少有村民愿意主动放弃土地尝试新的生活方式,多数村民向往纯食利的生活,这映射了失地农民在财富观上的保守与狭隘。在竞争观上,由于"转型社区"的规模相对不大,社区失地农民每天朝夕相处,因此,他们更主张团结与合作,缺乏竞争意识,与城市居民比起来,"转型社区"居民较缺乏现代意识,科学文化知识和职业技能知识相对贫乏。当"不发达是一种心态"时,沿海"转型社区"文化再造势在必行。这种文化再造需要职业技能的培养、需要市场营销能力与意识的培养、更需要失地农民良好学习习惯的培养,通过营造浓厚的学习氛围提升失地农民的文化素养,使他们的价值观朝着有利于经济发展的方向改变。

2. 地域——参与型政治文化

阿尔蒙德在政治发展的视角下提出了公民文化的概念,或者说公民文化是发展视角下的政治文化。他认为政治文化代表着特定的政治取向,即对于政治制度及其各个组成部分的态度,以及对个人在政治制度中作用的态度[②]。根据态度取向的不同,一般将政治文化分为三种类型:地域型(parochial)、依附型(subject)和参与型(participant)。这三种纯粹的政治文化类型并非绝对相分割,而是相互联系的,形成了地域—依附型、依附—参与型和地域—参与型三种混合的政治文化形式。

所谓地域—参与型政治文化是指在这种类型的政治文化中,占支配地位的是地域型亚文化,采用的结构准则一般是参与型。X 社区政治文化属于地域—参与型。据调查,X 社区主要通过三条途径来提高自治程度:一是深入宣传《居委会组织法》,这在一定程度上增强了居民的法制观念,也增强了他们自我管理、自我服务的意识;二是在选举中严格依据民主选举程序,通过参与民主选举,培养政治情感与责任感;三是推行政务、村务公开,通过民主监督,在一定程度上提高居民的公众参与能力[③]。总体来说,虽然 X 社区的政治文化属于一种地域—参与型文化,居民自治在结构准则上采用了参与型的居民自治模式,但占支配地位的还是家族文化和宗族文化,中国的民主制度是在传统的"乡土"文化背景下开展的,宗族文化还发

---

① 数据来源:西田社区居委会。
② G.A. 阿尔蒙德,G.B. 鲍威尔. 比较政治学:体系、过程和政策 [M]. 曹沛霖,等译. 上海:上海译文出版社,1987.
③ 资料来源:西田社区居委会。

挥着重要的作用,在这种情况下,沿海"转型社区"的政治文化主要呈现出以下几个特点:

首先,缺乏民主主体意识和基本的民主观念。民主主体意识主要表现在居民对自身民主、权利和义务的认知方面。而民主主体主要包含两个层次,一是作为个体的居民,一是作为整体的居民群体。从个体上看,"转型社区"居民具有一些朴素的民主观念,与成熟的现代民主意志尚存在一定差距,从整个"转型社区"居民群体来看,在民主文化环境上,宗族文化还在一定程度上制约着民主的发展。其次,缺乏法律知识和意识。中国自古就是一个礼俗社会,礼在中国社会中占有十分重要的地位,它确定了中国的等级秩序和差别格局。在中国,法制是政体的一部分,它始终是超越农村社区日常生活水平的、表面上的东西。所以在"转型社区",大部分纠纷是通过法律以外的调停以及根据旧风俗和地方上的意见来解决的。再次,注重宗法家族的力量。中国社会不同于西方社会的一个重要特征就是具有悠久而又牢固的宗法家族制的历史传统。可以说,以血缘为纽带的宗法家族制度是传统中国农村在社区组织、社区结构、社会控制和农民社会关系等方面的最重要特征。宗法家族已成为理解中国社会政治生活的一把钥匙。第四,缺乏组织和公共观念。"转型社区"居民的生产和生活单位是家庭。在失地农民日常生活中,虽然也有互助合作的需要,但一般不会超过亲戚、朋友关系这一范围。在"转型社区",几乎很少看见居民通过自组织的形式解决各种公共事务,因此就难以形成社区型或区域性的政治组织来保护他们自身的利益和管理其自身的公共事务。

3. 依然传统的生活方式

X社区居民由于长期或固定居住在农村社区,人们的职业结构和社会组织结构比较简单,人们的生活方式还带有农业社会生活方式的倾向,即封闭性和分散性、保守性和稳定性、生活活动几乎等同于生产活动等。第一,土地被征用后,失地农民传统的劳动生活方式发生了改变,其劳动生活方式由以前主要依靠耕种土地维生转变为从事非农职业或者是无业待业[①](图7-14)。第二,X社区失地农民消费生活方式也存在着诸多问题:消费观念陈旧,消费结构不合理,发展性消费比例偏低,不合理消费严重,讲排场、摆阔气、攀比之风盛行,炫耀性消费、人情消费、迷信消费严重等,总体来说消费水平不高、地区差异较大、消费方向主要是维持自身生存和家庭延续。第三,"转型社区"文化娱乐设施不完善,居民的文化素质偏低,居民闲暇生活的内容较单调,有六成以上的居民把看电视作为平时闲暇生活的主体,打牌、看报纸也成为其闲暇生活的重要组成部分。闲暇生活质量层次较低,质量不高,学习型休憩活动极少有人关注。第四,"转型社区"社会关系日趋复杂,宗族血缘关系和旧的人际关系在"转型社区"仍具有很大的影响力,交往对象仍然以血缘

---

① 童星. 现代社会学理论新编[M]. 南京:南京大学出版社,2003:126-127.

和地缘关系的人群为主。另外，家庭生活方式需要关注的是夫妻关系、生育观、子女教育与赡养老人这几个方面。近年来，"转型社区"家庭的离婚率呈上升趋势，家庭的稳定性受到严重挑战，多生、重男轻女现象仍然存在，相当一部分失地农民自身文化素质偏低，子女教育方法不得当，存在着严重问题。总体上，沿海"转型社区"生活方式的特征可以概括为以下几点："乡土性"；个体差异少、同质程度很高；有较高的封闭性，变化缓慢；崇尚吃苦耐劳与生活简朴；在人际关系和社会交往方面，注重血缘、亲缘与地缘关系；生活的自给性强、生活服务的社会化程度较低[①]。

图 7-14　X 社区失地农民依然传统的生活方式

7.5.3　"转型社区"文化建设中存在的问题及原因

1. "转型社区"文化建设存在的问题和不足

"转型社区"的文化建设相对滞后于社区的经济建设，失地农民得不到系统的思想品德及文化科技教育，对一些孰是孰非的问题认识模糊不清，政治道德观念淡化。部分失地农民尤其是中青年失地农民信仰上无所适从，对当前社会道德状况感到困惑与失望，在人际关系上采取防范、怀疑的态度，国家观念、集体观念、道德责任感淡化。在思想上不求上进，文化素养低下等这些问题已成为"转型社区"文化建设的难点。

2. "转型社区"文化建设中存在问题的原因分析

（1）指导思想上的"一手硬，一手软"导致"转型社区"文化建设乏力

"转型社区"的某些社区干部存在一些错误思想，重经济、轻文化，认为文化建设是软任务、软指标，抓不抓无所谓，把经济建设同文化建设对立起来，认为抓文化建设会分散精力，影响经济建设，认为经济建设发展起来了，文化建设就自然而然地搞好了。

（2）教育宣传的内容、方式简单呆板，导致"转型社区"文化建设成效不大

据调查，对"转型社区"失地农民的宣传教育，从内容到方式、到手段大部分是"大而化之"。比如各级领导部署对"转型社区"进行"三德"教育、一年一度

---

① 袁亚愚. 新修乡村社会学［M］. 成都：四川大学出版社，1998.

的村干部集训和党员冬训，都只是面向社区骨干，宣传面不广泛。

（3）资金投入不够，导致"转型社区"文化建设硬件跟不上

当前大多数"转型社区"集体经济财政比较紧张，上级主管部门又无经费下拨，使得"转型社区"文化建设的资金投入微乎其微，远远满足不了需要，结果造成社区文化建设硬件基础差，队伍不健全。

（4）缺乏规划、监管，导致"转型社区"文化建设成效不大

目前大多数"转型社区"组织的文化建设缺乏长远规划和近期目标，工作中存在较大盲目性和随意性，导致社区文化建设成效不大。

7.5.4 沿海"转型社区"文化机制整合策略分析

1. "转型社区"城市化建设对社区文化的要求

（1）健全的文化设施

"转型社区"文化活动的开展需要有一定的文化场地和器械，文化建设离不开文化设施的建设。文化设施是弘扬先进文化、发展文化艺术事业的基本物质依托，是丰富群众文化生活、保障群众文化权益的重要载体。沿海"转型社区"文化建设要求各社区要有文体、休闲健身场所，活动场所面积要适当，要求社区至少要建一处文体活动室或活动站，硬件设施要配套，有条件的地方要设立社区文化活动中心，并配备棋牌室、图书阅览室、电影放映室、文体活动室、健身所等。

（2）丰富的文化内容

随着失地农民物质条件的改善，"转型社区"社区文化的内容也需要不断地丰富和创新。要鼓励失地农民开展形式多样、内容健康的文化活动，如民间剧团演出、武术表演、扭秧歌、青年歌咏比赛等；文化基础较好的"转型社区"可以鼓励失地农民组织文化团体，定期开展文化活动。

（3）完善的社区文化服务体系

加强"转型社区"文化服务体系建设，提高"转型社区"公共服务水平，逐步建立起符合"转型社区"实际需要的文化服务体系是当前沿海"转型社区"急需实施的基础性工程。沿海"转型社区"社区文化建设可以通过建立文化政策指引、文化信息交流、文化设施分布、文化队伍建设、文化产品展示、文化遗产保护、文化服务评估、文化理论研究等平台，构建"结构合理、发展平衡、网络健全、产品丰富、运营高效、服务规范"的覆盖全社区的文化服务体系。

（4）新型的"转型社区"居民

"转型社区"劳动力资源丰富，人力资源开发潜力巨大，但是失地农民素质偏低，增加了社区文化建设的成本。全面提高失地农民素质，加强对失地农民的教育，把他们培育成具备主体意识、合作意识、法律意识、市场意识的新型城市居民是建设沿海"转型社区"社区文化的根本途径。

2. "转型社区"的文化再造

（1）文化再造的内涵

文化再造包括"文化模式"和"再造模式"。前者是价值观、信念与态度等要素的取向，体现在社会各领域则成为"经济文化""政治文化"和"社会生活方式"。"再造模式"是再造上述文化要素的途径、手段以及过程。文化再造包括三个方面的再造：经济文化再造、政治文化再造以及社会生活方式的重建。

经济文化再造的目标是使社区居民的价值观朝着有利于社区经济发展的方向运动，从而建立一种能促进社区经济发展的价值观体系。"转型社区"经济文化的再造应立足于"转型社区"的文化特征与现状，从以下文化要素入手。

对人的信任：这是有利于沿海"转型社区"发展的价值观体系的要素之一，包括对他人的信任以及对自身的信任，具体表现为需要失地农民具有合作意识、自主意识和创新意识。合理的利己主义：应正确看待财富，并培养恰当的市场意识和科技意识。道德规范：应遵守现实可行的法律、道德规范与行为准则。注重时效的时间观念：应合理利用时间，并将时间的重点放在未来的规划上。理性而不是迷信。教育：失地农民应该明确教育是以传授知识、经验为手段培养人的社会活动，它不是灌输教条的过程，也不是提升社会地位的途径与手段。开放的态度、开明的民主观等。这些价值观的外在体现是：要失地农民树立市场意识、竞争意识、平等意识、科技意识、法制意识、开拓意识、功利意识、自强意识、开放意识、信息意识、时效意识等。经济文化的再造就是要通过有效的途径使"转型社区"失地农民的价值观朝着这样的方向发展。

"转型社区"政治文化再造的目标是要塑造一种参与型政治文化，增强社区居民的主体意识，逐渐弱化宗族血缘、等级门第等观念，进而实现民主政治。政治文化再造应包括政治信念、政治态度与政治情感取向的塑造。

生活方式重建的目标是使"转型社区"居民的社会生活方式由依附型转变为自主型、封闭型转变为开放型、僵化不变的单一型转变为丰富多彩的变革型。当前沿海"转型社区"失地农民的生活方式应以可持续发展为原则，建设一种生态型生活方式。

（2）文化再造的主要途径

"转型社区"文化再造的过程就是失地农民继续社会化的过程。在这一文化再造的过程中，知识分子是主体，失地农民是客体，家庭、学校、同辈群体以及大众传媒是机构与组织，教育是继续社会化的一个重要手段，对沿海"转型社区"居民而言，这一继续社会化的过程更多地依靠非正式教育，是一种扩大的广泛的教育。

经济文化、政治文化和社会生活方式作为文化的子系统具有文化的一般特性，在沿海"转型社区"居民继续社会化的过程中，可以使用一些相同的途径，同时，"转型社区"本身的实际情况也是一个需要考虑的重要因素。一般来说，"转型社区"政治文化的社会化主要包括直接和间接两个渠道，间接渠道包括：人际互动、训练，并在这种训练中为失地农民提供技术、树立价值观和培养他们的社会基本规范；直接渠道包括：模仿、预期性社会化、政治教育、正式或非正式的形式与通道、政治经历等。

7.6 建构沿海"转型社区"心理调节机制

7.6.1 心理调节机制整合的终极目标——社区归属感、认同感的建构

1. 社区心理调节与归属感、认同感之间的关系

心理调节是通过正确的认识和评价个人所处的环境，尽力消除那些不愉快的心理刺激和生活事件，理智接受非个人能力能改变的现实，从而良好地适应，并使情绪积极而稳定，保持自我意识良好，以达到保持心身健康的目的[①]。在宗教情结浓厚的西方社会里，牧师发挥着社区居民心理调节的作用。在我国，思想政治工作是心理调节机制的有效载体。在社区工作中，具有思想政治工作职能的既有社区党组织和社区管理机构，也有社区志愿者队伍和各类社团组织。社区基层党组织是社区思想政治工作的重要落实机构。归属感是表明人类寻求安全、宁和、庇护、"返回原点"的一种心理倾向。日常生活中，人们表现出强烈的思念家、思念故乡的情感，退休后返回乡里被称为"叶落归根"，这都是归属感的具体体现。认同感则是一些人共同体验到的实质环境，这是一种主观的环境，它有别于"客观"的环境，由于赋予了环境一定的情感色彩，这种主观感受的实质环境重要于"客观"的环境。社区归属感、认同感是社区居民对本社区地域或人群喜爱、依恋、依赖，从而产生一种归属于该社区的心理感觉。这种感觉包括对社区的安全感、责任感以及希望同社区荣辱与共的感情。

西方学者的研究表明，社区归属感与精神压抑相关，社区归属感弱的居民，更可能产生精神上的压抑[②]，孤独感则是导致精神压抑的重要因素。在对 Q 社区居民的调查中我们发现，社区归属感、认同感有助于降低居民在社区生活中产生的孤独感。从表 7-6 可以看出，在归属感、认同感较低的社区中，有孤独感的失地农民占 20.0%，表示说不清的占 36.3%，表示没有的占 43.7%；在归属感、认同感中等的社区中，表示有和说不清的失地农民比率都有明显下降，而表示没有孤独感的居民比率明显增加，占 63.1%；而在归属感、认同感较高的社区中，表示在社区生活中有孤独感的失地农民比率减至 7.0%，表示说不清的也只占 17.2%，表示没有孤独感的失地农民比率增至 75.8%。这就表明社区归属感、认同感与孤独感显著相关，居民对 Q 社区越有归属感、认同感，在 Q 社区生活中就越不会产生孤独感，居民就越健康。

---

① 牧之. 心理调节自助读本 [M]. 北京：新世界出版社，2007.
② O'Brien, Hassisnger, Dershem.study [EB/OL]. 1994. http://www.seniorcoopnet.org/chapter2.html.

Q 社区归属感、认同感与社区生活孤独感的交互百分比表①　单位: %　表 7-6

孤独感	社区归属感、认同感		
	低	中	高
有	20.0	11.1	7.0
说不清	36.3	25.8	17.2
无	43.7	63.1	75.8

美国社会学家金（Ambrose Y.C.King）和钱（K.Y.Chan）指出，社区有三个分析尺度：第一个是物质尺度，社区是一个有明确边界的地理区域；第二个是社会尺度，在该区域内居住的居民在一定程度上进行互动和沟通；第三个是心理尺度，这些居民有共存感、从属感和认同感②。以研究乡村和城镇发展而著名的费孝通先生，提出了"心态秩序"的概念，其内涵是"必须建立的新秩序不仅要是一个能保证人类继续生存下去的公正生态格局，而且还需要是一个所有人类均能逐身乐业、发掘人生价值的心态秩序"③。费孝通的老师潘光旦先生的"位育论"指出，"位就是安其所，育就是逐其身"（潘乃谷，2001），所谓"安其所，逐其身"用浅白的说法就是：安定生命的所在，发展生命的可能。因此，本文认为形成社区最重要的条件并不是一群人共同居住的地域，而是人们之间的互动及在此基础上形成的具有一定强度和数量的心理关系。社区归属感、认同感是维系社区存在和发展的重要因素，是社区的灵魂。社区归属感、认同感的形成，以及通过特定地域内的人和环境更好地获得物质和精神需求的满足，才是社区心理调节的核心。

2. 当前"转型社区"心理机制建构过程中归属感、认同感的普遍缺位

人是社区的主体，人创设的管理理念、管理手段、管理机制都在一定程度上影响着社区的建设和发展。要加快"转型社区"的城市化建设和发展，真正培育社区居民的归属感、认同感，必须从管理理念和管理机制两方面着手，建立现代的管理理念和管理机制。但是，目前我国一些社区管理理念、管理手段和方式仍是自上而下的传统行政管理性质，民主法制化和传统权威的分化不明显，街道办、居（村）委会作为政府的派出机构彰显着浓厚的计划时代色彩。在这种思维指导下的"转型社区"建设只能单一靠政府或居（村）委会管理者们来实施管理和提供服务，无法真正调动广大失地农民的参与热情，形成了社区建设"一头热，一头冷"的尴尬状态。

传统中国社会是一个"熟人社会"，或如费孝通所说的"乡土社会"。乡土文化中的互动方式，基本上是一种基于血缘、亲缘、地缘或者固定的业缘之上的社会联结关系，其主要特点是过于倚重具体的感情关系（包括血缘、亲戚、朋友关系），

---

① 数据来源：调查问卷第七部分。
② 周晓虹. 现代社会心理学［M］. 南京：江苏人民出版社，1991.
③ 杨雅彬. 近代中国社会学［M］. 北京：中国社会科学出版社，2001.

人们的社会信任圈、关系往来主要限制在熟人圈子里。这种互动模式极不利于社区居民发展邻里互动关系,尤其是在"转型社区"里,失地农民和外来居民彼此之间互不认识、互不往来,缺乏对社区的整体利益和共同活动的认识,因而也就不可能形成一种共同情感的联结纽带。据本文有关"转型社区"社区失地农民社会互动关系的调研数据显示[①],以Q社区为调研对象,当社区居民有困难需要寻求帮助时,选亲人、老邻、朋友的占64%,选择新邻居的占12%,选择社区机构的占16%,选择工作单位及其他的只占8%,这组数据充分说明了"转型社区"人群互动范围仍很狭窄,社会交往关系基本由亲人、朋友、老邻居来构筑,对新邻居、社区机构、工作单位的信任度不够,失地农民的行动模式依旧受到传统交往习惯的影响。

我国正处于社会转型阶段,随着非农化、城市化进程的加快,现代性逐渐开始向社会的各个角落渗透,它以经济理性和频繁的社会流动冲击着传统社会中普遍存在的整体意识和人情伦理,也给"转型社区"建设带来了严重的挑战。后现代社会学学者们普遍认为,缺乏人文关怀的现代性使得社会产生了很多异化,城市化将社会成员切割成为原子式异质性强的个体。人们的价值取向多元化、个体需求多样化,"转型社区"中人与人之间的距离感拉大,沟通与交流、协调与整合变得越来越困难,培育社区成员的凝聚力面临着重重阻碍。此外,改革中我国社会群体出现了明显的利益分化,"转型社区"内的社会成员可能分化为不同利益需求和现实需求的群体。比如同样是参与社区建设,有的人可能强调个人价值的实现,有的人则注重参与行动能对自己带来多大好处。在这种情况下,如何将现代合理性和社区建设的实际需要有机统一起来,如何将分化异质的原子个体团结整合在共同社区的名义之下是解决社区成员共同情感归属面临的深层问题。

7.6.2 社会转型期培育"转型社区"归属感、认同感的意义

1. 社区归属感、认同感是推动"转型社区"发展的动力和源泉

美国早期的社群主义者丹尼尔·贝尔认为:单纯地强调物质社区是片面的。他认为,社区内人们的行为往往受社区归属感的制约[②]。在我国社区参与行为的低落后社区归属感的制约最为明显和直接,在大部分地区,"社区是我家"仍然处于口号阶段[③],社区居民的参与意识和参与热情不高。在"转型社区",社区意识淡漠和社区归属感、认同感的缺乏主要表现在:① 失地农民社区参与的积极性不够高;② 失地农民社区参与的目标层次比较低,主要致力于解决社区出现的临时性问题;③ 失地农民社区参与形式不够丰富;④ 失地农民社区参与的发展不平衡。这也从一个层面上表明,我国的"转型社区"至今尚未成为一个把失地农民和外来居民凝

---

① 数据来源:调查问卷第七部分。
② 俞可平.社群主义[M].北京:中国社会科学出版社,1998:59-60.
③ 蒋云根.营造"家"的感觉——现代社区建设的切实目标[J].探索与争鸣,2002(01):37-39.

聚起来的社会共同体。

在"转型社区"建设中,培育居民的社区归属感、认同感是社区建设的一项重要任务。社区归属感、认同感是社区居民的一种共同的心理认同,属于意识形态层面的问题,一旦形成,便会具有较强的稳定性,具有能动性和创造性特征,能持续性地发挥作用,并且使社区建设中的既有成果得到巩固。因此,可以说社区归属感、认同感是社区建设中不可估量的"无形资产",它对推进社区建设和发展、提高失地农民参与社区活动的积极性、促进社区文明建设等具有重要的能动作用。

2. 社区归属感、认同感是实现"转型社区"整合的根本条件

社会是由利益诉求各不相同的个体所构成的,要保持社会的正常运行,就必须对个体的不同利益进行协调,这就是我们通常所说的社会整合。"转型社区"有大量的外来人口,如何让这些外来人口与本地居民走到一起,彼此接纳、相互了解,如何将分散的社区资源整合起来,是"转型社区"城市化建设中的重要问题。这一问题需要通过加强社区归属感、认同感来解决。社区归属感、认同感是全体社区居民共同的心理认同和取向,它能使社区中各种利益群体的力量相互作用、相互吸引,达到彼此间利益的相互协调,使社区内的各种资源能得到合理运用,进而促进社区的建设和发展。

3. 社区归属感、认同感可为"转型社区"居民提供各种社会支持

随着农村城市化的发展,"转型社区"正经历着从传统乡土社会向现代城市社会的转变,随之也带来了个人情感的孤独与空虚、社会的人情冷漠、社会治安环境的恶化等一系列都市性社会问题。在这种情况下,加强"转型社区"情感建设,使社区情感重归就显得尤为必要了。"社会支持是指一个人的社交网络带给它的维护、情绪性保证的其他资源。社会支持也指增强参与其间的个人的归属感、安全感和自尊的各种社会相互作用"[①]。"转型社区"的城市化、社区人口的流动性与多元化、家庭结构的小型化,使社区居民的社会支持逐渐向社会、社区转移。强烈的社区归属感、认同感能够为居民提供一种除家庭之外的情感寄托场所,使社区居民间形成守望相依、关系融洽的共同体;能够降低居民在社区生活中的孤独感和离群感,使社区居民的精神愉悦,从而有助于其身心健康,同时也有助于居民将个人目标和社区目标结合统一。

4. 社区归属感、认同感的创造可以克服社会现代性的后果

"转型社区"的发展不仅包括管理理念、手段、机制综合等方面,还包括失地农民的现代化程度、参与度、情感归属等指标,只有使这些方面协调发展,才能推进"转型社区"的良性互动,才能为失地农民创造一个和谐的外部环境,才能避免因现代性的入侵,而造成人的情感"异化"。"转型社区"城市化建设脱胎于计划经

---

① 精神病学英汉双解词典[M]. 田成华、胜利、于欣,译. 北京:中国心理卫生杂志社,1998:408.

济条件下的"单位体制",植根于浓厚的传统文化土壤,当前"转型社区"正处于社区精神的双重失落,即传统社区精神衰落和现代社区结构尚未形成。面对这种情况,为了克服社会现代性的后果,我们可以参照西方发达国家的社区建设模式,把重点放在社区精神、社区心理调节的培育上,注重培养"转型社区"居民的社区归属感、认同感。

7.6.3 "转型社区"归属感、认同感的现状及突出问题——以 Q 社区为例

1. 影响"转型社区"居民社区归属感、认同感的因素分析

近年来国内外学者在社区归属感、认同感的影响因素进行了诸多的研究,如丘海雄认为居民社区归属感的影响因素主要是:居住年限、人际关系、社区满足感、社区活动参与。潘允康等认为,社区归属感是可以通过社区满意度来测量的,而社区满意度的决定因素包括:社区的环境卫生、社区治安、居(村)委会工作、幼儿园、托儿所、小学、中学等 23 个方面。Jennifer E.cross 认为,社区归属感的影响因素包括:满意度、认知因素、情感因素(家的感觉、舒适感)、身份认同、依赖感等 5 个方面。总之,影响居民社区归属感、认同感的因素是多方面的,在不同国家、不同地区这些影响因素对社区归属感、认同感的影响力也不完全相同。本文主要考虑以下几个方面:

(1)居住年限

居住年限是指在社区居住的具体年数。就一般情况来说,居民在社区内居住年限越长,其社区归属感、认同感也越强。在社区内长时间的居住对社区内的各种公共服务、福利设施、社区的各种公益性活动会形成一定的认同感。

(2)居民的个人基本情况

居民的个人基本情况主要包括年龄、文化程度、职业、经济状况及社会地位等方面。由于居民年龄、文化程度、职业、经济状况及社会地位存在差异,其对社区的归属感、认同感也存在差异。一般来说,居民的年龄与其社区归属感、认同感呈正相关关系。

(3)居民对社区活动的参与

社区活动主要包括两类:一类是正式活动,直接涉及社区的发展和开发。这类活动本身能够提高整个社区的水平。另一类是非正式活动,包括社区内的一般交往性和消遣性活动。居民对社区非正式活动的参与有助于他们对社区生活的体验和对社区发展的了解,进而有助于增强他们的社区归属感、认同感。从居民参与社区活动的方式来看,可分为自愿参与和非自愿参与。国内外社区建设的经验证明,在社区范围内开展恰当的社区志愿者活动,不仅能够为居民解决生活中的实际问题,而且能够促进居民间的交流与合作,提高社区凝聚力。

(4)居民在社区内的人际关系

社区内的人际关系,指同一社区内,相邻或相近的居民日常互动关系,主要表现为邻里关系。居民的社区意识总是在日常生活的具体行为中表现出来,居住环境内的人际关系状况与居民的社区意识有着密切的关系。良好的人际关系容易形成社区居民间的亲和力,从而提高社区居民对本社区的归属感、认同感。反之,不良的人际关系则可能导致整个社区凝聚力的下降。

(5)居民对社区生活条件的满意度

社区只有给居民提供健全的生活设施、完善的服务体系、优美的生活环境,才能使社区居民形成对社区的归属感、认同感。治安与人们的安全感有关,绿化和环境卫生与人们生活的清新感、舒适感有关,物质生活、文化生活与人们生活的便利程度有关。

除了上述五个因素外,还有一些因素也对"转型社区"归属感、认同感的塑造具有这样或那样的影响,如居民结构、居民是否在本社区所属的单位工作,以及社区工业化和现代化程度的高低等。居民社区归属感、认同感本身不过是社区生活的真实反映。因此,与社区生活有关的方面都对居民社区归属感、认同感产生不同程度的影响。

2. 沿海"转型社区"居民社区归属感、认同感现状

(1)青岛城阳街道社区生活需求情况及满意度分析

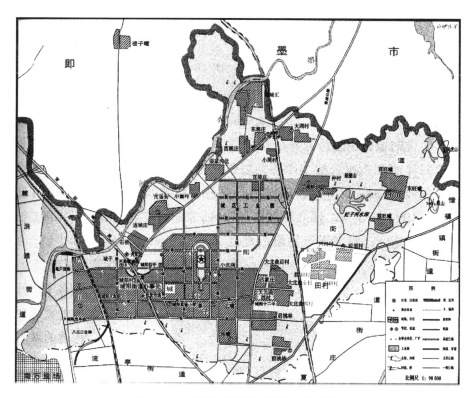

图 7-15 城阳区城阳街道行政区划图

城阳街道地处青岛市城阳区中心城区,是城阳区政治、经济、文化的中心,是区政府所在地,地域面积 52.5km²(图 7-15)。2004 年,城阳区实施"村改社区"。至 2005 年,城阳街道办事处辖 39 个社区居民委员会、1 个村民委员会,总户数 37760 户,总人口 125250 人,共完成生产总值 91.7 亿元,税收 7.22 亿元,地方财政收入 2.1 亿元,居民年人均所得 6510 元[①]。城阳街道在城阳区社会与经济发展中占有举足轻重的地位。

能否摸准"转型社区"居民的需求脉搏,及时解除他们的忧患,对提高社区居民生活满意度,增强社区归属感、认同感具有重要意义。为此,我们在调查问卷中设计了"获得一份有报酬的工作""违章建筑撤除"等 28 项社区生活需求(表 7-7),调查结果表明,城阳街道的社区居民目前最广泛的需要是安全方面,其次是社交、爱的需要、尊重的需要和自我实现的需要,温饱等生理性需要降到次要位置。具体表现在:

青岛市城阳街道社区生活需求一览[②] 表 7-7

社区生活需求	人数(人)	比率(%)	社区生活需求	人数(人)	比率(%)
获得一份有报酬的工作	72	64.3	常设爱心捐赠站(衣、被、钱款等)	81	72.3
获得低保生活救济金	39	34.8	社区提供居家养老服务	80	71.4
获得失业保险金	56	50.0	接受就业、上岗培训	58	51.8
社区设简易门诊	90	80.4	介绍就业	70	62.5
社区设有老年护理院或护理病房	67	59.8	社区建立就业市场信息公告栏	96	85.0
家庭病床	71	63.4	防止家庭暴力行为发生	78	69.6
家庭保健医生	63	56.3	调解邻里人际纠纷	96	85.7
建立社区卫生服务中心	98	87.5	调解楼道、走廊等公用部位使用矛盾	91	81.3
社区提供保姆介绍服务	82	73.2	强化外来流动人口管理	110	98.2
社区设有供婴幼、儿童照顾服务	71	63.4	居住环境治安保卫	108	96.4
社区设有健身点	107	95.5	获得房屋维修等物业服务	106	94.6
社区设有图书馆	101	90.2	整治环境卫生	106	94.6
社区设有文化娱乐场所	95	84.8	撤除违章建筑	107	95.5
社区设有教育服务中心	88	78.6	提高社区绿化覆盖率	105	93.8

---

① 资料来源:城阳区地方志编纂委员会. 城阳区志(1994-2005)[M]. 北京:中华书局,2006:63.
② 本次调查数据资料主要通过问卷调查的方式取得。根据传统区位差异、行政区划差异以及规模相似等原则挑选了城阳街道已完成旧村改造的 6 个社区。调查于 2007 年 5 月 31 日进行,笔者按照分层随机抽样的方式直接入户调查,调查对象以 30~55 岁的中年人为主。此次调研共发放问卷 120 份,实际回收有效问卷 112 份。调研依照传统区位差异、行政区划差异、规模相似以及分层随机抽样的原则进行,具有较强的代表性和可信度。

对社区治安提出迫切的要求：98.2%的被访者希望加强对外来流动人口的管理；96.4%的被访者希望居住环境治安保卫工作要到位，他们提出小区外来流动人口多、出入口多、四通八达，存在许多安全隐患。

对居住环境十分关心：95.5%的被访者希望撤除违章建筑；94.6%的被访者要求整治环境卫生，改变车辆乱停放现象；93.8%的被访者希望提高小区绿化覆盖率，还有的居民提出，在拆迁旧房或撤除违章建筑后要改建绿地，还绿于民。

对社区文化体育活动等基础设施需求比较强烈：95.5%的被访者希望小区设健身点，或扩大健身场地、增加健身器材；90.2%的被访者希望小区成立一个图书馆；还有85%左右的被访者提出建立社区卫生服务中心、就业市场信息公告栏、文化娱乐场所等要求。

相对而言，要求获得低保生活救济金（34.8%）、获得失业保险金（50.0%）等的比例要小得多。一方面说明类似的需求已经得到满足，另一方面反映出大部分"转型社区"居民有固定的收入来源。

（2）城阳街道Q社区居民社区归属感、认同感情况分析

青岛市城阳区Q社区，位于城阳街道东部，烟青公路与城阳区正阳路交汇处。东临烟青一级公路，西毗西田村，南邻大北曲东村，北连后田村。Q社区是以居住功能为主、兼有部分第三产业和仓储用地的"转型社区"。全村总面积0.704km²。2004年，全村共有360户，1206人[①]（图7-16）。

Q社区（前田村）改造情况：
总用地面积：62792.05 m²
总建筑面积：70853.07 m²
住宅面积：60295.39 m²
公建筑面积：10557.68 m²
总户数：744户

田村用地示意图

Q社区改造前

Q社区改造后

图7-16　Q社区城市化改造

本文从以下几个方面调研Q社区居民社区归属感、认同感现状。

居住年限与居民社区归属感、认同感呈正相关关系，居住年限越长，社区归属

---

① 资料来源：城阳区政协教科文卫体与文史资料委员会. 城阳村落[Z]. 2005.

感、认同感就越强。在对 Q 社区居民的调研中恰好证实了这点（表 7-8）。因为广大"转型社区"居民祖祖辈辈都生活在这片土地上，他们之间形成了深厚的亲缘、地缘，而这种人与人情感上的紧密联系正是形成"转型社区"居民社区归属感、认同感的重要因素，在多数居民的主观感觉中，伴随居住年限的增长最易产生归属感、认同感的范围是社区，其次是城阳区，少数的居民认为是城阳街道，极少数居民则认为是青岛市。

不同居住时间对 Q 社区范围的认同率[①]　单位：%　　表 7-8

居住时间	Q 社区	城阳街道	城阳区	青岛市
10 年以下	45.6	12.6	41.3	0.5
11~20 年	49.3	11.2	39.3	0.2
21~30 年	59.5	7.4	31.5	1.6
31 年以上	69.9	6.9	22.0	1.2

个人基本情况：在居民个人基本状况的诸多因素中，年龄、性别与居民的社区归属感、认同感呈显著相关；而文化程度、经济状况等对"转型社区"居民的社区归属感、认同感则没有显著影响。

不同组别居民的社区认同率[②]　单位：%　　表 7-9

标志	组别	Q 社区	标志	组别	Q 社区
年龄	30 岁以上	35.7	文化程度	小学及以下	38.7
	31~45 岁	47.1		初中	40.0
	46~60 岁	56.8		高中/职高/技校	47.2
	61 岁以上	70.3		大专及以上	41.6
性别	男	71.2	经济状况	差	56.5
				一般	64.1
	女	85.8		较好	69.4

从表 7-9 可以看出：年龄对"转型社区"居民的归属感、认同感有较大影响，主要表现为老年群体的社区归属感、认同感比较强。老年人的地域流动能力相对较弱，他们更倾向于在这个地方能安安稳稳居住到老；女性比男性更有社区归属感、认同感，女性相对男性而言感情更为丰富，而且传统"男主外、女主内"的角色分工，较城市社区，"转型社区"女性待在家里的时间相对较长，与社区的接触更多，与社区的关系也就更密切；文化程度和经济状况是个人社会经济地位的体现，社会地位高的居民加入的地方正式组织相对较多，他们更信赖正式组织和次级社会关

---

① 数据来源：调查问卷第七部分。
② 同上。

系，这会使他们对社区产生感情。另外，在当前的沿海"转型社区"城市化建设中，由于以居民为主要成员的正式组织缺失，文化程度与社会经济地位对居民的社区情感不存在明显影响。

社区参与：据调研表统计，Q 社区的居民参加志愿者服务的热情不高，有 30.6% 的居民明确表示不愿参加，有 37.2% 的居民则仍在观望；虽然有 32.2% 的居民表示愿意参加志愿者服务，但在参加时间上大部分居民（约占 21.0%）每月只愿意贡献 1～3 小时，只有 11.2% 的居民愿意无条件参加志愿服务。在参加志愿者服务的类型方面，社区居民愿意参加打扫卫生、治安巡逻、心理咨询、助老助残、文化娱乐等，反映了社区居民在卫生、治安、养老、文化娱乐上的需求，至于心理咨询，则反映了社区居民可能在情感上需要有更多的沟通与交流。①

社区人际关系：我们对 Q 社区的总体人际关系的评价也进行了调查，发现 32.6% 的居民认为社区的人际关系比较和谐，有 11.0% 的居民认为能互相帮助、人际关系非常和谐，与新的居住环境和新来的邻居关系融洽；有 26.4% 的人认为不和谐，尤其与新的外来居民不能和谐共处；另有 20.0% 的居民表示谈不上和谐不和谐，社区转型前后没大的变化；反映出"村改社区"后邻里间缺乏互动联系。总体上 Q 社区的人际关系较改造前冷漠，新的邻里关系尚未充分发挥其凝聚作用。社区两类人——本地人和外地人互动的缺失问题凸显。调研数据显示，Q 社区本地人之间的认同程度比较高，认同程度最高的两项依次为籍贯和经济状况。本地人与外来流动人口之间的认同程度较低，户籍认同和经济状况认同是形成两者认同感的主要纽带，在这两者中，经济状况认同更有助于社区归属感、认同感的提高。本地人和外地人深层互动的数量和质量是影响"转型社区"居民社区归属感、认同感的重要因素之一。

通过对城阳街道"转型社区"居民生活需求和 Q 社区居民归属感、认同感情况的调研分析可以看出，"转型社区"居民的社区归属感、认同感涉及居民生活的方方面面，可以概括为："转型社区"发展还不能满足广大社区居民日益增长的物质、文化生活需求，社区居民的社区归属感、认同感所依赖的物质基础和精神基础还没有形成。

3. 导致沿海"转型社区"归属感、认同感不强的几个突出问题

（1）居民参与意识不强

在"转型社区"，由于居（村）委会在一定程度上表现为一个"准政府"的行政化机构，与其法律规定的自治组织发生了角色和职能上的错位，这种错位造成社区居民自治和参与意识的不足，将社区活动看作是政府行为，形成了"社区活动行政化—居民自治性差—社区活动行政化"的恶性循环。其中，很少参与甚至不参与社区活动的人群以中青年为上，不参与社区活动的类型有："熟视无睹"者、"等、靠、要"者，传统观念使他们认为社区建设应是政府行为，自己可以坐享其成；"自相矛盾"者，当社区有利益时，认为自己应该享受，当社区需要贡献时，却认为与己无关。导致以上现象的原因是社区居民缺乏公民意识和利益诱导。在农村社区，村委会的选举与农民切身利益息息相关，从某种程度上说，直接关联到农民一年的收入，选对了带头人，农民就有了致富的希望。而农村社区城市化转型后，失地农民的基本生活并不是主要依靠居（村）委会，而是依靠自己和其他经济实体，没有利益作为纽带，失地农民参与自治的动力明显不足。

（2）外来务工人员的社区归属感、认同感问题

谈到"转型社区"居民的归属感、认同感，我们不能不谈这个城市的一个非常重要的人群——外来务工人员。据调查，在 Q 社区居住的外来务工人员占社区总人口的 20%，他们与"转型社区"失地农民形成了所谓的"二元社区"现象。即在现有户籍制度下，在同一地域，外来人与本地人在分配、就业、地位、居住上形成不同的体系，以致心理上形成互不认同，构成所谓的"二元社区"，这种二元分割不完全是空间和地理上的，更重要的是心理上的。

本文对青岛市城阳区外来务工人员进行了初步调查。随着经济的发展，每年来城阳区的外来务工、经商人员达 20 多万人，其中暂住人口约 15 万人，约占全区总人口的三分之一[①]。外来务工人员的基本情况为，教育情况：年轻人为主，青壮年人口占很大比重，进城动因以经济为主，58.8% 的被调查人员表示进城务工是为了"多挣点钱"，文化程度初中以下的占 55.8%；工作状况：就业层次偏低，从事的职业排在前六位的依次是企业辅助工（38.5%）、餐饮服务（14.1%）、建筑施工（13.1%）、文化娱乐（8%）、装修（7%）、家政服务（6.3%）、其他（13%）；生活状况：业余生活单调，调查显示，高达 42.0% 的外来务工人员业余时间用于休息，25.7% 的人选择了做家务，13.4% 的人选择学习，15.1% 的人选择交往，3.8% 的人选择其他；同时，调查还显示，成为城里人并不是外来务工人员的迫切愿望，31.0% 的人认为无所谓是否成为城市人，32.6% 的人认为自己不可能成为城市人，有 28.5% 的人认为经过自己的努力会成为城里人，仅有 7.9% 的人认为自己已经是城市人了。可见，外来务工人员在城市谋生，以获取经济利润为目的，从事低层次的工作，与城市文化不能融合，他们对城市及其所居住的社区缺乏一种认同感和归属感。[②]

（3）政府角色"越位"和"缺位"

政府角色的"越位"是指政府角色或职能的越位，乃一种通俗的说法，其实质是指政府在行政过程中超越了其本来的职能与权限，是超职责、超权限的行政过程[③]。在 Q 社区归属感、认同感建构过程中，政府"越位"具体体现在以下三个

---

① 柯堤. 山东考察观感［J］. 中国税务，2005（11）：21-23.
② 数据来源：调查问卷第八部分。
③ 徐永祥. 社区发展论［M］. 上海：华东理工大学出版社，2000：153.

方面:

一是政府自觉或不自觉地将非政府的社会组织作为依附于政府的附属单位或下级单位,并直接干预这些组织的自主权力。以 Q 社区中的群众自治组织居民委员会为例,《中华人民共和国城市居民委员会组织法》第二条明确规定政府指导、支持和帮助居(村)委会工作,居(村)委会协助政府开展工作,但在实际工作中,政府与居(村)委会的关系演变为上下级关系,政府在地区的派出机关街道办事处俨然成了居(村)委会的直接上级,同时其他政府职能部门的地区机关也成了居(村)委会的间接上级,对居(村)委会进行任务布置、业务考核,这些单位实质上行使的是行政管理权力。

二是财政拨款机制的不完善导致政府过多参与社区的经济活动。街道办事处作为区政府的派出机构,其办公经费采用的是财政包干制,按人员编制核定基本工资、职工福利费和公务费,数额基本保持不变,但经费总额往往并不够弥补办事处的所有开支。就城阳街道办事处来说,其年总支出额是财政拨款的 3 倍。为了提高办事处的经济收入,街道办事处虽然不像过去那样直接经营或管理三产企业,但也必须腾出相当的人力和精力置地搞经济开发区,想方设法吸引社会上的各类企业并提供相关服务,街道下定招商任务,全民招商,与街道办事处的社区行政管理主体的地位不相匹配。

三是政府不恰当地运用财力和行政权力,承担了部分应由社区社会组织承担的职能。政府在众多社区文化活动、公益性活动、志愿者服务等中往往以直接组织者或承办者的身份参与,利用行政权力,对社会组织进行领导。在财力方面,政府以津贴方式为居(村)委会干部发放工资,与居(村)委会的自治精神相悖,容易使群众产生误解——"居(村)委会也是政府"。

除了"越位",在 Q 社区归属感、认同感建构过程中,政府角色也存在"缺位"现象,即政府在行政实践中,未能扮演好自己应有的管理者角色,未能行使好自己应尽的职责[1]。主要表现在以下三个方面:

一是对非政府的社会中介服务机构、专业化的社会工作机构等第三部门的培育不到位。政府过多地承揽了应由社会组织承担的社会职能所造成的"越位",同时也造成了政府在社会组织培育上的"缺位"。与第一部门的政府、第二部门的市场相对应,第三部门是指社会领域,这一领域的组织从理论上讲可以、也应该自发产生,但为了适应社会发展的要求,由政府培育、指导社会组织的产生和运行能够提高实际效率,但是目前政府在这一方面做得还远远不到位。

二是政府在社区管理上的政策指导不到位。政策指导是政府对社会组织的必要职能之一,但与社会发展速度相比,政府的政策制定往往显得滞后,在社区管理中

---

[1] 徐永祥. 社区发展论[M]. 上海:华东理工大学出版社,2000:153.

不能充分发挥其指导作用。

三是政府对非营利性社会组织的财力资助不到位。目前政府将一部分社会职能转移到社会组织，而且随着体制转轨的力度加大，社会组织所承担的社会职能将越来越多，但与此同时，政府对社会组织的财力支持却远远不能满足需要，而且这种政府投入随意性较强，没有制度上的规范和约束来保持社会组织的稳定来源。

总之，由于政府的"缺位"与"越位"，政府在社区归属感、认同感建构上的"不到位"和无序，甚至在社区管理上出现有利益抢着管、无利益都不管的现象，导致居民社区满意度低下和社区归属感缺乏。

农村城市化的进程不仅是城市经济扩张的过程，也是城市文明向"转型社区"渗透的过程。"二元社区"的形成，实质上是在农村自给自足经济下产生的排外意识和小农意识作用的结果，与以开放、协作理念为主导的现代城市文明格格不入，"转型社区"尽管非农经济总量持续扩张，但与完整意义上的城市社区还存在差距。因此，增强外来务工人员的社区归属感、认同感，是促进"转型社区"与城市社区融合、加快农村城市化现代化进程的关键所在。

7.6.4 增强"转型社区"居民社区归属感、认同感的政策建议

心理调节机制是居民、政府和有关社会组织整合社区资源、发现和解决社区问题、改善社区环境、提高社区生活质量的过程，是塑造居民社区归属感、认同感、加强社区居民参与、培育互助与自治精神的过程，是增强社区成员凝聚力，确立新型的、和谐的人际关系的过程，也是推动社会全面进步的过程。著名社会学家夏学銮教授曾讲过，抓住了"家"的概念，就等于抓住了社区建设的根本。能够建设"家"一样的"社区"，才能真正营造社区的归属感、认同感。对于"转型社区"而言，切实增强居民的社区归属感、认同感，促进社区心理调节机制整合，应当做到：社区建设、管理和发展的一切所为都应当坚持"以人为本"的理念，坚持立足于满足社区居民生活和其他方面的各种需求，坚持立足于解决社区居民生活和其他方面的各种问题，其中"以人为本"是核心内容。

1. 增强"转型社区"不同群体的社区参与意识

（1）社区党员和在职干部群体

专家指出，社区党员横系于我国社会的各种制度架构之间：包括成熟但仍将继续完善的政党制度、正在形成和建立的社区建设和管理体制、有待大力构建的非营利和非政府组织第三部门的组织制度。这一特殊性正反映了社区党员研究的重要意义。青岛市城阳区从党员和社区在职干部入手，由区委组织部和机关工作委员会发放"党员服务证"和"机关干部社区活动记录登记卡"，记载党员和机关干部在所生活的社区参与社区活动的情况，这些活动对当地"转型社区"居民委员会举办社区活动、发动居民参与社区管理起到了较好的推进和示范作用。

（2）社区志愿者群体

社区志愿者是"转型社区"的宝贵资源。沿海"转型社区"的社区志愿者队伍建设有两点建议：一是建立志愿者价值评判指标体系。要对志愿者服务活动有正确的价值评判，不仅从思想道德和精神文明建设的角度评估社区志愿者服务，而且从经济的角度评估社区志愿者服务活动的重要价值。二是要健全、壮大和优化志愿者队伍，丰富社区志愿者活动内容，拓展志愿者服务的领域，使社区志愿者服务成为沿海"转型社区"非政府组织外的又一个增长点。

（3）社区特别人群体

目前沿海"转型社区"人口结构正出现四个明显的变化：老年人口比例显著上升；体制外人员增多，主要是自由职业者、个体工商户、私营企业主；失业人员增多；外来流动人口增多。上述四个社会群体从其原有的社会归属体分化出来以后，正在寻找一种有效的被社会接纳的方式。本文建议对"转型社区"内这些人群建立专门的资料库，以社区为载体，吸引他们积极参与社区各项活动，增强居民的社区归属感、认同感。

2. 培养"转型社区"流动人口的社区归属感、认同感

（1）以"转型社区"为依托，对社区流动人口实行属地社区管理

即以"转型社区"为依托，将该群体纳入当地社区管理服务体系中来。流动人口大多数都居住在"转型社区"出租房里。而且，因工作的变动等原因往往需要经常搬迁，很难在一个社区长期居住。由于流动人口在居住上的"流动性""分散性"等特点，本文认为只有以"转型社区"为依托进行管理才能够实现诸多需求的满足，才能建立相应的参与、服务机制。

（2）在"转型社区"建立流动人口社区参与机制

引导居民广泛地参与到各种社区活动中来，"可以有效地从文化和心理层面增强居民对社区的认同感，使他们能从社区的文化特质中认识到自己生活的社区，认同自己生活的社区，进而能够热爱社区，贡献社区"（吴亦明，2003）。在"转型社区"应当建立相应的社区参与机制使流动人口能够广泛参与居住地的社区管理与服务，参与各种居民组织，参与各种社区文化娱乐活动，在参与中逐渐增强社区认同感，促进社区融合。

（3）推动"转型社区"福利性服务事业的发展

既然社区服务的发展水平越高，流动人口的社区认同感就越强，"转型社区"有必要在现有水平的基础上进一步提高其社区服务水平、扩大服务的范围、设法将流动人口纳入到社区服务（尤其是福利性服务）的对象中来，尽量使其享有和本地居民平等的社区服务。向流动人口提供各种服务，如就业指导培训、文化教育、医疗、精神文化娱乐、子女教育等方面的非营利性服务，无疑会增强他们对社区的认同感、归属感。如为社区内失业的流动人口提供无偿或低偿的就业指导、职业培训

等。同时，本文认为，在针对流动人口的有效的社会保障体系尚未建立之前，应通过居住社区良好的社区福利服务最大限度地减少流动人口面临的生存风险、提高其生活质量，增强其社区认同感，弥补社会保障缺乏的不足。

（4）努力创造条件鼓励流动人口和邻里间的交往

邻里是基层社区组织的自然基础和中间环节（唐忠新，2000）。社区不仅强调"地域""人群""文化"，也强调社区内人与人之间的"社会活动"和"互动关系"。共同生活、互动是社区的核心内容之一。因此，邻里之间的交往互动对流动人口社区认同感的培育具有十分重要的意义。"转型社区"应当创造条件鼓励流动人口参与邻里之间的交往互动，形成一种亲密、和睦的社区人际氛围。如举办一些以邻里为单位的社区娱乐活动，使邻里之间在互助合作中加深了解、加强交往，帮助流动人口实现和城市社会的有效融合。

3. 发挥政府应有的作用

（1）投入作用

"转型社区"应建立以政府财政为主导的多元建设投入体系，为社区建设提供资金支持，改善社区环境，提高社区的硬件建设水平。一方面政府要建立"转型社区"建设的专项资金，如可以对社区建设达到某种标准的予以重奖，另一方面匹配资金、专项使用，加大对"转型社区"硬件建设的投入。

（2）导向作用

政府应加强对"转型社区"的指导，发挥好导向的作用，从而使"转型社区"健康有序地发展。一是引导"转型社区"形成政府行政管理系统、社区自主管理系统（以社区居民委员会为主）和社区物业管理系统为主的社区管理体系。二是引导"转型社区"非政府组织的发展壮大，使政府逐步从"转型社区"建设的琐碎事务中解脱出来，这是今后沿海"转型社区"发展的新增长点。

（3）协调作用

沿海"转型社区"除了为居民提供居住场所外，还设有一些服务性、经营性的组织，如学校、医院、企业、小型商业以及其他社会团体，有的还包括驻地部队等。"转型社区"与这些驻社区单位的利益互动不言而喻。应通过政府的协调，建立社区单位联席会议制度（如有些社区成立了社区精神文明建设委员会），建立社区共建对子（如企居共建、校居共建等），整合社区资源、协调社区利益、服务社区群体，达到社区各单位、社区居民、社区环境的和谐统一。

7.7 小结

本章从六个层面对"转型社区"的整合机制进行分析：

（1）资源整合机制。通过对实证案例的具体分析，本章认为建立沿海"转型社区"资源整合机制需要从社区意识的树立、社区发展的规划、社区行政管理体制的改革和社区人力资源的充分利用等方面着手，充分整合社区的各类资源，最大限度地提高社区的资源共享。

（2）服务机制。"转型社区"应通过社区服务运行机制建设、社区服务队伍建设、社区服务的社会支持和服务网络建立、社区服务的多元互动等措施来健全沿海"转型社区"服务机制。

（3）制度规范机制。"转型社区"要建立有利于社区发展的新制度框架，就要创新行政管理体系、创新产权制度体系、创新要素流动体系、创新社会保障体系，形成社区发展的新格局。村规民约是"转型社区"制度机制的特色组成部分，也是"转型社区"制度创新的一个切入点。本章研究了村规民约对"转型社区"发展的作用，并选取具体实例——J社区进行分析，认为在多方力量推动下的村规民约对J社区的发展发挥着重大作用，并推进了该社区的城市化进程。

（4）自治参与机制。本章通过对青岛市城阳区D社区的个案分析发现：当前，沿海"转型社区"的居民参与还是一种低水平的社会参与，是一种政府主导下的有限参与。要提高"转型社区"居民自治参与的程度，政府层面应当从坚持"以人为本"的理念、建设决策公开制度和发展NGO组织三个方面改进治理方式；社区层面要从创新治理结构、规范议事程序和加强党支部建设树立治理权威三个方面提高自治功能；社区居民层面要通过丰富集体活动、培植社区精英和培育社区组织三个方面增强合作意识。

（5）文化创建机制。本章对沿海"转型社区"的文化现状与需求进行了分析评估，并对文化再造模式的内涵与实施途径进行了初步的论述，进而得出以下结论：文化对我国沿海"转型社区"的发展具有重要的推动作用；我国沿海"转型社区"文化的现状表现为：社区文化建设滞后于社区经济建设，呈现出乡土性、封闭性、宗族性、变化缓慢的特点；我国沿海"转型社区"文化再造的内容包括经济文化再造、政治文化再造与生活方式重建，文化再造的目标是塑造一种新型经济文化、参与型政治文化和可持续的、健康的生活方式，文化再造的途径是教育，是一种扩大的广泛的教育。

（6）心理整合机制。本章通过对沿海"转型社区"居民归属感、认同感的现状分析，进一步深化了对"转型社区"心理整合的认识，从而寻求增强居民社区归属感、认同感的有效途径。从整体上来看，沿海"转型社区"存在居民参与意识不强、外来务工人员社区归属感、认同感缺乏、地方政府角色"越位"和"缺位"等问题。"转型社区"心理机制整合应增强社区内不同群体的参与意识，培养社区外来人员的归属感、认同感，发挥政府在投入、导向和协调方面的作用，从而构建多元居住主体的心理认同。

结 论

通过研究，本书得到以下结论：

第一：改革开放以来，我国沿海地区市场经济体制不断完善，市场化程度不断提高，但与发达国家相比差距仍很大，我国的二元社会经济结构至今根深蒂固。市场化程度的差别以及二元的社会经济结构，决定了我国农村城市化的发展不能完全依照发达国家的路子进行，各地区需要结合各自的实际情况予以借鉴。我国沿海地区农村城市化的发展是内外因素共同作用的结果，其农村城市化模式具有以下共性：经济发展以外向型经济为主导；农村非农经济的发展不仅解决了当地失地农民的就业问题，而且吸引了大量的外来劳动力；政府的引导得力，整改力度大，成绩明显；沿海地区农村城市化对于其他地区的农村城市化发展具有启示意义。

第二：山东半岛沿海农村城市化可归纳为内生型和外生型两大类，共五种模式，分别是以山东省龙口市东江镇南山村为代表的非农化与城市化同步发展型城市化模式，以淄博5区3县为代表的分散工业化滞后型城市化模式，以青岛市城阳区城阳村和董村为代表的大城市带动型城市化模式，以山东龙口市诸由观镇冶基村为代表的外资介入型城市化模式，以济南市郊区的阳光舜城社区和凤凰城社区为代表的土地征用综合开发型城市化模式。沿海农村城市化的发展与社会、经济、文化、政策等各个方面都有着密切的关联，各种模式各有利弊，但是不管采用或者创新出哪一种模式，前提是不能伤害到失地农民的利益，不能违背经济社会发展的规律，这是任何发展模式都应当遵循的原则。

第三：转型时期我国沿海地区农村城市化的特征是和谐与冲突共存、博弈与失衡共存、整合与分化共存、存续与消除共存。同时，沿海农村还存在思想观念、生态环境、利益分配和政策等制约城市化协调发展的相关问题。以上特征和问题，在一定程度上影响了人们对农村城市化这项伟大事业的判断，并产生许多困惑：既需要各级政府重视，又需要全社会的理解和社会公众的广泛参与；既希望失地农民的分化、重组与发展，又希望整个社会的稳定与整合；既希望对农村社区彻底的城市化改造，又希望对有历史意义的农民原住空间环境予以适当的存续保留。

第四：农村城市化和谐发展的过程就是农村与城市的经济、社会、空间、生态等诸要素协同融合和互动发展的过程。本书对沿海农村与城市协调发展的互动机理进行了研究，认为：农村城市化应推动农村与城市的经济协调发展，确立非正规经济的过渡平台功能，建构规模化的类正规经济；农村城市化应推动农村与城市的社会协调发展，通过加强失地农民市民意识教育，培育市民观念，提高自身角色意识，建设具有特色的新型社区文化；农村城市化应推动农村与城市的区域空间协调发展，统筹规划城乡基础设施建设，通过视觉和空间上的沟通、渗透，实现区域空间的整体性、连续性，并提出"循环式设计方法"，从设计层面探讨城市与农村的区域空间协调；农村城市化应推动农村与城市的生态协调发展，通过可持续人居环境理念的指引，协调好失地农民生存环境、生态环境、生活环境及生产环境的关系，使城乡生态分割向城乡生态融合转化。

第五：农民是整体社会结构中最为脆弱的社会群体，动员与利用自身具有的社会资源是农民走向城市生活的唯一有效便捷的介质，失地农民归属的"转型社区"无疑是他们能够动员与利用的最重要的社会资源所寄托的空间场域。由于"转型社区"的形成是个渐变的过程，城市的包围并没有改变失地农民聚落而居的生存形态，使得"转型社区"自身的文化与外在文化可以形成许多直接的交流。这些进行彻底城市化的"转型社区"居民，分享着更充分的城市化利益与更高质素的城市生活，而且，特别值得关注的是，他们还在同时地享受着具有自身历史文化认同所带来的社会心理满足，因而，并没有产生适应的严重困难与大规模的行为失范。可以说，"转型社区"居民以已有的社会空间与社会网络为基础，比较顺利地实现着崭新社会变迁条件下的社会适应，实现着经济与社会的平稳过渡。

第六："转型社区"作为我国农村城市化的微观缩影，其整合机制是一个综合的有机系统，由资源整合机制、服务机制、制度规范机制、自治参与机制、文明创建机制和心理调节机制等六大子机制组成，各子机制即相互独立又相互联系、相互补充。整合机制涉及方方面面，有着多样性和复杂性，它要求相关的决策体系和工作机制具有高度的综合性，既包含显性的制度，又包含隐性的（约定俗成的）规范。对沿海农村城市化整合机制的研究，意味着对农村城市化的认识已经从现象的描述深入到本质的剖析。

第七：当前，我国依然还是"大政府"主持下的社会运转模式、依然还没有形成一个比较规范的社会行动体系、依然还没有形成一个弱势群体的规范化保护机制，弱势群体的诉求随时都有可能遭遇忽视、弱势群体的利益随时都有可能面临流失。对于"转型社区"失地农民这样一个社会群体，其基本利益的保护、基本权益的维护、基本需求的满足在农村城市化过程中就显得至关重要。因此，构建农村城市化整合机制对推动我国农村城市化的进程具有重要意义。通过建立对各个层面都具有应对功效的资源、服务、制度、自治参与、文化、心理调节的一整套机制整合体系，从而，在现有宏观体制框架许可的范围内实现自身利益的最大化，使得"转型社区"的绝大多数成员在拥有一份衣食无忧生活的同时，还以自己独特的方式分享与改写着民间社会的历史文化。无论在理论还是在现实层面，农村城市化以其机制整合的方式所实现的城市融入与传统超越都是一种能够使民间多层面利益得以更充分保留、能够使政府更多地节约城市化成本的双赢之策。

附录 A：图表来源

图 1-1：研究内容框架；来源：作者绘制

图 3-1：2005 年沿海地区与内陆地区部分省份城市化率滞后程度示意图；来源：作者绘制

图 3-2：南山村城市化改造现状；来源：南山集团提供

图 3-3：南山集团东海开发区滨海景观休闲带规划设计方案；来源：青岛理工大学设计院提供

图 3-4：淄博模式——淄博市 5 区 3 县示意图；来源：网络图片

图 3-5：城阳村城市化改造现状；来源：城阳村委提供

图 3-6：董村城市化改造鸟瞰图；来源：青岛市城阳区规划建设管理局

图 3-7：冶基村城市化改造现状；来源：网络图片

图 3-8：阳光舜城社区城市化改造现状；来源：网络图片

图 4-1：青岛市城阳村改造前后对比；来源：作者拍摄

图 4-2：青岛市东田村城市化改造中的"钉子户"；来源：作者拍摄

图 4-3：青岛市前田村彻底消除式的推翻重建；来源：作者拍摄

图 4-4：青岛市后田村改造后失地农民依旧传统的生活方式；来源：作者拍摄

图 4-5：青岛市后田村驻社区企业乱排放污水造成严重的水污染；来源：作者拍摄

图 5-1：青岛市后田村非正规经济到正规经济的转变；来源：作者拍摄

图 5-2：青岛市后田村正规经济的规模化发展；来源：作者拍摄

图 5-3：青岛市西田村、东田村"村"改"社区"；来源：作者拍摄

图 5-4：青岛市东田村的传统文化；来源：作者拍摄

图 5-5：空间整理；来源：作者绘制

图 5-6：青岛市东田村开放空间改造前后对比示意图；来源：作者绘制

图 5-7：循环式设计方法示意图；来源：作者绘制

图 5-8：青岛市城阳区云头崮村"村改社区"建设与生态观光建设；来源：作者拍摄

图 6-1：青岛市城阳区"转型社区"分布图；来源：作者绘制

图 6-2：后田村区位图；来源：作者绘制

图 6-3：后田社区文化广场；来源：作者拍摄

图 6-4：社区居民流动图；来源：作者绘制

图 6-5：1990 年、2007 年东田社区失地农民家庭户数分布图；来源：作者绘制

图 6-6：王克玉家庭改造前后住宅平面图；来源：作者绘制

图 6-7：孙乃国家庭改造前后住宅平面图；来源：作者绘制

图 6-8：杨孝林家庭改造前后住宅平面图；来源：作者绘制

图 6-9：东田社区中青年家庭和老年家庭全生命周期过程图——生活时间的记入；来源：作者绘制

图 7-1：青岛市城阳区区域分区规划——2002～2020 年；来源：青岛市城阳区规划建设管理局

图 7-2：后田社区文化活动中心和青变集团职工俱乐部都处于长期闲置状态；来源：作者拍摄

图 7-3：城阳区居民广泛参与的丰富多彩的社区文化生活（牡丹花会）；来源：作者拍摄

图 7-4：社区居民有组织参与社区环境整治与无组织的放任自流；来源：作者拍摄

图 7-5：沿海"转型社区"服务组织投资主体；来源：作者绘制

图 7-6：H 社区城市化改造；来源：作者拍摄

图 7-7：J 社区城市化改造；来源：作者拍摄

图 7-8：J 社区村规民约展示牌；来源：作者拍摄

图 7-9：D 社区城市化改造；来源：作者拍摄

图 7-10：D 社区组织体系；来源：作者拍摄

图 7-11：X 社区城市化改造；来源：作者拍摄

图 7-12：个案 1 及其厂房；来源：作者拍摄

图 7-13：个案 2；来源：作者拍摄

图 7-14：X 社区失地农民依然传统的生活方式；来源：作者拍摄

图 7-15：城阳区城阳街道行政区划图；来源：《城阳村落》

图 7-16：Q 社区城市化改造；来源：作者拍摄

表 1-1：国内生产总值及构成；资料来源：国家统计局. 中国统计年鉴（2007）［M］. 北京：中国统计出版社，2007：表 3-1，表 3-2.

表 2-1：McGee 对中国及东亚 Desakota 的研究分类；资料来源：整理自 McGee（1991）：12-14，16.

表 3-1：国内城市化的主要模式；资料来源：作者整理

表 3-2：2005 年全国及各省份农村经济收益分配；资料来源：中国农业年鉴编辑委员会.2006 中国农业年鉴［M］. 北京：中国农业出版社，2006：319-324.

表 3-3：2002～2005 年沿海与内陆地区农村从业人员非农领域就业比重；资料

来源：中华人民共和国农业部. 2003年中国农业发展报告，2004年中国农业发展报告，2005年中国农业发展报告，2006年中国农业发展报告［M］. 北京：中国农业出版社，表2.

表3-4：2000~2005年沿海与内陆地区农民家庭人均纯收入第一产业所占比重对比；资料来源：中华人民共和国农业部. 2001年中国农业发展报告，2002年中国农业发展报告，2003年中国农业发展报告，2004年中国农业发展报告，2005年中国农业发展报告，2006年中国农业发展报告［M］. 北京：中国农业出版社，表22相关数据整理.

表4-1：2006年农户家庭劳动力文化程度构成；资料来源：国家统计局农村社会经济调查司. 中国农村统计年鉴2007［M］. 北京：中国统计出版社，2007.

表4-2：青岛市城阳区某社区2007年1~9月土地三项资金收支情况；资料来源：青岛市城阳街道提供

表7-1：城阳区各街道部分公共活动资源情况一览表（2005年数据）；资料来源：城阳区地方志编纂委员会. 城阳区志（1994-2005）［M］. 北京：中华书局，2006，214、609~684.

表7-2：2005年度城阳区财政灶内支出情况；资料来源：城阳区地方志编纂委员会. 城阳区志（1994-2005）［M］. 北京：中华书局，2006.

表7-3："社区生活中最大的困难"情况调研（N=110）；资料来源：作者调研

表7-4：社区环境卫生、社区治安的满意度情况（N=110）；资料来源：作者调研

表7-5：H社区服务设施配套现状调查情况；资料来源：作者调研

表7-6：Q社区归属感、认同感与社区生活孤独感的交互百分比表；资料来源：作者调研（调查问卷第七部分）

表7-7：青岛市城阳街道社区生活需求一览；资料来源：作者调研

表7-8：不同居住时间对Q社区范围的认同率；资料来源：作者调研（调查问卷第七部分）

表7-9：不同组别居民的社区认同率；资料来源：作者调研（调查问卷第七部分）

附录 B：沿海转型社区整合建设基本情况调查问卷

调查地点：_____社区　　　　　　　　问卷编号 ID：_____

第一部分　基本情况

1. 您的性别
   □ 男　　□ 女

2. 您的年龄
   □ 16 岁以下　　□ 17～22 岁　　□ 23～29 岁　　□ 30～39 岁
   □ 40～49 岁　　□ 50～59 岁　　□ 60 岁以上

3. 您的文化程度
   □ 小学或小学以下　　□ 初中　　□ 高中/中专/技校　　□ 大专　　□ 大学本科以上

4. 您的婚姻状况
   □ 未婚　　□ 已婚　　□ 丧偶　　□ 离异　　□ 分居

5. 您的家庭总人数
   □ 1 人　　□ 2 人　　□ 3 人　　□ 4 人　　□ 5 人及 5 人以上

6. 您的家庭类型
   □ 核心家庭（由父母和未婚子女组成）
   □ 主干家庭（三代或三代以上合住；父母和已婚子女合住）
   □ 联合家庭（同辈家庭合住）
   □ 无孩家庭（夫妻俩，没有孩子）
   □ 老人家庭（家庭成员年龄均大于 60 岁）
   □ 单身家庭（家庭成员只有一个成年人）
   □ 单亲家庭（由父亲或母亲与未婚子女组成）

7. 1）您的户口目前属于
   □ 农村户口　　□ 城镇户口　　□ 暂住户口　　□ 其他_____

   2）如果您是农村户口，是否愿意转为城镇户口
   □ 愿意　　□ 不愿意　　□ 无所谓

8. 您在本社区的居住时间
   □ 10 年以下　　□ 11～20 年　　□ 21～30 年　　□ 31 年及以上

9. 您的家庭月总收入
   □ 1000 元以下　　□ 1000～1999 元　　□ 2000～2999 元　　□ 3000～4999 元

☐ 5000~7999 元　　☐ 8000 元以上

10. 您的家庭消费支出排序依次为（请在方框中填写序号）

　　☐ 衣食　　☐ 住房　　☐ 子女教育　　☐ 医疗　　☐ 交通

　　☐ 家用电器及家庭装潢　　☐ 养老　　☐ 旅游

11. 您目前主要的就业渠道与收入来源是（可多选）

　　☐ 做生意　　☐ 开办小作坊、小门店　　☐ 出租房屋　　☐ 乡镇企业上班　　☐ 国有企业上班　　☐ 机关、事业单位上班　　☐ 种田　　☐ 村里的补贴　　☐ 其他＿＿＿

12. 您对目前生活、就业是否感到有压力

　　☐ 没有压力　　☐ 稍有压力　　☐ 有压力　　☐ 压力很大

第二部分　失地补偿及相关政策情况

1. 您的失地情况

　　☐ 全部失去　　☐ 大部分失去　　☐ 小部分失去

2. 政府补偿方式

　　☐ 货币安置　　☐ 招工安置　　☐ 住房安置　　☐ 划地安置　　☐ 保障安置

3. 您得到的补偿额

　　☐ 1 万元以下　　☐ 1 万~2 万元　　☐ 2 万~3 万元　　☐ 3 万~4 万元

　　☐ 4 万~5 万元　　☐ 5 万~6 万元　　☐ 6 万~8 万元　　☐ 8 万~10 万元

　　☐ 10 万元以上

4. 您的补偿费用途

　　☐ 子女结婚　　☐ 子女上学　　☐ 装修房屋　　☐ 偿还借款

　　☐ 存入银行　　☐ 购买保险　　☐ 投资生意

5. 您对补偿额满意度

　　☐ 很满意　　☐ 较满意　　☐ 一般满意　　☐ 较不满意　　☐ 不满意

6. 政府拖欠行为

　　☐ 有　　☐ 没有

7. 您对社区改造政策的满意度

　　☐ 很满意　　☐ 较满意　　☐ 一般满意　　☐ 较不满意　　☐ 不满意

第三部分　社会保障情况

1. 您认同的养老模式

　　1）老人生活费来源于

　　　☐ 自己　　☐ 子女　　☐ 村集体补贴　　☐ 国家救济　　☐ 亲友赠送

　　2）老人居住方式是

　　　☐ 与配偶在一起　　☐ 与子女在一起　　☐ 单独住　　☐ 住老年公寓

2. 您对老年人权益保障法的了解
   □ 非常了解   □ 基本了解   □ 不太了解   □ 完全不了解

3. 您对养老保险的了解
   □ 非常了解   □ 基本了解   □ 不太了解   □ 完全不了解

4. 您对医疗保险的了解
   □ 非常了解   □ 基本了解   □ 不太了解   □ 完全不了解

5. 您对最低生活保障制度的了解
   □ 非常了解   □ 基本了解   □ 不太了解   □ 完全不了解

6. 您是否参加过养老保险
   □ 参加   □ 没有参加

7. 您是否参加过医疗保险
   □ 参加   □ 没有参加

8. 您是否希望出台失地农民养老制度
   □ 非常希望   □ 希望   □ 一般   □ 不希望

第四部分　生活环境现状

1. 您自住房的面积（指建筑面积）
   □ 60m² 以下   □ 60~80m²   □ 80~120m²   □ 120~150m²   □ 150m² 以上

2. 您自住房的类型是
   □ 平房   □ 一层楼房   □ 二层楼房   □ 多层楼房   □ 高层住宅   □ 别墅

3. 1）您对目前的住房是否满意
   □ 是   □ 否
   2）不满意的原因是
   □ 地段   □ 交通   □ 房型   □ 环境   □ 购物   □ 子女上学   □ 其他

4. 您家目前拥有几套住房
   □ 1套   □ 2套   □ 3套   □ 3套以上

5. 您的业余时间如何度过（可多选）
   □ 打牌或打麻将   □ 看电影   □ 串门聊天   □ 去歌舞厅   □ 上网   □ 购物
   □ 参加学习培训   □ 体育活动   □ 其他_____

6. 您的出行方式
   □ 步行   □ 自行车   □ 摩托车   □ 公交车   □ 出租车   □ 自驾车

7. 您对您所在的生活社区环境现状的评价
   1）日照   □ 好   □ 一般   □ 不好
   2）通风   □ 好   □ 一般   □ 不好
   3）水电供应   □ 好   □ 一般   □ 不好

4）道路交通　　□好　　□一般　　□不好
5）绿化　　　　□好　　□一般　　□不好
6）垃圾收集处理　□好　　□一般　　□不好
7）治安　　　　□好　　□一般　　□不好
8）医疗　　　　□好　　□一般　　□不好
9）购物　　　　□好　　□一般　　□不好
10）娱乐　　　 □好　　□一般　　□不好
11）餐饮　　　 □好　　□一般　　□不好

第五部分　参与社区治理情况

1. 您认为在社区事务中哪个部门发挥的作用更大些
   □社区党委　　□街道部门　　□居（村）委会　　□其他组织＿＿＿＿
2. 与原来村委会相比，您认为居（村）委会发挥的作用
   □解决居民的实际问题　　□空架子，不解决实际问题　　□只为上级机关服务
3. 您了解居（村）委会的工作内容吗
   □了解　　□了解一些，不全面　　□不了解
4. 在社区居（村）委会选举中您会选择谁
   □社区干部和党员　　□有威信的人　　□有经济实力的人　　□朋友多，路子广的人
5. 您知道居民代表会议这个组织及其职责吗
   □了解　　□知道一些，但不了解　　□不知道
6. 1）您是否有意向参与社区治理
   □参与　　□不参加　　□无所谓
   2）以往您参与社区治理的频率怎样
   □经常参与　　□偶尔参与　　□不参与
7. 您对街道、居（村）委会等工作的满意度
   □满意　　□基本满意　　□较不满意　　□不满意
8. 1）您是否向街道、居（村）委会提出过意见
   □经常提出　　□偶尔提出　　□不提意见
   2）您提出的意见被采纳过吗
   □采纳并很好解决　　□采纳但没有解决　　□很少采纳　　□没有采纳过
9. 1）您认为在社区中除了街道政府、居（村）委会外是否还应有其他社区组织
   □应该　　□不应该　　□无所谓
   2）假如应该有，您认为应该有哪些（可多选）
   □居民之间的经济合作组织　　□促进居民自我管理的政治性组织
   □社区文化娱乐组织　　□其他＿＿＿＿

10. 假如上述这些组织存在，您认为应该由谁来管理

　　□ 党委　　　□ 街道　　　□ 居（村）委会　　　□ 自我管理

11. 您知道自己社区中有多少个这样的组织

　　□ 0个　　　□ 1个　　　□ 2个　　　□ 3个及以上

12. 您是否参加过或将要参加这样的组织

　　□ 参加　　　□ 不参加　　　□ 无所谓

13. 您认为这些组织的存在能否解决实际问题

　　□ 能解决　　　□ 多少解决一些　　　□ 不解决实际问题

14. 1）您是否经常参加社区活动

　　□ 经常　　　□ 偶尔　　　□ 很少参加　　　□ 不参加

　　2）您是否参加过志愿性社区活动

　　□ 经常参加　　　□ 很少参加　　　□ 不参加

　　3）这些社区活动主要是由谁组织的

　　□ 街道政府　　　□ 居（村）委会　　　□ 居民自己组织　　　□ 其他团体组织

15. 您希望参与的社区活动类型

　　□ 经济性活动　　　□ 政治性活动　　　□ 文化娱乐活动　　　□ 其他_____

16. 您认为参加社区活动可以（可多选）

　　□ 沟通邻里关系　　　□ 了解政府政策　　　□ 维护自己利益　　　□ 体现自己价值

第六部分　生活方式和生活态度情况

1. 您的交往圈目前主要集中于

　　□ 亲戚、邻居　　□ 同行、同事　　□ 同学、朋友　　□ 与自己经济利益密切相关的人

　　□ 对自己今后发展有好处的人　　□ 与自己兴趣爱好相近的人

2. 您在与人打交道时主要选择对象是

　　□ 对自己利益有影响的人　　□ 品德较好的人

　　□ 与自己兴趣相近的人　　□ 值得自己佩服的人

3. 在与人交往过程中，您觉得要

　　□ 注重利益　　　□ 注重品德　　　□ 注重兴趣　　　□ 其他_____

4. 您想过做生意没有

　　□ 没有想过　　　□ 有时想过　　　□ 经常想

5. 您敢做生意吗

　　□ 敢　　　　□ 不敢

6. 您觉得土地现在重要吗

　　□ 不重要　　　□ 重要

7. 1）如果您还拥有土地，您现在在土地上的投入较以前有什么变化

□ 减少了投入 □ 没有变化 □ 加大了投入

2）如果有人出钱买，您会卖吗

□ 价格合理就卖 □ 不会卖 □ 只要有人要，亏本也卖

8. 1）您希望养几个孩子

   □ 一个也没有 □ 一个 □ 两个及两个以上

   2）   如果只准养一个，您希望是

   □ 男孩 □ 女孩 □ 无所谓

9. 您觉得生育孩子的目的在于

   □ 养子女防老 □ 增加生活乐趣 □ 维系家庭感情 □ 生儿育女天经地义

10. 在办某一件事之前，您会与他人商量吗

    □ 不会 □ 看情况，有利就不商量 □ 看情况，有利就商量 □ 会

11. 当某个新的信息或技术出现时，您的态度

    □ 相信 □ 看看再说 □ 怀疑不相信

12. 您觉得科学技术重要吗

    □ 重要 □ 不重要，主要是人与资金重要

13. 您掌握了几门适用技术

    □ 一门 □ 二门 □ 三门 □ 三门以上

14. 您想学技术吗

    □ 不想 □ 偶尔想 □ 经常想

15. 目前在您所住的社区您属于哪一类群体

    □ 上层群体 □ 中上群体 □ 中间群体 □ 中下群体 □ 下层群体

16. 您买东西的主要原因

    □ 喜欢就买，不管价格 □ 亲戚朋友买了，说好，所以就买了 □ 质量好就买
    □ 价格便宜就买 □ 受广告的影响 □ 不买显得不合群 □ 不买丢面子
    □ 根据需要就买 □ 其他_____

17. 假如您现在有多余的钱，您首先愿意怎样保管或使用它（可多选）

    □ 存银行 □ 自己保存在家里 □ 炒股 □ 买国债 □ 翻盖新房
    □ 作为做生意的本钱 □ 借给别人生息 □ 留给孩子读书用 □ 生产资金
    □ 捐一点出来给穷人 □ 其他_____

第七部分　社区归属感、认同感情况

1. 1）您是否与邻居来往

   □ 是 □ 否

   2）您与邻居来往的频率

   □ 一天几次 □ 一周几次 □ 一月几次 □ 一年几次

2. 1）您是否与社区组织来往

　　□ 是　　　　□ 否

　　2）您与社区组织来往的频率

　　□ 一天几次　　□ 一周几次　　□ 一月几次　　□ 一年几次

3. 当您遇到困难或挫折时，您首先想到找谁帮忙

　　□ 亲人　　□ 老邻　　□ 朋友　　□ 新邻居　　□ 同学　　□ 工作单位

　　□ 政府和居委　　□ 行业协会、社团和其他中介组织　　□ 其他_____

4. 生活中您主要从以下哪些人中获得鼓励、支持和帮助（可多选）

　　□ 朋友　　□ 家人　　□ 同事　　□ 邻居　　□ 亲戚　　□ 同学　　□ 老乡

　　□ 政府和居委　　□ 行业协会、社团和其他中介组织　　□ 其他_____

5. 1）您是否愿意在空闲时间里参加社区活动

　　□ 愿意　　□ 在观望　　□ 不愿意

　　2）在参加时间上您每月愿意贡献多长时间

　　□ 1~3 小时　　□ 4~6 小时　　□ 6~12 小时　　□ 无时间限制

　　3）您愿意参加哪类社区活动

　　□ 打扫卫生　　□ 治安巡逻　　□ 心理咨询　　□ 助老助残　　□ 文化娱乐

6. 就整个社区来说，您觉得人际关系如何

　　□ 非常和谐　　□ 比较和谐　　□ 不太和谐　　□ 不和谐　　□ 谈不上和谐不和谐

7. 您对社区内人群的信任程度

　　□ 很高　　□ 较高　　□ 一般　　□ 较低　　□ 很低

8. 1）您对社区归属（认同）的程度

　　□ 低　　□ 中　　□ 高

　　2）您是否有孤独感

　　□ 有　　□ 说不清　　□ 无

9. 1）您对外地人的认同

　　□ 非常认同　　□ 比较认同　　□ 不确定　　□ 不太认同　　□ 很不认同

　　2）您认同外地人的因素

　　□ 籍贯认同　　□ 经济状况认同　　□ 文化认同　　□ 社会地位认同　　□ 其他_____

10. 您是否对您目前居住的社区感到自豪

　　□ 非常自豪　　□ 比较自豪　　□ 不确定　　□ 不太自豪　　□ 很不自豪

11. 您是否同意"社区是我家，建设靠大家"

　　□ 同意　　□ 比较同意　　□ 一般　　□ 不太同意　　□ 同意

12. 您是否愿意长期住在本地

　　□ 很愿意　　□ 比较愿意　　□ 无所谓　　□ 不太愿意　　□ 不愿意

第八部分　社区外来务工人员基本情况

1. 您的性别
    - □ 男　　　　　□ 女

2. 您的年龄
    - □ 16 岁以下　　□ 17～22 岁　　□ 23～29 岁　　□ 30～39 岁
    - □ 40～49 岁　　□ 50～59 岁　　□ 60 岁以上

3. 您的文化程度
    - □ 小学或小学以下　□ 初中　□ 高中/中专/技校　□ 大专　□ 大学本科以上

4. 您现在工作所在地属于哪个街道
    - □ 城阳街道　　□ 夏庄街道　　□ 流亭街道　　□ 惜福镇街道　　□ 上马街道
    - □ 棘洪滩街道　□ 河套街道　　□ 红岛街道

5. 您在城阳的打工时间
    - □ 半年以下　　□ 半年～1 年　　□ 1～3 年　　□ 3 年以上

6. 您来城阳打工的动因
    - □ 增加收入　　□ 外出学技术　　□ 向往城市生活　　□ 走亲访友

7. 您从事的职业
    - □ 企业辅助工　□ 餐饮服务　□ 建筑施工　□ 装修　□ 文化娱乐
    - □ 家政服务　　□ 养殖　　　□ 批发和零售　□ 运输　□ 采掘

8. 您每天的工作时间
    - □ 8 小时以下　□ 8～10 小时　□ 10～12 小时　□ 12 小时以上

9. 您的居住情况
    - □ 自购房　　□ 租赁　　□ 借住　　□ 工棚　　□ 务工单位宿舍
    - □ 亲友家　　□ 旅馆　　□ 其他_____

10. 您的业余生活
    - □ 休息　　□ 做家务　　□ 学习　　□ 交往　　□ 健身

11. 您是否愿意成为城里人
    - □ 无所谓　　□ 不可能　　□ 将来是　　□ 已经是

12. 您认为在同样的工作岗位上，外来务工人员的报酬是否应该低于本市正式职工
    - □ 应该相同　　□ 应低于本市职工　　□ 应高于本市职工　　□ 无所谓

13. 您找不到工作时得到过资助吗
    - □ 没有得到过任何救助　　□ 得到亲朋好友救助　　□ 得到原单位救助
    - □ 得到政府救助　　□ 其他_____

辛苦了，谢谢您回答以上问题，祝您身体健康、万事如意！

参 考 文 献

一、中文参考文献

[1] 成德宁. 城市化与经济发展——理论、模式与政策[M]. 北京：科学出版社，2004.

[2] 郭湘闽. 走向多元平衡——制度视角下我国旧城更新传统规划机制的变革[M]. 北京：中国建筑工业出版社，2006.

[3] 左学金，朱宇，王桂新. 中国人口城市化和城乡统筹发展[M]. 上海：学林出版社，2007.

[4] 刘亭. 点击城市化[M]. 杭州：浙江人民出版社，2006.

[5] 何雪松. 社会问题导论：以转型为视角[M]. 上海：华东理工大学出版社，2007.

[6] 王伟强. 和谐城市的塑造——关于城市空间形态演变的政治经济学实证分析[M]. 北京：中国建筑工业出版社，2005.

[7] 美国城市工地利用学会（ULI）. 城市郊区新形态——住宅开发中的新趋势[M]. 北京联合译盟翻译有限公司，译. 北京：中国水利水电出版社，知识产权出版社，2007.

[8] 杨上广. 中国大城市社会空间的演化[M]. 上海：华东理工大学出版社，2006.

[9] 陈玫君，杜放. 中国城市化的先锋——深圳农村城市化的实践与创新[M]. 北京：经济科学出版社，2006.

[10] 陈如. 城乡和谐发展的新探索——社会主义新农村建设在南京[M]. 南京：东南大学出版社，2006.

[11] 陈如. 和谐社会发展的基石——和谐社区的实践与理论创新[M]. 南京：东南大学出版社，2006.

[12] 叶南客. 走向理想的和谐社会——和谐南京建设的新方略[M]. 南京：东南大学出版社，2006.

[13] 叶南客，李芸，匡强. 社会和谐可持续发展的新型态——循环·节约·环境友好型社会建设论[M]. 南京：东南大学出版社，2006.

[14] 刘祖云. 中国社会发展三论：转型·分化·和谐[M]. 北京：社会科学文献出版社，2007.

[15] 夏海山. 城市建筑的生态转型与整体设计[M]. 南京：东南大学出版社，2006.

[16] 卢为民. 大都市郊区住区的组织与发展——以上海为例[M]. 南京：东南大学出版社，2002.

[17] 徐坚，周鸿. 城市边缘区（带）生态规划建设[M]. 北京：中国建筑工业出版社，

2005.

[18] 日本住宅开发项目（HJ）课题组. 21世纪型住宅模式[M]. 陈滨, 范悦, 译. 北京: 机械工业出版社, 2006.

[19] 田野. 转型期中国城市不同阶层混合居住研究[M]. 北京: 中国建筑工业出版社, 2008.

[20] 潘鸿雁. 国家与家庭的互构——河北翟城村调查[M]. 上海: 上海人民出版社, 2008.

[21] 张玉枝. 中国城市社区发展的理论与实证研究[D]. 上海: 华东师范大学, 2001.

[22] 李培林. 农民工——中国进城农民工的经济社会分析[M]. 北京: 社会科学文献出版社, 2003.

[23] 王绍光, 刘欣. 信任的基础: 一种理性的解释[J]. 社会学, 2002（09）: 46-85.

[24] 彭恒军. 乡镇社会论[M]. 北京: 人民出版社, 2001.

[25] 李强. 转型期的中国社会分层结构[M]. 黑龙江: 黑龙江人民出版社, 2002.

[26] 刘欣. 转型期中国大陆城市居民的阶层意识[J]. 社会学研究, 2001（03）: 8-17.

[27] 刘能. 当代中国人的生活方式: 多维度的解析[J]. 社会学月刊, 2003（01）: 42-51.

[28] 秦润新. 农村城市化的理论与实践[M]. 北京: 中国经济出版社, 2000.

[29] 卢为民. 大都市郊区住区的组织与发展——以上海为例[M]. 南京: 东南大学出版社, 2002.

[30] 傅崇兰, 李红玉. 中国城市化与城乡一体化理论与实践问题研究——21世纪中国面临的重大理论与对策问题[M]. 北京: 社会科学文献出版社, 2003.

[31] 王梦奎, 冯并, 谢状瞻. 中国特色城镇化道路[M]. 北京: 中国发展出版社, 2004.

[32] 陈雨军, 陈爱民. 中国城市化: 实证分析与对策研究[M]. 福建: 厦门大学出版社, 2002.

[33] 林海. 农村城市化的阻碍因素[J]. 科学社会主义, 2003（03）.

[34] 费孝通. 我看到的中国农村工业化和城市化道路[J]. 浙江社会科学, 1998（07）.

[35] 秦岭. 农村城镇化滞后的主要根源及其发展战略的选择与创新[J]. 中国农村经济, 2002（12）.

[36] 庞玉珍. 中国社会结构变迁与新型整合机制的建构[J]. 吉林大学社会科学学报, 1999（03）.

[37] 赵孟营, 于思斌. 走向善治与重建社会资本——中国城市社区建设目标模式的理论分析[J]. 社会学, 2001（10）.

[38] 杨信礼, 尤元文. 论社会整合[J]. 理论学习, 2000（12）.

[39] 殷京生. 论中国城市社会整合模式的变迁[J]. 南京师大学报, 2000（03）.

[40] (美)杰拉尔德. A. 波特菲尔德, 肯尼斯. B. 霍尔. Jr, 社区规划简明手册[M]. 北京: 中国建筑工业出版社, 2003.

[41] 赵民. 关于物权法与土地制度及城市规划的若干讨论[J]. 城市规划学刊, 2005 (03).

[42] 彼得·霍尔. 城市和区域规划[M]. 邹德慈, 金经元, 译. 北京: 中国建筑工业出版社, 1985.

[43] 汤蓓蓓, 周运清. 浅论中国转型期的社会分化与整合[M]// 当代中国社会分化与政策选择全国学术研讨会. 2002.

[44] 派克·布朗. 社区与功能[M]. 北京: 北京大学出版社, 2002.

[45] 钟亭华. 社会转型时期中国城市社区整合机制问题研究[J]. 江汉论坛, 2004 (03).

[46] 孙群郎. 美国城市郊区化研究[M]. 北京: 商务印书馆, 2005.

[47] 杨培峰. 城乡空间生态规划理论与方法研究[M]. 北京: 科学出版社, 2005.

[48] 万洪富. 我国区域农业环境问题及其综合治理[M]. 北京: 中国环境科学出版社, 2005.

[49] 中国21世纪议程管理中心, 可持续发展战略研究组. 全球化与中国"三农"[M]. 北京: 社会科学文献出版社, 2005.

[50] 张勤, 李枫, 徐辉, 等. 创新我国城乡协调发展体制的几点思考[J]. 城市规划, 2006 (01).

[51] 张绍梁. 上海市与周边地区城市空间整合[J]. 城市规划学刊, 2005 (04).

[52] 王富根. 村庄规划若干问题探讨[J]. 城市规划学刊, 2006 (03).

[53] 赵英丽. 城乡统筹规划的理论基础与内容分析[J]. 城市规划学刊, 2006 (01).

[54] 王振亮. 城乡空间融合论——我国城市化可持续发展过程中城乡空间关系的系统研究[M]. 上海: 复旦大学出版社, 2000.

[55] 吕斌, 陈睿. 实现健康城镇化的空间规划途径[J]. 城市规划增刊, 2006 (12).

[56] 冯雨峰, 黄扬飞. 省域城乡文化设施建设的调查与分析——以浙江省为例[J]. 城市规划, 2006 (12).

[57] 魏立华, 闫小培. 大城市郊区化中社会空间的"非均衡破碎化"——以广州市为例[J]. 城市规划, 2006 (05).

[58] 田洁, 刘晓虹, 贾进, 等. 都市农业与城市绿色空间的有机契合——城乡空间统筹的规划探索[J]. 城市规划, 2006 (01).

[59] 李海燕, 李建伟, 权东计. 迁村并点实现区域空间整合——以长安子午镇规划为例[J]. 城市规划, 2005 (05).

[60] 郭文华. 农村蔓延值得警惕[J]. 国际动态与参考, 2006 (06).

[61] 李翅. 土地集约利用的城市空间发展模式[J]. 城市规划学刊, 2006 (01).

[62] 李溦. 农业剩余与工业化资本积累[M]. 昆明: 云南人民出版社, 1993.

[63] 李培林. 处在社会转型时期的中国[M]. 北京: 国际社会科学杂志, 1993.

[64] 宋斌文. 经济转型过程中农民失业成因的分析[J]. 江汉大学学报, 2004 (01): 78-81.

[65] 辜胜阻. 中国二元城镇化战略构想[J]. 中国软科学, 1995 (06): 62-64.

[66] 蒋森. 珠江三角洲农村城镇化研究 [J]. 人口学刊, 1996（04）: 24-29.

[67] 刘纯彬. 中国农村城市化道路之我见 [J]. 农业经济问题, 1994（02）: 19-24.

[68] 郑弘毅. 农村城市化研究 [M]. 南京: 南京大学出版社, 1998.

[69] 许晓茵. 农村城市化模式的国际比较研究 [M]. 香港: 名人出版社, 2002.

[70] 宋言奇. 解读新苏南模式 [J]. 小城镇建设, 2005（01）: 68-72.

[71] 曹金波. 社会转型期中介社区发展现状研究——以湘北溪镇和庭场为例 [D]. 长沙: 中南大学, 2004.

[72] 雷振东, 刘加平. 整合与重构——陕西关中乡村聚落转型研究 [J]. 时代建筑, 2007（04）: 22-27.

[73] 黄玉捷. 社区整合: 社会整合的重要方面 [J]. 河南社会科学, 1997（04）: 71-74.

[74] 钟亭华. 社会转型时期城市社区整合机制问题研究 [J]. 江汉论坛, 2004（03）: 118-122.

[75] 宁越敏. 新城市化进程——90年代中国城市化动力机制和特征探讨 [J]. 地理学报, 1998, 53（05）: 470-477.

[76] 费孝通. 小城镇 大问题 [M]. 南京: 江苏人民出版社, 1984.

[77] 费孝通. 小商品 大市场 [J]. 浙江学刊, 1986（03）: 6-15.

[78] 许学强, 张文献. 对外开放地区农村城镇化的动力初探——以广西四邑为例 [J]. 热带地理, 1986, 6（02）: 108-119.

[79] 周尔銎, 张雨林. 中国城乡协调发展研究 [M]. 香港: 牛津大学出版社, 1994.

[80] 林洪. 珠江三角洲"经济奇迹"的理论思考 [M]. 广州: 广东人民出版社, 1995.

[81] 宋迎昌. 北京郊县农村城市化, 郑弘毅, 农村城市化研究, 南京: 南京大学出版社, 1998, 238-254.

[82] 闫雷雨. 乡村城市化过程中的资源与环境保护问题的探讨 [J]. 南京师范大学学报, 1998,（02）: 21-24.

[83] 祝华军. 我国乡村城市化进程中的"小城镇病"[J]. 中国人口·资源与环境, 2000（01）: 46-49.

[84] 郑弘毅. 农村城市化研究 [M]. 南京: 南京大学出版社, 1998.

[85] 李增军, 谢禄生. 都市里的"村庄"现象 [J]. 经济工作导刊, 1995（08）: 20-21.

[86] 田莉. "都市里的乡村"现象评析——兼论乡村—城市转型期的矛盾协调发展 [J]. 城市规划汇刊, 1998（05）: 54-56.

[87] 敬东. "城市里的乡村"研究报告——经济发达地区城市中心区农村城市化进程的对策 [J]. 城市规划, 1999, 23（09）: 8-12.

[88] 蓝宇蕴. 城中村: 村落终结的最后一环 [J]. 中国社会科学院研究生院学报, 2001（06）: 100-105.

[89] 李钊. "城中村"改造途径的思考 [J]. 安徽建筑, 2001（03）: 8-9.

［90］李晴，常青."城中村"改造试验——以珠海吉大村为例［J］.城市规划，2002，24（11）：23-25.

［91］赵过渡，郑慧华，吴立鸿，等."城中村"社区治理体制研究——以广州市白云区柯子岭村为个案［J］.国家行政学院学报，2003（03）：93-96.

［92］刘吉，张沛."城中村"问题分析与对策研究［J］.西安建筑科技大学学报，2003（03）：243-247.

［93］韩潮峰.我国"城中村"问题的研究［J］.经济师，2004（01）：271.

［94］代堂平.关注"城中村"问题［J］.社会，2002（05）：44-46.

［95］谢志岿.化解城市化进程中的"城中村"问题［J］.特区理论与实践，2003（08）：35-37.

［96］翁志超.浅论"城中村"的改造对策［J］.商场现代化，2004（10）：41-42.

［97］田莉."都市里的乡村"现象评析——兼论乡村—城市转型期的矛盾协调发展［J］.城市规划汇刊，1998（05）：54-56.

［98］杜杰.都市里村庄的世纪抉择—关于深圳市罗湖区原农村城市化进程的调查报告［J］.城市规划，1999，23（09）：15-17.

［99］李钊."城中村"改造途径的思考［J］.安徽建筑，2001（03）：8-9.

［100］郭艳华.论改造城中村的现实途径［J］.探求，2002（04）：39-42.

［101］李培林.透视城中村——我研究"村落终结"的方法［J］.思想战线，2004（01）：21-26.

［102］刘中一，刘中炜.城中村改造的经济学思考［J］.经济论坛，2004（02）：8-9.

［103］廖俊平，田一淋.PPP模式与城中村改造［J］.城市开发，2005（03）：52-53.

［104］折小叶，陈婴婴.社区的实践——"超级村庄"的发展历程［M］.杭州：浙江人民出版社，2000.

［105］杨如彦.现代化视野中的中介社区［J］.甘肃社会科学，1999（02）：42-45.

［106］王勋铭.我国二元经济结构的转换选择——试论农业、农村工业、现代工业三元结构的形成［J］.兰州商学院学报，2000（04）：27-30.

［107］中国科学院可持续发展战略研究组.2005中国可持续发展战略报告［M］.北京：科学出版社，2005.

［108］杜受祜.中国城市化道路：思考与选择［M］.成都：四川大学出版社，1988.

［109］（德）勒施.经济空间秩序［M］.北京：商务印书馆，1995.

［110］（美）保罗·克鲁格曼.发展、地理学与经济理论［M］.北京：北京大学出版社，2000.

［111］谭崇台，等.发展经济学的新发展［M］.武汉：武汉大学出版社，1999.

［112］（美）霍利斯，钱纳里，等.发展的型式：1950—1970［M］.北京：经济科学出版社，1988.

［113］张忠法．国内外有关劳动力就业结构转换和劳动力市场的几个理论问题［J］．经济研究参考，2001（03）：23.

［114］赵红军．交易效率、城市化与经济发展［M］．上海：上海人民出版社，2005.

［115］（美）赫希曼．经济发展战略［M］．北京：经济科学出版社，1992.

［116］余波．我国城市化问题讨论综述［J］．经济纵横，2002（01）：49.

［117］朱农．发展中国家的城市化问题研究［J］．经济评论，2000（05）：83.

［118］（英）霍华德．明日的田园城市［M］．北京：商务印书馆，2000.

［119］刘达华．从农业小县跨进现代化大都市的研究——深圳农村城市化研究［M］．香港：名人出版社，2002.

［120］袁中金，王勇．小城镇发展规划［M］．南京：东南大学出版社，2001.

［121］陈光庭．城乡一体化与乡村城市化双轨制探讨［J］．规划师，2002，18（10）：14-16.

［122］马昂主．区域经济发展和城乡联系——研究亚洲发展中地区空间经济转变的新理论框架［J］．城市问题，1993（05）：6-13.

［123］薛凤旋，杨春．外资：发展中国家城市化的新动力——珠江三角洲个案研究［J］．地理学报，1997，52（03）：193-206.

［124］顾朝林，甄锋，张京祥．集聚与扩散——城市空间结构新论［M］．南京：东南大学出版社，2000.

［125］李梦白．社会学与我国城市发展问题［J］．社会学与现代化，1984（01）.

［126］刘铮．中国沿海地区小城镇发展与人口迁移［M］．北京：中国财经出版社，1989.

［127］徐更生．发展小城镇是我国实现农村现代化的捷径［J］．中国农村经济，1987（11）：57-59.

［128］李鑫生．论城市化的历史趋势［J］．城乡建设，1987（06）.

［129］顾益康，等．对乡镇企业——小城镇道路的历史评判——兼论中国农村城市化道路问题［J］．农业经济问题，1989（03）：13-18.

［130］朱选功．城市化与小城镇建设的利弊分析［J］．理论导刊，2000（04）：29-32.

［131］何耀华．小城镇建设在中国城市化进程中的地位和作用［J］．思想战线，1999（03）：5-10.

［132］万萍．发展大城市是世界共同趋势［N］．世界经济导报，1986（06）.

［133］金本科．我国尚处在发展大城市阶段［N］．世界经济导报，1986（06）.

［134］饶会林．试论城市规模效益［J］．中国社会科学，1989（04）.

［135］张秉忱，等．2000年我国城市化道路的若干问题［J］．经济纵横，1988（11）：26-31.

［136］李迎生．关于现阶段我国城市化模式的探讨［J］．社会学研究，1988（02）：36-44.

［137］中国国家发展计划委员会地区经济司，日本国际协力事业团．城市化：中国现代化的主旋律［M］．长沙：湖南人民出版社，2001.

［138］宋书伟，等．中国现代社会结构模式研究——发展以中等城市为中心的城乡网络结

构[J].城市问题,1998(03).

[139]刘纯彬.中国城市化要以建设中等城市为重点[J].财经科学,1988(07):49-52.

[140]包永江.郊区城市化——中国式乡村城市化的主要途径[J].村镇建设,1989(01):27-29.

[141]张修志.略论当代社会发展趋势不是乡村城市化而是城乡一体化[J].城乡建设,1987(01、02).

[142]朱铁臻.城市现代化发展的几个理论问题[N].中国经济时报,2002(02).

[143]陈彤.论新时期我国乡村城市化的现实模式[J].人口学刊,1988(02):9-15.

[144]高佩义.城市引力场论[J].城市经济,1998(08).

[145]陈扬乐.中国农村城市化动力机制探讨——兼论中西部加速农村城市化的战略选择[J].城市问题,2000(03):2-5.

[146]赵燕菁.空间政策与就业增长[EB/OL].http://www.macrochina.com.cn

[147]冯健,刘玉,王永海.多层次城镇化:城乡发展的综合视角及实证分析[J].地理研究,2007,26(06):1197-1208.

[148]柯堤.山东考察观感[J].中国税务,2005(11):21-23.

[149]李继凯,杨雅清.农村城市化进程启示录——山东省济南市郊区城市化试点调查[J].人民论坛,2005(04):58-59.

[150]李继凯,杨雅清.探索我国城市化发展新路——山东省济南市"城市综合开发模式"调研[EB/OL].中国建设报,2005.http://www.chinajsb.cn/

[151]侯钧生.西方社会学理论教程[M].天津:南开大学出版社,2001.

[152](英)诺斯古德·帕金森.不可不知的管理定律[M].北京:中国商业出版社,2004.

[153]郭臻.珠海市"城中村"改造中的多方利益建构[J].广东行政学院学报,2005,17(01):17.

[154]国家环境保护总局.地表水环境质量标准(GB 3838-2002)[S].北京:中国环境科学出版社,2002.

[155]陈玫君,杜放.中国城市化的先锋——深圳农村城市化的实践与创新[M].北京:经济科学出版社,2006.

[156]王伟强.非正规经济活动对城市中心区的影响[J].城市规划汇刊,2001(06):52.

[157]郑杭生.农民市民化:当代中国社会学的重要研究主题[J].甘肃社会科学,2005(04):4-8.

[158]赵勇.三元经济结构发展与城镇化[N].光明日报,1996.

[159]潘宗亿.布洛克历史思想的核心概念与方法[EB/OL].http://economy.guoxue.com/

[160]邓正来,J·C·亚历山大.国家与市民社会[M].北京:中央编译出版社,2002.

[161]郝寿义,安虎森.区域经济学[M].北京:经济科学出版社,2001.

[162]李伟梁.城市利益关系的社区调整及其发展趋势——以武汉市社区建设"883行动

计划"为背景的社会学分析[D].武汉：华中师范大学，2007.

[163] 李立纲，谷禾.城市居民社区资源共享研究[J].云南社会科学，2001（05）：13-17.

[164] 孙光德，董克用.社会保障概论[M].北京：中国人民大学出版社，2000.

[165] 赵佳维.村规民约：村落整合与发展的一种机制[D].浙江：浙江师范大学，2006.

[166] 林少敏，郑晓珍.中国农村社会结构的分化与村民自治制度的秩序整合[J].中共福建省委党校学报，1996（10）：62.

[167] 罗家云.一个哈尼族村寨社会控制的实现方式研究[M].昆明：云南大学出版社，2001.

[168] 袁祖社.社会生活契约化与中国特色公民社会整合机制创新[J].天津社会科学，2002（06）：37.

[169] 赵晓力.中国近代农村土地交易中的契约、习惯和国家法[EB/OL].http://www.guoxue.com/

[170] 费孝通.费孝通文集[M].北京：群言出版社，1999.

[171] 费孝通.乡土中国[M].北京：商务印书馆，1987.

[172] （德）柯武刚，史漫飞.制度经济学：社会秩序与公共政策[M].韩朝华，译.北京：商务印书馆，2000.

[173] 宿一兵.村民自治制度建设中存在的问题与对策[EB/OL].http://www.chinarural.org/

[174] 中华人民共和国村民委员会组织法释义——第二条：村委会的性质和任务[EB/OL].http://www.341aw.com/

[175] 俞可平，徐秀丽.中国农村治理的历史与现状：以定县、邹平和江宁为例[M].北京：社会科学文献出版社，2004.

[176] （澳）欧文·E·休斯.公共管理导论[M].北京：中国人民大学出版社，2001.

[177] 贾西津.中国公民社会和NGO的发展与现状[EB/OL].http://www.wiapp.org

[178] 徐勇.治理转型与竞争——合作主义[J].开放时代，2001（07）：25-33.

[179] 毛寿龙，李梅.三农问题背景中的村民自治[EB/OL].

[180] 塞缪尔·亨廷顿，劳伦斯·哈里森.文化的重要作用——价值观如何影响人类进步[M].北京：新华出版社，2002.

[181] （美）刘易斯·科塞.社会学导论[M].天津：南开大学出版社，1990.

[182] 萨姆纳，雷德菲尔德.民俗社会[M].杭州：浙江人民出版社，1988.

[183] G.A.阿尔蒙德，G.B.鲍威尔.比较政治学：体系、过程和政策[M].曹沛霖，等译.上海：上海译文出版社，1987.

[184] 童星.现代社会学理论新编[M].南京：南京大学出版社，2003.

[185] 袁亚愚.新修乡村社会学[M].成都：四川大学出版社，1998.

[186] 牧之.心理调节自助读本[M].北京：新世界出版社，2007.

[187] 周晓虹.现代社会心理学[M].南京：江苏人民出版社，1991.

[188] 杨雅彬.近代中国社会学[M].北京：中国社会科学出版社，2001.

［189］俞可平．社群主意［M］．北京：中国社会科学出版社，1998.

［190］蒋云根．营造"家"的感觉——现代社区建设的切实目标［J］．探索与争鸣，2002（01）：37-39.

［191］田成华，胜利，于欣．精神病学英汉双解词典［M］．北京：中国心理卫生杂志社，1998.

［192］徐永祥．社区发展论［M］．上海：华东理工大学出版社，2000.

二、统计资料

［1］ 国家统计局．中国统计年鉴(2007)［M］．北京：中国统计出版社，2007.

［2］ 中国农业年鉴编辑委员会．2006中国农业年鉴［M］．北京：中国农业出版社，2006.

［3］ 中华人民共和国农业部．2001年中国农业发展报告［M］．北京：中国农业出版社，2001.

［4］ 中华人民共和国农业部．2002年中国农业发展报告［M］．北京：中国农业出版社，2002.

［5］ 中华人民共和国农业部．2003年中国农业发展报告［M］．北京：中国农业出版社，2003.

［6］ 中华人民共和国农业部．2004年中国农业发展报告［M］．北京：中国农业出版社，2004.

［7］ 中华人民共和国农业部．2005年中国农业发展报告［M］．北京：中国农业出版社，2005.

［8］ 中华人民共和国农业部．2006年中国农业发展报告［M］．北京：中国农业出版社，2006.

［9］ 淄博市市志编纂委员会．淄博年鉴（2000）［EB/OL］．淄博市情网．

［10］城阳区政协教科文卫体与文史资料委员会．城阳村落，2005.

［11］青岛市城阳区史志办公室．城阳年鉴2005［M］．济南：黄河出版社，2005.

［12］青岛市城阳区史志办公室．城阳年鉴2007［M］．济南：黄河出版社，2007.

［13］城阳区地方志编纂委员会．城阳区志（1994-2005）［M］．北京：中华书局出版，2006.

［14］龙口市市志编纂委员会．龙口市志1［EB/OL］．山东省情网．

［15］国家统计局农村社会经济调查司．中国农村统计年鉴2007［M］．北京：中国统计出版社，2007.

三、外文参考文献

［1］ Seardon, P. T. Suburban Cook Grow by Leap and Bound. Chicago Tribune. Feb.15

［2］ Richard Register. Ecocities——Building cities in balance with nature. Berkeley hills Books. Berkeley. Califomis. 2001

［3］ Peter Hall. Ulrich Pfeiffer. Urban Future 21: A Global Agenda for Twenty-First Century Cities. London: E&FN Spon. 2000

［4］ John Brotchie. The future of urban form: the impact of new technology. New York Nichois Pub. USA

［5］ D. hardy. From Garden Cities to New Towns，B&FN SPoN. 1991

［6］ Franco Archibugi. The Ecological City and City Effect. Athenaeum Press. 1997

［7］ J. V. Beaver stock、P. J. Taylor. A roster of world cities. Cities. vol. l6. No. 6, 1999

[8] Charles Goldblum、Tai—chee wong. Growth、crisis and spatial change: A study of haphazard urbanization in Jakarta, Indonesia. Land Use Policy. 17 (2000) 29–37

[9] Marcelo Lopes de Souza. Metropolitan decentralization, social–political fragmentation and extended suburbanization: Brazilian Urbanization in the 1980s and 1990s. Geoforum. 32 (2001)

[10] Peter Ache. Vision and creativity–challenge for city region. Futures. 32 (2000)

[11] Peter Hall. Creative cities and economic development. Urban studies. 2000. 37 (4)

[12] Allan B. Jacobs, Elizabeth Macdonald, and Yodan Rofe, The Boulevard Book: History, evolution, design of multiway boulevards, The MIT press, 2002

[13] Peter G. Rowe, Lu Junhua, Peter G. Rowe and Zhang Jie, Modern Urban Housing in China 1840–2000, Prestel. 2001.

[14] Calthorpe, Peter. The Next American Metropolis: ecology, community, and the American Dream. New York: North Point Press, 2000

[15] Robert Venturi, Denise Scott Brown and Izenour, Learning From Las Vegas: The forgotten symbolism of architectural form, The MIT Press, 2001

[16] J. H. Crawford, Carfree Citie, Oxford University press, 2000

[17] Peter Calthorpe and William Fulton, The Regional City, Island Press, 2001

[18] Duany, Plater–Zyberk, and Space The Rise of sprawl, Suburban Nation, the rise of Sprawl and the decline of the American Dream, Andres Duany, Elizabeth Plater–Zyberk, 2001

[19] Bernard Chang, Mihai Craciun, Rem Koolhass, Sze Tsung Leong, Great Leap Forward, Taschen, 2001

[20] Barry Cullingworth, Planning in the USA: Policies, issues and processes, Routeldge press, 1997

[21] Eric Damian Kelly and Barbara Becker, Community Planning: An introduction to the comprehensive plan, Island Press, 2000

[22] Robert B. Potter & Sally Lloyd–Evans, The City in the Developing World, Addison Wesley Longman Limited, 1998

[23] Fulong Wu. China recent urban development in the process of land and house marketisation and economic globalisation. HABITAL INTL. 25 (2001)

[24] Ray M. Northam, Urban Geography [M]. New York: John Wiley & Sons, 1979

[25] O'Brien, Hassisnger, and Dershem's (1994) study (http://www.seniorc-oopnet.org/chapter2.html)

[26] Ray M. Northman, Urban Geography, New York: John Willey & Sons, 1979

[27] T. G. McGee, The Emergence of Desakota regions in Asia: expanding a hypothesis, in: Ginsburg N, Koppel B, T. G. McGee, The Extended metropolis: Settlement Transition in Asia. Honolulu [M]: University of Hawaii Press, 1991, 3–26

[28] Lo. c. p, Socialist Ideology and Urdan Structures in China [J], Urban Geography, 1987, 8 (5), 440–458

[29] Ran Maoxing, Berry B. J. L, Under urbanization Policies Assessed: China, 1949–1986, Urban Geography, 1989, 10 (2), 111–120

[30] Eng I, The Rise of Manufacturing Towns: Externally Driven Industrialization and Urban Development in the Pearl River Delta of China; International Journal of Urban and Regional Research, 1997

[31] Friedmann J. "urbanization, Planning and National Development", London, Sage Publications, 1973

[32] T. G. McGee. The Emergence of Desakota regions in Asia: expanding a hypothesis, in: Ginsburg N, Koppel B, McGee TC. The Extended metropolis: Settlement Transition in Asia. Honolulu [M]. University of Hawaii Press, 1991. 3–26

[33] Robert D. Lewis. Guest Editorial: Industrial suburbanization of Canadian and American cities, 1850–1950. Journal of Historical Geography, 2001, 27 (1). 1–2

[34] McGee, T. G. The emergence of desakota regions in Asia: Expanding a hypothsis. In N, Ginsburg, B. Koppel, and T. G. McGee eds, the extended metropohs settlement transition in Asia. Honolulu: University of Hawaii Press, 1991, 3–26

[35] McGee, T. G. New regions of emerging rural—urban mix in Asia: Implications for national and regional policy. a paper presented at the Seminar on emerging urban—rural linkages, Bankok, Auguest, 1989, 16–19

[36] Qadeer, M. A. Urbanization by implosion, Habitat International, 2004, (28). 1–12

[37] Ginsburg N, Koppel B, Mcgee T.G. The Extended Metropolis: Settlement Transition in Asia [M], University of Hawaii Press, Honolulu, 1991

[38] Wu, F. Commentary, Transitional cities. Environment and Planning A, 2003, 35. 1331–1338.

[39] Wang, Y. P. Urban overty, Housing, and Social Change in China [M]. London, Routledge, 2004.

[40] O'Brien, Hassisnger, and Dershem's (1994) study (http://www.seniorcoopnet.—org/chapter2.html)

四、主要网络资料

[1] http://www.xzqh.org/quhua/index2.htm 行政区划网

[2] http://www.chengyang.gov.cn/index.html 城阳区政府网

[3] http://www.gov.cn 中央政府门户网

[4] http://www.macrochina.com.cn 中国宏观经济信息网

[5] http://www.zbsq.gov.cn 淄博市情网

[6] http://sd.infobase.gov.cn 山东省情网

[7] http://www.chinajsb.cn/ 中国建设报

[8] http://economy.guoxue.com/ 中国经济史论坛

[9] http://mjzz.sdmz.gov.cn 山东民间组织信息网

［10］http://www.guoxue.com/ 国学网

［11］http://www.chinarural.org/ 中国农村村民自治信息网

［12］http://www.34law.com/ 觅法网

［13］http://www.wiapp.org 制度分析与公共政策网

［14］http://news.xinhuanet.com 新华网

［15］http://lianxiangjiayong.public.chinacache.com 农业农村信息网

［16］http://wcm.lm.cn 资源网

［17］http://www.upla.cn 城市规划网

［18］http://www.cin.gov.cn 建设部网

［19］http://www.ncjianshe.com 社会主义新农村建设网

［20］http://www.chinaelections.org 中国选举与治理网

［21］http://www.agri.gov.cn 中国农业信息网

致　谢

　　本书稿完稿时已是隆冬季节，三年的博士学习生涯终于在此画上了一个句号。在这样一个夜深人静的雪夜，我可以安静的回顾整个博士学习的过程，这个过程对我来说充满了紧张和快乐，在这个过程中首先应当感谢的是恩师张玉坤先生。本论文从调研、选题、写作到成稿的各个阶段，均得到先生的悉心指导。先生学识广博，视野开阔，思想民主，平易近人，其严谨的治学态度、诲人不倦的教学风尚、高尚的为人品格无不令我终身仰慕，并时刻激励着我。在先生的指导下，我选择了农村城市化作为论文的主题。王蔚教授、刘彤彤教授在论文开题讨论时揖出了许多中肯的意见。论文完成后，导师认真审阅，提出修改完善的意见。谨此我向恩师和诸位良师表达衷心的感谢。

　　论文的选题涉及城市化和机制整合两个具有较强理论和实践意义的重大问题，涉及面广、线索多、容量大。虽然我力图较为全面地搜集、参阅有关专家学者的论述和资料，努力写出特色，然而，由于研究的深度、广度所限，仍然有许多问题未能做进一步深入探讨，有待今后继续研究和完善。在此我谨向文中引用到的诸多观点的国内外有关专家、学者，表示诚挚的谢意。我也要向参加我的论文答辩和评阅的专家教授们表示感谢，我将认真考虑他们提出的修正意见，以后加以完善和改进。

　　感谢青岛理工大学郝赤彪教授、张伟星教授审阅论文，并提出修改意见。

　　感谢所有任课老师，曾坚教授、王其亨教授、宁宗一教授、邹德侬教授、王蔚教授、刘丛红教授的悉心指教，使我获益匪浅。感谢董西红老师以及图书馆和资料室的各位老师所提供的种种便利。

　　感谢谭立峰、李严等师兄、师姐们，感谢诸位在学习与生活上给予我的关心与帮助，这份友情终生难忘。

　　感谢我的爱人王延尚，感谢父母和所有关心爱护过我的长辈们，你们用无私的爱心，给予我无微不至的关怀和照顾，你们的理解和支持是我完成学业的坚强后盾。

　　感谢所有关心我的人，我将以加倍的努力去迎接美好的未来。

邵峰

2008 年 1 月 20 日于天津大学青年湖畔 29 斋